KB155601

엄마가
된다는 것의
철학 MOTHERHOOD

Title of original English edition : "Motherhood-Philosophy for Everyone: The Birth of Wisdom" by Fritz Allhoff, Sheila Lintott and Judith Warner

엄마가 된다는 것의 철학

MOTHERHOOD

셰일라 린토트 외 지음

김지현 · 배안용 옮김

사람의무늬

차례

제2부

출산의 고통

엄마가 되기 위한 고단함과 경이로움

제3부
엄마의 윤리
자녀 키우기에 대한 윤리적 문제들

제4부

엄마가 된다는 것이 당신이 생각한 것과 같은가

현실과 환상의 만남

시작하는 글 **주디스 워너** JUDITH WARNER

오늘 '엄마가 된다는 것'과 '철학'을 주제로 쓴 글을 모아 한 권의 책으로 낸다는 건 시기적으로 매우 적절하며 의미가 있는 일이다. 우리는 엄마에 대한 다양한 철학이 넘쳐나는 시대에 살고 있다. 그 철학들은 때로 서로 충돌하고, 싸우기도 한다. 이러한 철학의 논쟁은 단순한 개인의 기호나 육아 방식의 문제가 아니다. 예를 들면, 모유를 먹일 것이냐 분유를 먹일 것이냐, 아기와 부부가 함께 잘 것이냐 아기가 울더라도 혼자 자기 방에서 자게 할 것이냐, 집에서 엄마를 선생님으로 삼아 공부할 것이냐 학교나 학원 같은 교육기관을 보낼 것이냐, 저지방 우유를 먹일 것이냐 유기농 우유를 먹일 것이냐, 입시중심 경쟁사회에서 명문대에 입학할 수 있게 키울 것이냐, 아니면 나만의 방식으로 자유롭게 키울 것이냐 등 셀 수 없이 많은 문제가 엄마들 앞에 있다. 이런 문제를 두고 엄마들은 무엇이 더 좋은지 토론을 벌이기도 한다. 어머니 대부분은 절박한 마음으로 논쟁에 참여한다. 많은 어머니는 이런 논쟁을 통해 계속해서 엄마로서 '윤리적 성찰(반성)'을 계속하게 된다. 이와 관련된 철학들은 자기 정당화의 배경이 되거나, 가치 판단의 근거가 되고, 심지어 현대 여성들의 독자성이나 주체성을 구성하는 핵심 요소가 되기도 한다.

단순하게 생각하면, 어머니 노릇이란 누구나 '그냥' 해낼 수 있는 일처럼 보인다. 즉 엄마가 되는 건 누구나 출산만 하면 될 수 있을 것 같다. 하지만 오늘날 출산만으로 '엄마 노릇'을 다 한다는 건 어림도 없는 소리다. 하지만, 그래도 한번 천천히 생각해 볼 필요가 있지 않을까? 어머니로 산다는 게 지금 우리가 생각하는 것처럼, 반드시 복잡하고 어렵고 해야 할 일이 산처럼 많아야만 하는 걸까? 정말 그럴까?

지난 10여 년 동안 미국에서 어머니에 대한 일반적인 감정과 의식이 어떻게 변화해 왔는지 생각해 보자. 가장 먼저 이른바 자녀를 위해서라면 엄마는 자신을 희생하고, 영혼이라도 팔아서 헌신하겠다는 '자녀 중심주의'가 대표적이다. 이런 어머니는 일명 '성인군자 어머니상'으로, 전통적으로 생각하는 어머니상이다. 오래전부터 이러한 경향을 '완전한 실재로서의 모성Total Reality Motherhood' 또는 '모성 종교'라고 생각했다.

다음에는 이에 대한 반발이 따랐다. 자녀를 위해 모든 것을 바치는 어머니가 아니라 어머니 노릇에는 별로 관심이 없고 심지어 나태하지만, 때때로 놀이동산에 가거나 외식을 하고, 아이들이 좋아하는 장난감을 사주는 걸로 때우는 스타일이다. 엄마 역할도 중요하지만 그보다 개인적 꿈과 욕구를 위해 노력하는 것이다.

요즘 엄마들, 특히 젊은 엄마들은 이러한 두 가지 접근 방법에서 균형을 잡으려 노력한다. 즉, 자신을 잃어버리지 않으면서 아이와 엄마로서 유대를 맺기를 원하고, 자기 본연의 모습을 버리지 않고도 아이와 함께하기를 바란다.

이들은 자녀를 사랑하고 자녀를 돌보며 어머니로서 역할을 다하지만, 맹목적으로 엄마 역할에만 충실해야 한다고 여기지 않는다. 이들은 지난 이십여 년 동안 사회가 모성을 어떻게 규정짓는지 열심히 살펴본 세대로, 누구도 '자기 엄마세대' 처럼 살고 싶어 하지 않는다. 이제 우리는 모성을 이야기할 때 엄마 역할은 모든 것을 제쳐놓고 가장 중요하다며 집착하거나 종교처럼 신봉하지 않고도, 진지하고 신중하게 생각할 수 있지 않겠느냐고 조심스럽게 그 가능성을 제기할 수 있다.

그럼에도, 각종 미디어나 인터넷 특히 육아 블로그나 엄마들이 많이 모이는 사이트에서는 지금도 엄마들의 전쟁이 계속되고 있다. 케케묵은 '워킹맘' 대 '전업주부 맘' 의 싸움만이 아니다. 싸움은 반복되고, 매사가 논쟁거리다. 이런 논쟁을 대충 요약해보면, 에일렛 월드먼Ayelet Waldman이 『나쁜 엄마』(『Bad Mother』, 2009 한국 번역판 『나쁜 엄마』 김진아 옮김, 도서출판 프리뷰, 2010)에서 분명히 보여주었듯이 특정한 엄마 역할의 한 방법이 유행이냐 아니냐, 혹은 누가 좋은 엄마냐 나쁜 엄마냐(특히 이 부분에 집중한다)의 문제로 귀결된다.

월드먼은 사람들이 '나쁜 엄마' 라고 여기는 엄마에 대해 이렇게 썼다. "우리와 다른 부류의 엄마 모습을 규정지으면, 현재 우리 모습을 참아내기가 훨씬 더 쉬워진다." 월드먼은 현대 미국 사회에서 엄마가 되려면 '난 정상이야, 난 좋은 엄마라고!' 라고 여기는 논쟁에 꼭 끼어야 한다고 말한다. 이렇게 정상과 비정상, 좋고 나쁜 엄마의 선을 긋고 논쟁하는 것 말고 다른 방법은 정말 없는 걸까?

물론, 다른 방법은 있다!

"고통은 피할 수 없다. 그러나 마음먹기에 달렸다." 어머니 역할을 감당하면서 누구나 혼란, 피로, 좌절, 슬픔을 겪게 되지만 동시에 기쁨, 즐거움, 감동, 희망도 느낄 수 있다. 어머니 역할은 간단하게 나눌 수 있는 문제가 아니기 때문이다. 예를 들면 모유수유, 아이를 재우는 문제로 겪는 어려움이나 어떻게 살아야 할지, 어떻게 가르쳐야 할지, 어떤 역할모델이 되어야 할지 고뇌하는 것도 결국 다 어떻게 마음먹느냐에 달렸다. 우리가 모성에 대한 생각을 어떻게 바꾸느냐, 엄마 역할을 최고로 잘해야겠다며 스스로 얼마나 들볶느냐, 어떤 결정을 내려야 할 때 얼마나 많은 고민을 하느냐, 아이를 돌보는 일과 자신의 정체성 사이에서 얼마나 괴로워하느냐에 따라 어머니로서 겪는 모든 괴로움과 어려움은 더해지기도 하고, 덜해지기도 한다. 절대로 엄마 역할을 하는 것이 자신의 정체성을 결정짓는 근본원리가 될 필요는 없다. 이 책의 여러 저자가 주장한 것처럼, 엄마 역할은 즐거운 일이 될 수 있어야 하고, 철저하고 또 충분하게 경험하고 스스로 깨달을 수 있어야만 한다.

하지만 우리가 모성에 대해 말하는 방식은 어머니에 대한 우리의 생각은 물론 어머니가 스스로에 대해 갖는 생각에도 영향을 끼친다. 그래서 모성 이데올로기는 이론적으로만 중요한 것이 아니라 어머니들이 살아가는 방식은 물론 감정에도 영향을 끼친다. 모성에 대한 판타지와 실제 어머니가 겪는 경험 사이의 괴리감에 대해 이 책의 4부에서 다양한 관점으로 논의하고 있다.

모성 딜레마, 더 정확하게 말하자면 '우리 사회의 모성 딜레마'는 피할 수 없는 문제다. 근대적 의미의 새로운 모성이나 변화를 무시하거나 대수롭지 않게 여기는 사회에서 사는 어머니들은 어려움을 겪는다. 따라서 많은 어머니가 당혹감, 자괴감, 불안감, 죄책감을 느끼고 있고(월던은 이를 두고 '형편없는' 기분이라고 말했다), 끊임없이 괴로워하고, 결국 자신과 다른 엄마를 향해 비난을 퍼붓게 되는 건 모두 그들이 사는 사회의 실체 때문이라고 생각한다. 이것은 엘리자베스 버터필드가 설명했던 '타인 지향적 증후군'이다. 자신의 삶이 너무나 불안한 엄마들은 진짜가 아닌 허구의 정체성('어떤' 엄마라는 정체성)을 만들어 놓고 그 속에 숨곤 한다. 거짓 자아는 일종의 자기방어책이 된다. 이런 거짓 자아를 버팀목으로 삼는 일은 어머니들을 분열시키고 공격적인 성향을 갖게 만든다. 무엇보다 비극적인 일은 절대 자기 삶의 '분명한 모순'(진짜 자기 자아와 엄마로서의 거짓 자아의 간극)을 정면으로 마주칠 수 없다는 점이다.

우리 세대 어머니들이 이런 거짓 자아에 숨어 위안을 찾으려고 시도한 것은 어머니에게 주어진 선택의 자유 때문이라는 반론도 있을 수 있다. 과거와 다르게 다양한 자기규정이 가능하고, 자유를 누리며 필연적으로 느끼는 불안감을 갖게 되기 때문이라는 뜻이다. 과거에는 어머니는 어떠해야만 한다는 고정관념이 강했고, 또 이런 역할 수행을 깰 수 있을 만한 선택권이나 힘이 어머니에게는 없었기 때문이다. 하지만 나는 이런 반론이 사실이라고 보지 않는다.

오히려 반대로 사회가 어머니들의 자유를 제한하고 있기 때문이라고 생각한다. 어머니들이 진정 자유롭게 선택하지 못하도록 방해하는 장애물이 어머니를 고통스럽게 만든다. 현재 어머니들은 대개 자기 의지대로 자유롭게 선택해 살고 있다고 생각한다. 왜냐하면, 사회의 다른 사람들이 그렇다고 말하기 때문이다. 우리는 보통 넉넉한 환경에서 충분한 교육을 받고 자란 사람이라면 더는 절실하게 필요한 것이 없을 거라고 여긴다. 이런 상황에서 더 많이 요구한다는 건(즉 엄마가 육아와 자신의 일 모두를 균형 있게 해달라고 하는 요구) 마치 응석받이가 되어 보채는 꼴이라고 여긴다. 현대 어머니들은 모든 것이 각자 해결해야 할 개인적인 문제이고, 각자 만족할 만한 수준이나 최소한 합리적인 수준으로 해결하지 못한다면 전적으로 개인의 탓이라고 알려주는 '엉터리 상품'에 사기를 당하고 있다.

사실, 진실은 이렇다. 일과 가족 사이에 균형을 잡고자 하는 엄마들은 대개 불가능과 마주한다. 정규직 근로자는 대부분 장시간 근무와 필요하면 수시로 일하기를 요구받는다. 또한, 시간 활용이 좋은 탄력적인 시간제 근무는 경제적으로 큰 도움이 되는 경우가 드물고 4대 보험 같은 복지혜택을 받을 수 없는 경우도 많다. 아이를 키우는 데는 비용이 많이 들어서, 저임금 근로자인 어머니는 차라리 일을 포기하고 육아에만 전념하라고 강요받는 경우가 많다.

엄마와 가족 아니 모든 사람에게 부족한 것을 나열하자면 끝도 없다. 하지만 결국 문제는 하나다. 불가능과 장애물이 가득한 환경이 변하지 않는 지금 이 상황에서 무력감에 시달리는 엄마들이 '마술적 사고'(정신과 장애의 일종으로 특수한 생각, 말, 연상, 몸짓, 태도 등이 어떤 초자연적인 방법에 의해서 그대로 성취될 수 있다고 믿는 것–옮긴이)에 의지하게 된다는 점이다. 엄마들은 외부 세상의 무관심에서 자신과 자녀를 보호해줄 이야기를 만들어 낸다. 모성에 대한 자기 변호 사상을 외치는 엄마들은 실존의 불명료성을 완전하고 확실한 것으로 바꿔줄 마법 같은 방법을 찾게 된다. 그러나 그러면서 실체는 점점 더 흐려지고 모호해진다. 그래서 우리에게는 마술적 사고를 분석하고 건강한 사고를 가르쳐줄 이 책이 필요하다.

장기간의 모유수유가 아이에게 스트레스, 거절, 실패, 무자비함, 절망에 대비하게 해주는 면역을 키우는 데 도움을 줄까? 반드시 그렇지 않을 수도 있다. 하지만 모유수유는 가혹한 세상에서 엄마와 아이에게 평온함과 유대감을 누리게 해주는 오아시스는 될 수 있다. 아이를 데리고 부부가 같이 자면, 아이는 영원히 따뜻한 사랑에 둘러싸여 보호받는 느낌을 받고 씩씩하게 살게 될까? 물론 그렇지 않을 수도 있다. 하지만 앞으로 견뎌야만 하는 힘든 시간을 버텨낼 힘과 용기를 부모와 자녀 모두에게 줄 수 있다. 모두 소중한 일이다. 하지만 사실 극단에 치우치지만 않는다면, 어머니가 하는 모든 일은 매우 좋고 또 훌륭하다. 모두 완벽하지는 않지만, 그렇게 나쁘지도 않다.

어머니들의 선택을 두고 이렇다저렇다 공격한다고 해서 아이에게 좋은 게 무엇일까? 하지만 엄마들이 가족을 위해 뭔가를 바꿀 힘이 없다고 느끼는 세상에서는 이런 공격이 마치 적극적인 실천인 것처럼 착각하기 쉽다.

하지만 우리 자신에게 솔직해지는 편이 훨씬 더 좋다. 온 가족이 보람된 삶을 살고, 현실적으로 실용적이며 즐겁게 살아갈 수 있도록 하는 일에 유독 뒤처져 있는 정치 · 문화 조건에서 엄마로서 살아가면서 겪게 되는 불안감과 분노, 좌절감, 절망감을 절대로 회피하지 말자. 대신 정면으로 마주하자.

아이를 위해 분명히 깨어 있자. 우리 삶에 존재하는 여러 가지 모순을 깨닫고 바로 보겠다는 마음을 가지자(사실 이것은 우리가 간절히 원하는 것이다). 그러려면 뭔가 조치를 취해야 한다. 이 책은 다양한 각도에서 포괄적으로 엄마로서 겪는 여러 가지 문제를 논하고 있다. 엄마 역할에 대한 진실과 엄마가 되기 위한 경이로움과 고단함, 자녀 키우기와 관련된 윤리적 문제와 엄마 역할에 대한 환상과 실제 현실의 모습까지, 이 책이야말로 이제 엄마에 대해 솔직한 마음으로 비판적인 사고를 시작할 때라는 점을 분명하게 말해준다.

감사의 글 셰일라 린토트 SHEILA LINTOTT

이번 프로젝트는 말장난을 좀 쳐서 표현한다면 '사랑의 노동' 이었다. 지금 내 삶은 이 표현만큼이나 말도 안 되면서 동시에 논리적이다(나는 두 명의 어린 자녀를 둔 철학자이다. 이건 모순이다). 어머니 역할에 대한 내 생각의 근거는 나의 유년시절, 바로 나의 어머니와 함께 보낸 시간이다. 가장 기억에 남는 시간은 엄마와 함께 해변에서 온종일 지냈던 일이다. 그리고 내 기억 속 엄마 모습도 내 행동의 기준이 된다. 지금껏 해왔던 일이나 앞으로 해나갈 일상의 모든 일에 영향을 미치는 것은 과거다. 그래서 이 책을 만드는 데 큰 도움이 되어준 우리 어머니 도로시 준 린토트 여사에게 감사를 전한다. 또한, 다른 어머니들에게도 감사를 전한다. 그들은 모성과 어머니 역할의 철학적 중요성을 몸소 보여주었다. 나는 그 속에서 이론적이고 논리적이면서도 실질적인 가치를 배웠다.

또한, 남편 에릭 존슨과 언니와 여동생들, 숙모, 숙부, 조카, 할머니, 시어머니와 많은 친구도 나를 도와주었다. 특히 가장 중요한 시기에 비판적인 검토를 해주고 의견을 나눠준 친구 마사 맥코이와 머린 샌더 스타우트 그리고 내가 웃음과 와인을 절실히 필요로 할 때 그것들을 제공한 동료 '버크넬의 엄마들' 이 있어서 정말 다행이었다. 그리고 우리 아이들, 소냐와 잭은 내가 나에 대해 파악하게 해주고, 어머니 역할에 대해 그 누구보다 많은 것을 가르쳐 주었다. 아이들은 때로 내가 알고자 하는 것 이상을 보여주기도 했다. 아이들 덕분에 나는 어머니가 되었고, 그 덕분에 이전에는 생각조차 해보지 못했던 정서적, 지적 능력을 발휘하게 되는 새로운 세상을 알게 되었다. 나의 진정한 동반자이면서 이 프로젝트를 진행하는 동안 인내심 많은 감수자가 되어준 남편 에릭에게도 깊은 감사를 전한다. 에릭은 그 외 다른 프로젝트에서도 감수를 맡아주고 있는데, 우리가 가장 좋아하는 그 프로젝트는 이름도 사랑스러운 '소냐' 와 '잭' 이다.

에이미 래미레즈는 이 프로젝트의 막바지에 버크넬대학에서 연구원 보조 일을 맡아서 문체는 물론 전문용어 정리에 큰 도움을 주었다. 에이미는 유능하고 똑똑한 연구원일 뿐만 아니라 함께 일하기에 즐거운 사람이었다. 대런 힉은 이 책에 전체적 흐름을 만드는 문제를 생각하는 데 도움을 주었다.

주디스 워너가 이 프로젝트에 관심을 두고, 서문을 써준 것도 너무나 감사하다. 《뉴욕타임스》에 기고하는 칼럼 '가정 폭력' 에서 워너는 대중매체와 대중문화에서 다루는 잘못된 어머니상의 문제부터 어린이의 정신 건강 문제와 그 치료, 어머니의 도덕성, 어머니 사이의 경쟁, 모유수유 권리와 논쟁점, 가정 폭력 등에 이르는 다양한 문제를 다루면서 언제나 솔직하고 겸손한 어투를 유지하고 있다. 워너는 또한 모성에 관한 최고의 책 〈엄마는 미친 짓이다Perfect Madness〉의 저자이기도 하다. 책 서문에 이 책은 자기계발 서적이 아니라고 단언하고 있음에도, 오늘날 모성을 둘러싼 불안과 그 근원에 대한 그녀의 분석은 결과적으로 나 자신이 겪는 어머니로서의 불안을 넓은 관점에서 바라보게 해주었다. 워너는 어머니들의 친구로서, 어머니들을 위한 글을 쓴다. 사실 나는 그녀의 글을 읽으면서 데이비드 흄이 '가장 좋아하는 작가를 고르는 건, 마치 친구를 선택하는 것과 같다' 라고 한 주장을 떠올렸다. 워너는 내가 가장 좋아하는 작가고, 나는 그녀가 모든 어머니의 친구라고 생각한다. 우리 시대의 중요한 목소리를 우리 어머니의 합창으로 소개하게 되어 기쁘게 생각한다.

많은 학자가 이 책에 자신들의 연구 성과를 실어주었다. 그들의 연구는 매우 고단한 작업이고 오랜 시간을 가족과 떨어져 지내야 하는 일이었다. 나는 이번 프로젝트에 헌신해준 그들의 노고에 대단히 감사한다. 무엇보다 가장 크게 이바지한 사람들은 아구누스, 아에덴, 에이든, 앨리스, 아든, 아리아드네, 벤저민, 엘리노어, 엘라, 에밀리, 개리, 개빈, 그레이엄, 잭, 제이콥, 제이든, 제이든, 조이에, 조셉, 줄리아, 케빈, 리아, 리암, 매디, 마틸다, 미셸, 몰리, 루비, 샘, 소냐, 스테판, 토비, 툴라, 윌리엄, 와이커스, 잭, 조다. 자신의 엄마와 아빠가 때때로 시간을 내어 일할 수 있게 허락해주었기에 이 모든 일이 가능했다.

이번 프로젝트를 책으로 엮어낼 수 있게 해주고, 이 탐구가 철학적으로 갖는 의미와 많은 사람에게 흥미를 끌 수 있는 점이 있다는 사실을 알아봐 준 출판사에 감사한다. 모두 드디어 이 책이 나오면서 받은 편지함 공간에 여유가 생겨서 무척 기뻐할 것으로 생각한다.

이 책에 대해 착안한 시기는 버크넬대학에서 재정적인 지원을 받았던 학업 휴가 중이었다. 그 점에서 우리 대학과 철학과에 감사하는 바다.

그리고 이 책을 읽어주는 독자 여러분에게도 모성에 대한 호기심과 개방적인 흥미를 보여준 점에 감사한다. 이 책을 즐겁게 읽고 어머니와 어머니 역할, 모성에 대해 더 많은 생각을 하게 되기를 바란다. 이 책 덕분에 어머니 역할 때문에 발생하는 여러 인간관계에 대해서 생각해 보았으면 한다. 어머니와 자녀 사이의 관계뿐만 아니라 여성의 유대, 여성과 남성의 유대, 세대 간의 유대 등을 더 많이 살펴보게 되었으면 좋겠다. 부디 이 책을 읽고서 어머니에게 연락해 보기를 빈다. 그럴 수 있다면 당신은 정말 운이 좋은 사람이다. 마지막으로 진심을 담은 감사를 이 세상 모든 어머니에게 전하고자 한다. 이 책은 어머니, 당신들에 대한 탐구이자 당신들에 대한 찬사이다.

최고의 자기 성찰

네이블 navel [nā-vəl]

명사 1. 태아에게 탯줄이 붙어 있던 지점을 표시해주는 복부의 표면 한가운데 움푹 파인 곳(배꼽)

2. 중심점, 중앙부

네이블 게이징 [nā-vəl-gā-ziŋ]

명사 1. 무익하거나 지나친 자기 성찰

이 책에서는 진지한 '네이블 게이징'을 볼 수 있다. (배꼽명상이라는 것이 있다. 배꼽을 응시하고 배꼽을 생각하며 하는 명상이다. 요가와 동방정교회에서 많이 사용하는 명상법이다. 하지만 영어 표현 네이블 게이징navel-gazing은 자기만족에 빠져 있는 상태를 비아냥거릴 때 많이 사용된다.–옮긴이) 이 책에서 선보이는 네이블 게이징은 무익하지도 지나치지도 않은 '최고의 자기 성찰'이다. 최악의 자기 성찰을 하는 철학과 사소한 일을 들춰 흠을 잡는 학술적인 의도를 지닌 재미없고 불필요한 철학의 결합은 익숙하다. 하지만 이런 부정적인 결합은 실수에 불과하다. 철학에 대한 생각을 보다 정확하게 표현하는 방법을 조리 있게 표명한 사람은

C. S. 루이스다. 그는 엄밀히 말하면, 철학은 필수적이지 않다고 말했다. 하지만 철학이 없다면, 우정이나 예술이 없는 것처럼 삶이 무익하고 가치 없어 질 거라 말했다. "우정이 꼭 있어야 하는 건 아니다. 철학도, 예술도 마찬가지다. 이것들은 생존에 반드시 유용한 것들은 아니다. 하지만 생존한 이들에게 유용한 것으로 꼽을 수 있다."1) 나의 삶이 어떠한 국면에 처했는지 생각하고, 무엇을 해야만 하는지, 주변 아름다움의 특질과 내가 누리는 감정적 유대의 활기를 성찰하는 일을 꼭 해야 하는 건 아니다. 하지만 이런 명상은 그 자체로 기쁨이고, 복잡한 우리 삶을 한층 깊이 이해할 수 있는 통찰력을 가져다준다. 이 책을 읽는 독자들이 앞으로 만나게 될 내용도 바로 이런 명상이다. 솔직하고 신선하고 통찰력 있으며 심지어 재미있는 자기 성찰을 볼 수 있다.

네이블 게이징은 또한 임신, 모성, 육아와도 연관이 있다. 표현 자체에서 직접 언급했듯이 '태아에게 탯줄이 붙어 있던 지점을 표시해주는 복부의 표면 한가운데 움푹 파인 곳'을 눈여겨본다는 말이기 때문이다. 그런데 한때 우리 모두의 삶의 중심이 되는 어머니와 자녀의 연결부위를 응시하는 것이 무익하거나 지나친 행동에 비유되는 시대를 살아가고 있다는 사실이 놀랍고 걱정스럽다. 미국의 시인 에이드리언 리치Adrienne Rich는 이렇게 말했다. "지구상의 모든 인간은 여자에게서 태어난다. 논박의 여지가 없이 모든 여자와 남자가 공유하고 있는 하나의 경험은 여자의 몸 안에서 몇 달 동안 모습을 갖춰나갔던 일이다."2) 그런데 주목할 것은 이 말의 내용이 아니라 이런 말을 해야만 했다는 점이다. 어머니와 모성, 육아에 대해 생각하는 형태로 배꼽을 바라보고 명상하는 일은 장려되어야 하고 정말 필요한 일이기도 하다. 이 책을 위해 원고를 모으면서 나는 배꼽을 바라보며 명상을 했고, 그러면서 어머니, 모성, 육아에 대해 생각했다. 오랫동안 여성주의 철학자들은 모성을 철학적으로 의미심장한 영역으로 보고 연구해왔다. 이 책에 실린 글도 그 연구 결과에 의존하고 있다. 바라건대 이 책이 모성은 다양한 사람들에게 철학적으로 중요한 소재라는 생각은 전혀 급진적이지 않다는 걸 널리 알리고, 엄마들에게는 엄마로서의 경험과 성찰이 철학적으로 어떤 의미와 중요성을 지녔는지 보여주었으면 한다. 너무나도 오랜 세월 동안 엄마들은 자신들의 일이 머리 쓸 일이 없는, 단순하고 지루한 것이라고만 생각해왔기 때문이다.

이 책에 실린 글들은 모성을 탐구하고 있다. 심각한 철학적 문제와 전문가에게 구한 조언과 엄마가 알고 있는 것 사이의 관계와 같은 실질적인 일상 문제의 교차점을 살펴보고 엄마로서 자녀를 키우면서 발견할 수 있는 아름다움과 의미를 알아본다. 또 어떤 윤리적 미덕이 엄마로서의 성공에 도움이 되는가와 자녀를 통제해야 하는지 마는지, 또 통제한다면 어느 정도까지 통제해야 하는지의 문제를 연구하고 있다. 이 책이 포함된 '모두를 위한 철학 시리즈'에는 더 많은 학구적 철학자들이 포함되어 있다. 물론 이 책에는 학문을 벗어난 외부의 관점도 섞여 있다. 전업주부와 모유수유 전문가 그리고 철학을 비롯하여 미술, 심리학, 교육학, 신학 등 다양한 분야를 연구하는 사람들의 이야기를 들어 볼 수 있다. 또 이 책은 현업에 종사하는 다양한 저자들의 글을 만날 수 있다. 저자 대부분이 엄마라는 점에서 이 책은 엄마에 의해, 엄마를 위해 씌어졌다. 하지만 정확하게 말하자면 엄마에게 관심이 있고 엄마로서 자녀를 키우면서 배울 수 있는 철학적 가르침을 알고자 하는 모든 사람들을 위한 책이다. 우리 모두 이 책의 독자가 될 수 있기를 바란다.

나에게 이 프로젝트는 개인적으로도 의미가 있다. 내 이야기를 좀 해보자면, 얼마 전에 아이들과 같이 친정에 다녀왔다. 나는 걸음마를 시작한 큰 아이와 변기 사용에 관한 실랑이를 하고, 젖먹이 둘째를 돌보면서 엄마로서의 여러 가지 일들을 해내느라 분주했다. 이런 나를 보며 친정 엄마는 뭔가가 나를 완전히 흔들어 놓은 것 같다고 말했다. 부산스럽게 돌아다니는 나를 보면서 엄마는 조금 놀랐다는 투로 말했다. "넌 철학자가 아니라 엄마구나." 물론 부정적인 의미로 하신 말씀은 절대 아니라고 생각한다. 사실 엄마 딴에는 칭찬이었던 게 분명하다. 다섯 자녀를 길러내고 이제는 아홉 명의 손주를 본 할머니가 된 우리 엄마는 어머니가 된다는 것의 소중함과 노고를 누구보다 잘 이해하고 있는 분이었다. 하지만 그럼에도 불구하고 나는 엄마의 말에 기운이 빠졌다. 충격이 조금 가신 다음 나는 엄마에게 말했다. "난 그 둘 다야."

그 후로도 나는 그 순간을 여러 번 되새겨 보았다. 그 순간의 내 감정과 그 말의 의미에 대해 잘 이해하고 싶었기 때문이었다. 여성주의자이자 여자, 엄마, 철학자인 나는 엄마가 된다고 해서 철학자가 되지 못하는 건 아니라는 걸 잘 알고 있다. 물론 철학자여서 엄마가 되지 못할 일도 없다. 내가 존경하는 철학자 사이토 유리코도 엄마다. 그녀는 내가 첫아이를 임신했을 때 엄마가 되면 더 나은 철학자가 될 수 있다고 조언해주었다. 나는 그 말을 수없이 떠올리며 위안을 삼았고, 나도 엄마가 되었기에 더 나은 철학자가 되었다고 믿었다. 때로 철학이 더 나은 엄마가 되게 해주었다는 확신을 갖기도 한다. 나는 철학자이자 엄마다. 엄마 철학자 또는 철학자 엄마다(물론 그 외 다른 모습도 얼마든지 있다). 이 책을 읽는 독자들은 엄마의 정체성을 조명한 다양한 시각을 만나게 될 것이고, 모든 어머니는 철학자라는 말의 의미를 생각해 볼 수 있을 것이다.

계몽주의 철학자 칸트는 세 가지 철학적 질문을 제시하면서 "(그의)사변적 이성과 실천적 이성의 관심사는 다음의 세 가지 질문에 얽혀 있다"라고 말했다.

> 1. 무엇을 알 수 있나?
> 2. 무엇을 해야만 하나?
> 3. 무엇을 바랄 수 있나?[3)]

그런데 일상에서 이런 질문을 꾸준히 되짚어 보지 않는 엄마가 있을까? 이 책에서는 현대 어머니들이 살아가면서 다양한 버전으로 이런 질문을 생각하게 만드는 쟁점들을 연구하고 있다. '무엇을 알 수 있느냐' 라는 칸트의 질문을 가지고 엄마로 살아가면서 지식과 진실이 어떤 역할을 하는지 규명하려고 한 저자도 있다. 엄마가 되어서 성과 낙태, 좋은 엄마, 수면 습관 등에 대한 생각이 어떻게 달라질 수 있는가를 다루기도 했다. '무엇을 해야만 하는가' 라는 질문을 마주한 저자들도 있었다. 이 질문을 통해서는 엄마로서 아이를 돌보면서 생각하게 되는 윤리적인 문제를 논의했다. 가령 공공장소에서 하는 모유수유의 윤리적 문제와 아이를 혼자 울게 내버려 두고 잠들게 할 것이냐 아이와 같이 잘 것이냐의 문제 그리고 아이를 마치 로봇처럼 '꺼버릴' 수 있었으면 좋겠다고 생각하는 문제를 다루었다. 마지막으로 '무엇을 바랄 수 있을까' 생각하게 해주는 주제들도 있었다. 모성을 통해 밝혀낼 수 있는 영적, 실존적, 미적 의미에 대해서 곰곰이 생각하게 해주는 이야기들이다.

지금부터는 이 책의 내용에 대해 자세한 안내를 해보겠다. 이 책은 주디스 워너의 서문으로 시작해서 에이미 멀린의 후기로 끝난다. 에이미 멀린은《뉴욕타임스》컬럼니스트이며 철학자로서 미국에서 모성과 어머니의 대변인으로 유명하다. 주디스 워너가 이 책의 시작을 열었던 것은 당연한 일이었다. 그녀가 세간의 주목을 받는 어머니여서가 아니라 그녀가 무엇보다 미국 사회에서 횡횡하는 모성 문화와 모성 숭배에 대해 깊이 성찰하고 탐색한 비평가이면서 동시에 진짜 엄마들을 전적으로 지지하는 사람이기 때문이다. 책의 대미를 장식한 참고 문헌은 이 책에서 선보인 인용 글로 인해 흥미가 생긴 독자들을 위한 추천도서 목록이기도 하다.

이 책의 본문은 크게 네 부분으로 나눌 수 있다. '엄마의 뇌' '출산의 고통' '엄마의 윤리' '엄마가 된다는 것이 당신이 생각한 것과 같은가'. 엄마는 무엇을 알아야 하고 어떤 책임을 맡고 있으며 어떤 선택의 여지가 있는지를 살펴보는 글로 책을 시작한 이유는 '엄마들의 사유에 대한 사유'[4]를 진지하게 해보는 것으로 모성에 대한 철학적 탐구를 시작하는 편이 적절하다고 생각했기 때문이다. 러딕이 단언했듯이 세상의 모든 엄마들은 사색하는 존재가 분명하다.

매일 엄마들은 보호하고 보살피고 훈련하기 위한 전략을 생각해낸다. 이런 전략 간에 상호 충돌하는 경우가 있기도 하고 근본적인 요구 사이에 모순이 발생하기도 해서 어머니들은 현상유지와 성장, 수용의 상대적 중요성과 의미에 대해 생각하게 된다. 조용하게 생각할 수 있는 때가 되면 어머니는 일상적인 행위 모두를 곰곰이 생각한다. 다른 사색가 중에도 있을 수 있지만, 유독 자기반성에 열심인 어머니도 있다. 기질적으로 신중하고 사려 깊거나 윤리, 정치적 고려를 해서 그러기도 하지만 자녀문제로 심각하게 고민을 하고 있어서 그런 경우도 있다. 하지만 어머니의 사색은 희귀한 일은 아니다. 어머니의 일 자체가 사색을 하지 않을 수 없게 만든다.5)

1부의 저자들은 사색하는 어머니의 표본이라 할 수 있다. 버크넬 대학의 교육학 교수인 수 엘런 헨리는 1부의 첫 번째 글에서 지적 능력을 발휘해 어머니와 어머니 역할을 감당하면서 자칫 위험해 보이는 일을 겪을 때 흔히 조언을 구하는 '전문가'와의 관계에 대해 탐구하고 해명해냈다. '아이 한 명을 키우는 데 얼마나 많은 전문가가 필요할까? -엄마 역할과 확실성의 추구'에서 헨리는 육아 전문가들이 주장하는 확실성은 하나의 신화라고 주장하면서 우리가 확실성을 추구하는 과정에서 오히려 소외당한다고 말한다. 자신의 본능과 직관에서 소외되는 것뿐만 아니라 다른 어머니들이나 지인들, 가족들과도 소원하게 된다는 것이다. 에이드리언 리치와 앨리슨 재거Alison Jagger6)와 같은 여성주의 철학자도 소외라는 관점에서 모성을 논했다. 하지만 헨리는 완전히 다른 관점에서 강조점을 갖고 이야기를 풀어내고 있다. 헨리는 실용주의로 접근해서 듀이가 최고의 이상으로 본 통합적 지식에 초점을 맞추었다. 어머니로서 아이를 돌보는 일을 신중하게 접근할 것을 제안하면서 전문가의 정보나 통찰력을 개방적인 태도로 받아들이는 동시에 각자의 독특한 상황에 따라 개별적으로 바라볼 수 있어야 한다고 말한다. 즉 어머니 역할을 한다는 것은 언제나 교화와 계발의 여지를 남겨두어야 한다는 말이다.

두 번째 글에서 에이미 카인드는 이따금씩 자녀에게 거짓말을 하는 (나 같은)엄마들의 이야기를 다루고 있다. 네 살 배기 아이를 잠자게 하려고 내가 꾸며낸 복잡하고 괴상한 이야기를 털어놓자, 에이미는 이메일로 이렇게 답을 해왔다. "와! 저보다 훨씬 더 정성들여 거짓말을 하시네요!" 그럼에도 불구하고 '창의적인 엄마의 역할-거짓말과 거짓말쟁이 엄마들' 이라는 글에서 에이미는 아이들에게 완벽하게 정직하기란 상당히 어렵다고 인정한다. 대개 아이들에게 하는 거짓말은 대수롭지 않게 여긴다. 대부분의 거짓말이 정당화될 수 있다고 생각하기 때문이다. 하지만 카인드는 훌륭한 철학자라면 응당 제기할 만한 이야기를 하고 있다. 아이들에게 거짓말을 하는 게 괜찮다는 우리의 직관이 과연 문제가 없는지 질문한다. 거짓말이라는 범죄를 정당화하는 여러 이유를 살펴보면서 부모의 거짓말은 거짓말인지 아닌지 따져보고 있다(이 문제를 방어하는 데는 빌 클린턴의 언어학적 기교를 차용했다). 또 정말 아이들이 감당하기 어려운 삶의 추한 진실로부터 아이들을 보호하기 위해서만 부모가 거짓말을 하고 있는지 물었다. (영화 〈어 퓨 굿 맨〉에서 잭 니콜슨이 맡았던 인물이 한 말을 생각했다. "너는 진실을 감당할 수 없다.") 아니면 그냥 아이들에게 진실을 말해줄 필요가 없어서 그러는 것인지 살펴보았다(이 부분에서 카인드는 정당화에 신중한 자세를 취했다). 부모들이 자녀에게 거짓말을 하는 이유와 구실을 찬찬히 살펴보고 분석한 후, 카인드는 정직이야말로 가장 어렵고 힘들지만 '최선의 정책'이라고 결론을 내린다. 그렇다면 부모로서 내리는 모든 결정에 사실상 이걸 적용해야 하는 걸까?

3장 '낙태 합법화를 주장하는 철학자, 임신하다'에서는 임신으로 한 사람의 관점이 어떻게 바뀌게 되었는가를 고찰했다. 버사 알바레즈 매니넌은 딸아이를 임신하고 처음 초음파 사진으로 만나게 되었을 때 낙태에 대한 자신의 생각이 어떻게 변하게 되었는지 이야기했다. 그녀의 남편 투아마스와 함께 진정으로 경외감을 느꼈다고 했다. 그러자 남은 문제는 새로 알게 된 태내기에 대한 존중과 여성에게 임신 여부를 결정할 권리가 있다는 확고한 신념을 어떻게 모순되지 않게 양립시킬 것인가였다. 태내기는 존중할 필요가 없다는 주장에 근거해 여성의 선택권을 주장하는 일이 많았기 때문에 상당히 어려운 문제였다. 알바레즈는 낙태권이 태아가 사람인지 아닌지의 문제로 결정된다는 개념을 거부했다. '낙태 합법화를 찬성한다'는 것이 '낙태를 찬성한다'는 의미가 아니라고 반박하고, 반면 낙태를 머리를 자르는 것과 같이 윤리적으로 중립적인 행위라고 주장하는 것에 의문을 제기했다. 알바레즈는 태내기에 대한 마음에서 우러나오는 존중이 여성의 몸을 불법적으로 점유해서 다른 생명을 구하기를 거부하는 법적 권리를 지지하는 것과 양립될 수 있다고 주장했다. 또한 여성들이 낙태를 가볍게 생각해서 함부로 저지른다고 윤색하는 과장된 주장에 의문을 제기했다. 알바레즈는 다른 여러 문화권에서 배워야 할 것이 많다고 말하면서, 낙태를 한 여성을 비난하거나 죄악시하지 말고 태아의 사망을 애도할 기회를 가질 수 있는 '사회적 추모 의식' 을 도입하면 도움이 많이 될 것이라고 했다.

1부 마지막 글은 캘리포니아 예술대학 미술과 교수인 킴 아노가 아들을 키우면서 성에 대한 사회적 해석을 달리하게 된 내용을 담고 있다. 아노는 레즈비언 배우자와 함께 아들 잭을 출생 직후 입양해서 성의식과 무관하게 다양하게 자신을 표현할 수 있도록 노력한 이야기를 들려준다. 하지만 잭의 생각은 달랐던 것 같다. 아노와 배우자가 남성성이 강한 아들아이를 키우면서 느꼈던 충격과 기쁨을 기록한 이 글의 제목은 남성성이 풍부한 아들을 키우는 레즈비언 엄마들 이야기' 다. 흑인 페미니스트 벨 훅스bell hooks와 주디스 버틀러의 연구를 인용한 글에서는 다른 사람들과 아이들이 남성성이 풍부한 흑인 남자아이에 대해 갖고 있는 선입견과 부딪치며 겪었던 어려움을 이야기하고 있다. 공원이나 수영장에서 잭 근처에 있는 아이들을 불러다 데리고 가는 엄마들을 보게 된 가슴 아픈 이야기와 그런 경험으로 인해 자신 안에 있던 '호랑이 어미' 와 같은 본능을 느끼게 된 경험을 털어놓고 있다. 아노의 깊은 성찰을 통해 엄마로서 거둔 성공이 무엇인가를 알 수 있을 뿐만 아니라 우리 문화에서 이루지 못한 것들이 무엇인지도 파악할 수 있다.

2부는 '출산의 고통–엄마가 되기 위한 고단함과 경이로움' 이다. 모든 이들이 엄마가 된다는 게 어렵고 힘든 일이라는 건 잘 알고 있다. 특히 엄마 자신은 뼈저리게 알고 있는 사실이다. 하지만 동시에 놀랍고 신비한 경험이 되기도 하고, 힘들면서 신비한 경험이기도 하다. 2부의 저자들은 엄마 역할을 하는 노고를 생각해 보는 한편, 엄마여서 경험하는 신비롭고 놀라운 경험을 이야기한다. 이런 것들 때문에 수많은 여성들이 엄마로 살아가는 것을 좋아한다. 엘리자베스 버터필드는 '초보 엄마의 밤낮-아기 방에서 실존주의를 철학하다' 라는 글을 통해 처음 엄마가 되어 보낸 시간을 실존적 철학으로 되짚어 보며 2부를 시작한다. 조지아 서던 대학 철학과 교수인 버터필드는 솔직한 어투로 갓난아기의 육체적 · 심리적 욕구에 반응하며 돌보는 과정에서 직접 체험한 내용을 털어놓는다. 버터필드는 지독한 자아 상실을 경험했던 때를 회상하고, 여하튼 자기 혼자만 겪는 일은 아니라는 사실도 깨달았다. 나 역시 같은 깨달음을 얻었었다! 그리고 그 말을 몇 번이고 되뇌곤 했었다. 하지만 어머니가 된다는 일에는 자아 상실 이상의 무언가가 있다. 버터필드는 어머니로서 다른 대상에게 깊은 헌신을 하게 되는 일에서 느낀 '아름다움' 에 대해서도 이야기한다. 이전에 걱정이 없던 자아를 상실하게 된 것에 심오하고 아름다운 측면이 있다는 걸 이해할 수 있게 해주는 통찰력을 실존주의 철학과 보부아르의 책에서 찾아냈다. 버터필드는 어머니의 역할을 탐색하면서 그 역할을 감당하게 되면서 자유와 책임감, 인생의 모호성을 직면하고, 인간의 조건을 대면할 기회를 가지며 진정한 의미의 인간으로서 성장하게 된다고 밝혔다.

이어서 셰릴 터틀 로스는 불교 신자의 관점에서 아름다움의 경험이라는 주제를 다루면서 '마음챙김하는 모성-페미니스트적 불교수행, 미적 체험을 고양시키다' 라는 글을 선보였다. 위파사나 명상Vipassana meditation을 하는 수행자이자 철학자인 로스는 불교의 기본 교리 세 가지를 현대 어머니 역할에 적용할 수 있도록 했다. 세 가지 기본 교리는 다음과 같다. ①고통은 피할 수 없다. ②고통은 갈망과 집착에서 나온다. ③괴로움을 그치게 하는 일은 가능하다. 이 세 가지 기본 원리를 어머니의 삶에 적용시켜 보면서, 먼저 임신을 위해 노력하는 과정에서 겪을 수 있는 어려움과 실망감을 이야기했다. 많은 예비 엄마들이 느끼듯이 가정 시간에 배우는 것처럼 임신이 늘 간단한 일은 아니라는 이야기도 하고 있다. 또 엄마 역할에 집중하는 일은 필연적이고 바람직한 것처럼 보이지만, 로스의 지적처럼 지나치게 무언가에 집착하는 건 그 대상이 사람이든 사상이든 희망이든 고통의 원인이 될 수 있다. 엄마가 되면서 우리는 우리가 통제할 수 있는 것이 얼마나 적은지 새삼 배울 수 있다. 두 번째 기본 원리는 우리가 생각하는 당위와 실제가 차이가 있다는 사실을 받아들여야 한다는 걸 알려준다. 대부분의 엄마들에게 끊임없는 과제가 된다. 로스는 불교에서 보는 어머니 역할에 대해 이론적으로 이야기할 뿐만 아니라 실질적인 조언으로써 어머니를 위한 명상을 소개하기도 한다. 호흡을 하고, 각성한 상태로 사회적으로 규정짓는 어머니 역할이 무엇인지 인식하고, 현명하고 다정하게 그에 반응하라는 것이다. 로스의 글은 각성의 중요성을 일깨워 준다.

미에 대한 또 다른 관점은 글렌 파슨스가 '오직 엄마만 사랑할 수 있는 얼굴이라고?' 에서 제시하고 있다. 파슨스는 어머니들이 자신의 갓난아기를 아름답다고 생각하고 다른 아이들보다 더 예쁘다고 보는 일반적인 현상을 흥미롭게 관찰했다. 어머니들의 이런 생각이 미학적 관점에서 올바른 것인가를 처음에는 궁금해했다가 나중에는 이런 과열된 생각이 어머니들의 미적 능력의 정도와 어느 정도 상관성을 갖는지 살펴본다. 어머니들은 다른 사람보다 아이의 아름다움을 더 잘 분별할 수 있는, 이른바 흄이 말한 '좋은 심미안' 을 갖고 있는 걸까? 문자 그대로 다른 사람보다 월등하게 아름다움을 더 잘 볼 수 있는 걸까? 아니면 자기 아이를 너무나 사랑한 나머지 편견에 사로잡혀 골룸 같은 외모의 아이라도 아름답다고 하는 걸까? (사실 우리 아들은 막 태어나서 한참 동안 골룸과 흡사한 외모를 하고 있었다. 나도 그 사실을 알고 있었지만 동시에 아들이 완벽하게 아름답다는 것도 알고 있었다.) 파슨스는 어머니가 자신의 자녀에 대해 갖는 미적 감상은, 예술적 선호도에 대한 복잡한 문제와 심미학적 문제가 얽혀서 '예술 이상의 문제'가 된다고 말했다. 몇몇 엄마들의 평가가 왜곡된 면이 있지만 다른 사람 눈에는 미학적으로 문제가 있어 보이는 갓난아기에서 아름다움을 느끼는 엄마의 능력은 정당하다. 엄마의 심미안은 사랑과 유대감과 행복감을 키운다. 그걸 방해할 필요가 어디 있을까?

로라 뉴하트의 아들을 입양한 과정을 회상한 글은 감동적이다. 이 글에는 어머니가 된다는 것의 경이로움이 잘 나타나 있다. 2007년 과테말라에서 아들을 입양하고 사진과 이메일을 통해 입양 전부터 아들에 대해 알아가는 과정이 기록되어 있다. 아들에 대해 점차 자세히 알게 되는 과정을 거친 로라와 배우자는 과테말라로 떠나고, 그곳에서 입양할 아들 캐빈의 위탁모를 만나 아이와 함께 미국으로 돌아와서, 아들아이에 대해 모르는 게 많다는 사실을 깨닫는다. 물론 아이의 놀라운 면이 우리의 기쁨이 되는 것은 사실이다. 우리는 언제나 아이들을 새롭게 알아가야 한다. 로라는 나아가 캐빈이 다 자라 성인이 된 모습까지 상상해 보려고 노력한다. 심금을 울리는 이 이야기 아래는 또 다른 이야기가 담겨 있다. 로라가 어머니가 된 이야기와 캐빈과 로라가 모자지간이 된 이야기 그리고 가족을 이루어 가는 이야기도 있다. 로라의 이야기는 여러 가지 면에서 어머니로서 살아가는 모습을 잘 보여주고 있다.

3부 '엄마의 윤리-자녀 키우기에 대한 윤리적 문제들'은 모유수유에 관한 성찰과 공공장소에서의 모유수유, 아이와 같이 자기, 자연분만에 관한 이야기로 이루어져 있다. 어머니라면 모두 한 번쯤은 들어본 적이 있을 이야기다. 하지만 저자들은 새로운 관점으로 상황을 분명하게 보도록 해준다. 첫 번째 글에서 간호사이자 모유수유 전문가인 크리스 멀포드는 모유수유 선택 문제와 관련이 있는 책임감, 권리, 이해관계를 다양하게 살폈다. 멀포드는 수년 동안 간호사로 활동하면서 모유수유의 실행과 그 역사를 조사하면서 얻은 지식과 철학적 성찰을 잘 섞어 놓았다. 멀포드는 모유수유를 지지하는 입장을 분명히 밝히긴 하지만, 모유수유는 쉽지 않으며 미리 계획하고 준비해야 한다는 점을 분명히 밝히고 있다. 모유수유는 아이를 낳고 몸을 추슬러야 하는 어머니로서 상당히 힘든 일이다. 또한 모유수유에 대한 책임이 전적으로 어머니에게만 있는 것은 아니라는 점도 지적하고 있다. 즉, 우리 모두가 함께 감당해야 할 일이라는 것이다. 여성 개인은 자신에게 맞는 선택을 해야만 한다. 하지만 그 여성은 선택의 여지를 제한당하는 환경이나 선택의 여지가 확장되는 환경에서 선택을 하게 된다. 어떤 환경이냐에 따라 여성이 어떤 생각을 하느냐가 달라지고, 도움을 얻게 되느냐 방해를 받게 되느냐에 따라 육아 방식이 달라진다. 인공수유가 공중위생 기반 시설을 필요로 하고 식품 유통망을 필요로 하듯이 모유수유 역시 현대 사회에서 그 명맥을 유지하기 위해서는 여성과 가족, 성평등, 공공정보 같은 서비스 인프라가 필요하다.

모린 샌더-슈타우트는 '공공장소에서의 모유수유에 관한 고찰'에서 미국 문화권에서는 모유수유가 개별 여성에게 주어진 짐이 아닌, 실행가능한 규범으로 사람들의 지지를 받아야만 한다는 문제를 다루고 있다. 샌더-슈타우트는 간단한 사고실험으로 글을 시작한다. 만약 남성이 모유수유를 할 수 있다면 어떻게 될까? 샌더-슈타우트는 아마도 텔레비전이 갖춰진 모유수유 부스가 있는 스포츠 클럽이 생기고 체육관에는 젖 분비를 촉진시키는 기구가 생기면서 모유수유하기가 지금보다 더 편해질 것이라고 주장한다. 또 여성주의의 돌봄 윤리로 젖먹이는 여성이 공공장소에서 편의를 기대할 수 있어야만 한다는 상호 호혜주의적 입장을 다루는 한편, 모유수유의 은밀함과 함부로 주장하는 외설성의 문제를 이야기한다. '젖먹이 부르카'라는 은유를 통해 샌더-슈타우트는 공공장소에서의 수유는 중요하고 개별 여성들이 언제 어디서 어떻게 수유할지 자유롭게 정할 수 있게 해주어야 한다고 주장한다. 더해서 자신이 생각한 사고실험이 그저 공상에 그치지 않을 수 있다는 놀라운 이야기도 한다. "남성들도 포유류가 갖추어야 할 모든 분비 기관을 갖고 있다. 그래서 모유수유 능력은 여성과 같은 수준으로 발달시킬 수 있다. 매일 20분 동안 유축기로 빨아주기를 몇 달 동안 계속하고 프롤락틴(생식기관 · 유선[乳腺] 등의 기능을 촉진하는 성호르몬-옮긴이) 수치를 천천히 증가시키면 가능한 일이다." 누가 알겠는가? 정말 그렇게 되어서 변화가 일어날지?

3부 세 번째 글은 논쟁의 여지가 많은 글이다. 바로 아이를 재우는 방법에 관한 이야기다. 수면 문제는 초보 부모들에게 가장 긴급한 일이다. 나도 첫아이를 낳았을 때 모든 사람들이 나에게 "잠은 좀 잤나요?"라고 물었던 기억이 난다(답은 당연히 '아니오'였다). 그리고 "아이는 잠을 어떻게 자나요?"

(답은 '잠을 안 자요' 였다.) "아이는 순하게 잘 자나요?"('잠을 원체 못 자네요') "아직 밤새 자지 않죠?"(그게 뭐 재미있는 일이라도 되나요?) 그리고 나도 만나는 사람을 죄다 붙잡고 이렇게 물었다. "어떻게 하면 아이를 재우죠? 전 잠이 너무나 필요해요!" 늦은 밤 잠도 자지 못하고 절박한 메일을 보내보기도 했다. 하지만 그 누구도 적절한 답을 주지 못했다. 그저 흥미로운 조언들만 가득했다. 이번 글에서 엘리어트 부부(남편 케빈은 철학자이고 아내 자넷은 전직 교사이며 지금은 전업주부다)는 울게 내버려 두는 방식으로 아이를 잠들게 하는 것보다 같이 자는 것이 더 좋은 이유가 있다고 주장한다. '울게 내버려 두기' 는 흔히 소아과 의사들이나 리차드 퍼버 같은 유아 수면 문제에 관한 책 저자들이 선호하는 방식이다. 영화 《미트 페어런츠Meet the Fockers》(2004)에서 로버트 드니로가 분한 등장인물 잭 번즈가 이 방법에 집착하는 걸로 악명을 떨치게 되었다. 엘리어트 부부는 공리주의를 근거로 울게 내버려 두기를 하는 과정에서 아기가 괴로움과 고통을 겪는다는 사실만으로도 다른 좋은 점을 제쳐둘 수 있으며 할 만한 일이 아니라고 말한다. 엘리어트 부부가 했듯이 울게 내버려 두는 방식은 부모에게도 쉽지 않다. 어떤 부모는 아이가 우는 중에 귀마개를 하고서 잠을 잤다는 경우도 있었다(이건 큰 잘못이다). 엘리어트 부부는 글 말미에 같이 자기가 다른 방법보다 실용적이고 발전 가능성이 있는 방법이라고 믿었지만, 한 가지 해법이 모든 부모에게 통용되지 않는다고 말하면서 철학이 부모노릇을 하는 데 어떤 문제점을 지적했는가를 설명하는 대신, 각자 부모와 가족 구성원에 맞는 선택을 할 수 있도록 돕겠다고 한다.

3부의 마지막 글은 젠 베이커의 '자연분만, 누구를 위한 것인가'는 자연분만에 반대하는 논쟁이 이어질 거라는 예상을 하게 만든다. 하지만 베이커는 자연분만이 비자연분만보다 더 낫다는 이유를 검토한다. 자연분만의 의미와 자연분만의 장점에 대해 질문을 던지며 까다로운 논점을 짚어나간다. 그리고 결국 자연분만은 스릴을 추구하는 행동과 비슷하다는 결론을 내린다. 그러니까 다양한 이유로 해볼 만한 일이기는 하지만, 마취로 통증 문제에 얼마든지 도움을 받을 수 있는 분만보다 도덕적으로 절대 더 우월하지는 않다고 말한다(나도 개인적인 경험을 근거로 마취를 얼마든지 받을 수 있다고 생각한다).

마지막 4부에서는 어머니의 역할과 어머니로서 아이를 돌보는 문제, 그리고 모성의 현실과 어머니에 대한 문제에 관한 다양한 사고방식을 보여준다. '엄마가 된다는 것이 당신이 생각한 것과 같은가 –현실과 환상의 만남'이라는 제목의 4부에서 저자들은 돌아가면서 만약 아이를 마음대로 통제한다면 어떨까 하는 공상(로봇처럼 전원 차단 버튼이 아이에게 있다면?)과 어머니로서 갖추어야 할 덕목, 대중미디어에 비친 유명 인사 어머니에 대한 평가와 의미, 하나님을 어머니로 생각해 보자는 도발적인 제안을 이야기하고 있다.

사라 괴링의 '우리 아이 일시 정지 버튼–사고실험과 아이 통제를 통한 깨달음'은 부모들의 희망 사항과 '말이 씨가 된다'라는 오랜 속담에 대한 연구다. 사라는 아이를 잠시 꺼두었으면 하는 공상을 하는 게 자기만이 아니란 사실을 깨닫고, 육아를 담당하고 있는 사람들 대부분이 때때로 이런 공상을 품어본다고 언급한다. 그러면서 우리가 이런 공상을 하는 게 무엇을 뜻하는지 의문을 제기하고, 이런 공상에 빠져야 하는지도 생각해 보았다. 그리고 특정한 시나리오에서 사고실험을 생각해 냈다. 플라톤의 '기게스의 반지Ring of Gyges'7)(이 반지를 끼면 투명인간이 될 수 있다)에서 데카르트의 '사악한 천재evil genius'8) (자명한 기초적인 진실을 두고도 사람을 속일 수 있는 악마)와 필리파 푸트Philippa Foot의 '전차 딜레마trolley problem'9)(철길 위에서 일하고 있는 노동자 5명을 살리기 위해 다른 한 사람을 죽여야 하는가의 문제)에 이르기까지 철학자들은 다음에 이어지는 상황을 생각하기 위해 '만약 ~라면?' 이라고 상상하기를 좋아한다. 사라는 철학적 사고실험이 현재 우리가 알고 있는 세상에 대해 무엇을 말해줄 수 있는지 회의적인 시각이 있지만 동시에 아이들에게 꺼짐 버튼을 있다면 바람직하지 못한 결과를 낳게 될 것이라 주장한다. 부모나 자녀 모두 소중한 학습의 경험을 얻지 못하기 때문이다.

'엄마가 갖춰야 할 주요 덕목'에서 닌 커컴은 자신의 아이는 절대로 떼를 쓰는 법이 없고 평화롭게 잠자리에 들 것이고, 자신은 아이들에게 소리를 지르지 않고 오로지 영양가 많은 음식만 먹이는 엄마가 될 것이라고 다짐했던 것과 현실 사이의 커다란 차이가 있음에 주목하고 그것을 탐구했다. 어머니가 되면 이런 환상은 당장 깨지고, 좋은 어머니가 된다는 것에 대해 현실적인 생각을 하게 된다. 닌이 생각하는 좋은 어머니는 자녀를 위해 옳은 일을 할 능력을 충분히 마련해야 할 뿐만 아니라 본인의 행복과 성공을 위한 공간도 마련해 놓아야 한다. 여기서 말하는 행복과 성공은 아리스토텔레스의 뒤를 따르는 이들이 '에우다이모니아'라고 부르는 것이다. 좋은 어머니는 어머니가 되었음에도 에우다이모니아의 특질을 지닌 삶을 사는 것이 아니라, 어머니가 되었기 때문에 에우다이모니아의 특질을 지닌 삶을 살게 된다. 닌은 덕 윤리에서 통찰을 얻어 어머니로서 갖춰야 할 덕목이 무엇인지 살펴보고, 어머니의 역할을 행함에서 인내와 관대함, 도덕적 모범이 필요하다고 주장했다. 닌은 어머니로서 갖춰야 할 덕성을 살펴보면서, 흔히 어머니를 섣불리 판단하려는 경향이 있음을 지적하며 어머니를 함부로 비난하거나 비판하지 말아야 한다고 주장한다. 어머니를 함부로 비판하는 경향이 생긴 것은 여러 가지 이유가 있지만, 어머니가 된다는 것은 어머니를 비판하는 일의 부질없음을 자각하는 것이 포함되어야 한다. 우리는 자신도 모르게 가혹하고 불공평한 비난을 어머니에게 쏟아낸다. 이런 과거의 잘못된 행태를 반복하지 않는 것이 또 다른 어머니로서 갖춰야 할 덕목이고, 이는 아직 어머니가 되지 않은 이들도 실행에 옮겨볼 수 있다.

다음은 심리학자인 클레멘스 듀와 데미안 릭스가 대중매체에서 최근 폭발적으로 이뤄지고 있는 유명 인사 엄마에 대한 논의를 통해 '좋은 엄마'와 '나쁜 엄마'로 구분해 엄마를 비판하는 현상에 대해 이야기하고 있다. 대중들이 이런 이미지를 어떻게 받아들이는지 관심을 둔 두 저자는 호주 애들레이드대학의 심리학 강의 중에 시행했던 실험 이야기를 들려준다. 이 강의를 들은 학생들은 브리트니 스피어스, 안젤리나 졸리, 조디 포스터, 니콜 리치 같은 유명 인사 엄마에 대한 기사를 읽고, 그에 대한 반응을 보였다. 듀와 릭스는 학생들이 유명한 그 여성들을 좋은 어머니로 판단하거나 나쁜 어머니로 판단하는 데 대중매체가 선보인 이야기를 뛰어넘는 무언가가 있다는 사실을 밝혀냈다. 학생들의 판단 근거는 '좋은'(정상적인) 어머니는 무엇을 하고, 어떤 삶을 살아야 하는가에 대해 가진 기존의 편견이었다. 새삼스러울 것도 없는 일이지만, 가장 실망스러웠던 사실은 어머니로서의 일에 집중하고(다른 관심이나 욕망은 배제하고 어머니로서의 역할에만 충실한 경우) 정상적이고 좋은 어머니로 평가되면 될수록, 그 어머니를 다룬 기사는 더 지루해 보였고, 따라서 그녀의 삶 역시 더 지루해 보였다는 것이다. 이런 기사가 전하는 메시지란 무엇일까? 바로 어머니 역할을 제대로 하는 건, 지루하다는 뜻이다. 하지만 여기서 내 경험을 분명히 말해두자면, 현대 어머니로서 맡은 역할을 감당하면서 겪는 대혼란을 겪고 있는 나로서는 지루한 일상을 바라는 일이 종종 있다!

이 책의 대미를 장식하는 글은 신의 비례에서 어머니의 역할이라는 주제에 태클을 걸고 있다. '하느님 어머니!-젖가슴에서 흐르는 복과 태에서 잉태되는 복'에서 조지 던은 하느님을 어머니라고 생각하면 파생되는 문제와 저항에 대해 생각해 보았다. 던은 하느님을 어머니로 생각하는 게 새삼스러운 일은 아니라고 설명한다. 「욥기」에서 증거를 찾을 수 있듯이 성서에 따른 근거가 있는 이야기일 뿐만 아니라 풍요를 상징하는 여신상이 증거가 되는 선사시대에서부터 그 뿌리를 찾을 수 있다. 하느님의 모성에 대한 글을 읽으면, 우리는 안셀무스와 아퀴나스의 전통적인 일신론에서부터 아리스토텔레스의 성차별 사고까지 알 수 있다. 아리스토텔레스는 여성은 '태생에 불운한 결함이 있는 존재'라고 주장하며 문화에 깊은 발자취를 남겨, 그것을 제거하기 어렵게 해놓았다. 하느님은 그 정의에 의하면 우리의 경험과 이해를 초월하는 존재이므로 그에 대한 모든 표현이 은유적이거나 비유적일 수밖에 없다고 설명한 던은 하느님과 어머니의 비교가 하느님과 아버지 사이의 비교보다 더 적절하다고 주장한다. 여하튼 던은 하나님의 이미지를 어머니로 생각하게 되면 책임감이나 도의를 유지한 채 하나님의 천벌이 가혹하다는 생각을 경감시킬 수 있다고 주장한다. 게다가 우리가 하느님을 어떻게 생각하느냐에 따라 우리 자신에 대한 생각이 달라질 수 있다. 이런 점을 지적한 던은 모성적 보살핌의 전형으로서 하나님을 생각하는 것이 우리 어머니들을 공경할 새로운 이유를 만들어 줄 것이라고 가정한다.

이제 모든 어머니가 할 사고실험이 하나 남았다. 하느님이 우리 같은 사람이라면 어떨까 하는 생각을 해볼 때다.

주석

1 C. S.루이스, 『네 가지 사랑*The Four Loves*』 (New York: Harper Collins, 2002), ch. 4.(한국어판, 홍성사, 2005)

2 에이드리언 리치, 『더 이상 어머니는 없다*Of Woman Born: Motherhood as Experience and Institution*』 (New York:W.W. Norton, 1976), p. 11.(한국어판, 평민사, 2002)

3 칸트, 『순수 이성 비판*Critique of Pure Reason*』, trans. Normal Kemp Smith (New York: St. Martin's Press, 1965), p. 635 (A805/B833).

4 사라 러딕, "엄마들의 사유에 대한 사유*Thinking About Mothers Thinking*," part one of 〈Maternal Thinking: Toward a Politics of Peace〉 (Boston: Beacon Press, 1989).

5 같은 책, p. 24.

6 리치, 『더 이상 어머니는 없다』; 앨리슨 재거, 『여성해방론과 인간본성*Feminist Politics and Human Nature*』 (Tottowa: Rowman and Allanheld, 1983).

7 플라톤, Book II, 〈Republic in The Collected Dialogues of Plato〉 (Princeton: Princeton University Press, 1961), pp. 606–8 (359a–360d).

8 데카르트, "Meditations on First Philosophy," "Meditation I: Of the Things Which May Be Brought Within the Sphere of the Doubtful," in 〈The Philosophical Works of Descartes〉, Vol. 1, trans. E. Haldane and G. Ross (New York: Cambridge University Press, 1979), pp. 147–9.

9 필리파 푸트, "The Problem of Abortion and the Doctrine of Double Effect," 〈Oxford Review〉 (1967): 5, 5–15.

1

엄마의 뇌

엄마 역할에 대한 진실, 지식, 믿음

MOTHERHOOD

수 엘렌 헨리 Sue Ellen Henry

1

아이 한 명을 키우는 데 얼마나 많은 전문가가 필요할까

엄마 역할과 확실성의 추구

2000년 7월 어느 무더운 날 오후에 나는 첫아들 제이콥을 낳았다. 난산이어서 제이콥이 신생아중환자실에서 며칠을 보낸 후에야 아기를 집으로 데려올 수 있었다. 제이콥이 유난히 가냘프고 약해 보였던 것이나 내가 아이를 돌보는 일에 부적격하고 무능해 보였던 것은 아마도 자궁 밖 세상으로 나오면서부터 아이가 이런 어려움을 겪었기 때문인지도 모르겠다. 하지만 그게 전부는 아니었다. 갓 엄마가 된 나는 스스로 아기를 돌볼 자격이 없다고 느끼고 있었다. 처음 엄마가 된 대부분의 사람들이 나와 비슷한 감정을 느낄 것이다. 엄마들이 자신도 알지 못하는 일을 하고 있다는 걸 보여주는 자료는 흔하다. 나는 제이콥이 울어도 울음을 그치게 할 수 없었고, 수유를 제대로 하는 데도 애를 먹었다. 이런 일상적인 어려움 외에도 심각한 일은 있었다. 처음에 나는 제이콥이 제 아빠를 닮아 아름다운 올리브색 피부를 물려받았다며 좋아했다. 하지만 곧 제이콥이 황달에 걸렸다는 진단과 함께 광선치료를 받아야 한다는 충격적인 의사의 말을 들었다. 누군들 짐작할 수 있었을까? 나는 상상도 하지 못했다.

평생 아이를 돌본 시간이 다 합쳐도 기껏해야 10시간도 안 되는 주제에 덜컥 엄마가 되어버린 내가 알고 있는 것이라곤 존 듀이 방식의 철학적, 사회적 실용주의뿐이었다. 학교에서 오랜 시간을 보낸 사람들이 대개 그렇듯, 나는 새로운 문제를 접하게 되면 학문적인 환경에서 잘 통하는 접근 방식으로 해결해 왔다. 그것은 바로 관련된 글을 전부 읽는 것이었다. 실전 경험은 거의 없는 데다 실질적인 기술도 익히지 못한 채 모성에 접근하게 된 나는 최선이라고 여겼던 '관련 도서'들을 모두 읽기 시작했다. 그러니 제이콥을 집으로 데리고 온 며칠 후에 아이가 울기 시작하면 아이를 안아줘야 하는지(나의 본능) 아니면 그냥 실컷 울도록 내버려 둬야 하는지(책에서 읽었던 대로) 같은 문제를 두고 "이론이 필요해!"라고 외쳤던 것도 당연한 일이었다.

그렇게 나는 모성과 엄마 역할에서 확실성을 추구하게 되었다. 두 가지 방법(안아주는 것과 실컷 울도록 내버려 두는 것)을 분리하여 전혀 다른 것으로 본 순간부터, 나는 잘못된 사고방식의 희생양이 되고 말았다. 존 듀이의 주장에 의하면, 지식과 소신을 분리하는 착각에서 잘못된 사고가 나온다고 한다. 존 듀이는 생각을 흘러넘치게 해서 도랑에 빠트리는 데카르트적 이분법(정신과 육체, 감정과 이성, 주체와 객체를 구분하는 사고)을 해소하기 위해 평생 노력해 왔다. 그래서 이런 분리된 추구는 지식과 소신 사이의 잘못된 이분법에 전념하는 것이라고 비평했다. 엄마 역할에 관해서 이제 막 싹트기 시작한 나의 소신(이 경우 아이는 달래줘야 한다는 소신)과 지식(몇몇 육아 서적에서 찾아볼 수 있는 전문가의 조언)을 분리해 별개로 보기 시작하면서, 나는 어머니 역할을 두 갈래로 나누어 생각하게 되었다.

한편에는 책에서 하는 조언이 보증하는 '올바른 엄마 역할'이 있었고, 다른 한편에는 나의 본능을 따르는 '어쩌면 틀릴 수도 있는 엄마 역할'이 있었다. 듀이에 의하면, 이런 식으로 지식과 소신을 분리하면 지식이 소신보다 더 확실하고 보편적이며, 개인의 소신보다 지식이 더 낫다고 생각하게 된다고 한다. 따라서 소신은 불확실하고 잠정적인 것이 된다. 하지만 듀이는 지식과 소신 둘 다 진리를 구성하는 요소로 보았고, 지식과 소신을 결합하면 '실천적 지식'을 형성할 수 있다고 주장했다.

듀이의 추종자인 나는 예나 지금이나 '우리가 갖고 있는 모든 도구를 활용하자'는 사고방식에 매력을 느낀다. 지식, 소신, 경험, 직관을 모두 활용하여 가장 적절하고 타당하며 깊이 있는 해법을 찾아 당면한 문제를 해결하자는 것이다. 애써서 해결할 만한 가치가 있는 일이라면 우리가 가진 모든 것을 쏟아부어 문제를 해결하는 편이 좋다. 나는 학문적 연구를 할 때는 이런 사고방식을 적용하여 실질적 문제나 이론적 문제를 모두 해결했다. 일을 할 때는 이런 식의 접근 방법을 활용하는 게 옳다고 확신했다. 하지만 엄마 역할 문제에서는 상황이 달랐다. 엄마 역할에 직면한 나는 이제까지와는 다르게 반응했다. '알아요, 알아. 하지만 저에게는 정답이 필요해요. 위험 부담이 너무 크단 말이에요!'라고 마음속으로 생각하고 또 생각했다. 듀이가 『확실성의 추구(한국어판 제목은 『확실성의 탐구』이지만, 이 글 내용에 어울리도록 『확실성의 추구』라고 옮겼다-옮긴이)』의 첫 번째 문장에서 주장했듯이 "위험이 가득한 세상에서 사는 사람은 확실성을 추구하지 않을 수 없다."[1]

이 말은 처음으로 엄마가 된 몇 달 동안 내가 느낀 위험이 어느 정도였는지 보여준다. 당시 내 눈에 보이는 위험은 실로 어마어마한 수준이었다. 만약 내가 엄마 노릇을 잘 못한다면, 내 아들은 심리적, 육체적, 정신적, 인지적, 감정적 등 무수히 많은 면에서 해를 입을 가능성이 높다. 비록 나는 수면 부족 상태로 감정의 롤러코스터를 타고 있던 초보 엄마였지만, 세상 도처에 존재하는 위험만은 분명히 볼 수 있었다. 오히려 너무 분명하게 보여서 문제가 될 정도였다. 나에게는 안전과 확실성을 보장해줄, 그것도 신속하게 보장해줄 무언가가 절실히 필요했다. 그래서 나는 지금껏 사둔 책에서 제시한 단계적 조언을 엄격하게 추종함으로써 안전과 확실성을 보장받으려고 했다.

전문가의 글을 추종했던 내 행동은 안전과 확실성을 보장받기 위함이었지만, 정작 내게 필요한 엄마 역할에 대한 통합적인 반응에 대한 언급은 그 글 속에 거의 없었다. 이런 책에서는 '이 아기를 어떻게 돌보아야 할까?' 라는 전체적인 질문을 작은 별개의 주제로 쪼개어놓고, 모두 단순한 수면문제나 식이문제, 인지발달문제 등 그저 '문제' 로만 보았다. 안전과 확실성의 보장이 필요하다는 생각은 제이콥의 엄마 역할이 아이의 건강과 행복에 없어서는 안 되는 가장 필수적인 것이라는 생각과 뒤섞이게 되었다. 해리어트 마셜Harriett Marshall은 1980년대 발간된 유명한 육아서에 나오는 언어와 수사를 세밀하게 분석한 끝에, 공통적으로 강조하는 어머니의 행동이 있다는 사실을 알아냈다.[2] (여기에서 어린아이를 돌볼 다른 주요 양육자, 즉 아버지의 역할은 제외되었다.) 마셜의 주장에 의하면 전적으로 어머니의 행동만을 강조하고 다른 양육자의 일을 생략하는 이런 글들로 인해서 아이가 '정상적인 발달'을 거쳐 '정신적으로 안정된 개인'으로 성장하게 하는 중요하고 결정적인 책임이 어머니와 굳게 결합되었다고 한다.[3] 나의 경우에는 이 상황은 두 가지 결과를 낳았다. ①나는 대부분의 경우 이런 육아서를 권위 있는 정보원으로 숭배하면서 내 판단보다 우위에 놓았다. ②그리고 모든 것이 내 책임이라는 메시지를 받아들였다. 그 결과, 나는 이 상황에서 받는 스트레스를 관리하기 위해 계속해서 책을 참고하는 편이 낫다고 믿게 되었다. 위험 부담이 워낙 컸기 때문이다. 하지만 책에서 내리는 처방을 정확하게 따르다가 생기는 스트레스가 더 많았다.

듀이는 지식과 소신을 분리하는 사고방식에서 많은 문제가 발생한다고 말했다. 특히 사회적 문제를 다룰 때 그렇다고 했다. 엄마 역할이라는 낯선 상황이 주는 거대한 불확실성에 직면한 어머니들은 전문가의 글에 의지해 안내를 받으려고 하는 경우가 많다. 미국 문화권에서 이런 식의 안내서는 도처에 널려 있다.[4] 하지만 전문가의 지식에 의존하고 그것을 자신의 경험이나 소신보다 더 확실하고 유력하다고 보면, 초보 엄마들은 자신의 일과 어머니로서의 정체성에서 완전히 소외당한다는 느낌을 갖기 쉽다. 다시 말하지만, 전문가의 글에서는 현대의 어머니 노릇을 의사, 심리학자 등 전문가의 충고를 그저 따르고 고수하는 것으로 보고 있는 경우가 많다. 이런 글은 대부분 전문가의 권위를 강화하는 과정에서 다른 주변 여성이나 가족, 이웃, 다른 어머니들도 전문적 지식을 전해주는 정보원이 될 수 있다는 사실은 언급하지 않는다. 그래서 오늘날의 엄마들은 오로지 전문가의 조언과 글만 고수할 뿐만 아니라 다른 이웃들의 조언은 외면하는 것이 좋다고 생각한다. 하지만 이런 방식을 따라가다 보면 '소외 현상'이 발생할 수 있다. 초보 엄마의 본능과 소신, 직관을 통해 자녀를 잘 돌보는 것이 무엇인가에 대해 깨닫게 된 바(소신)를 육아서에서 알게 된 것들(지식)과 분리시키는 것이다. 이 대목에서 따져 봐야 할 일은 엄마 역할에 대한 개인적이며 통합적인 이론을 찾아내는 데 전문가의 글만 의지하면 존재론적 대립인 소외 현상을 겪기 쉽다는 것이다. 아무리 '올바른' 조치라 해도 엄마 역할이란 진화 발전하며 하나의 응집성을 가지는 체계라는 사실을 배제하면, 엄마가 아니라 엄마 역할에 관한 기술만 사용하는 사람이 된 것 같은 느낌을 받을 수 있다.

엄마 역할에 관한 의문 풀어나가기

5개월 된 제이콥을 아기띠로 매고 주차장을 걸을 때 어쩐 일로 제이콥이 조용했다. 평소 같으면 울음보를 터트리거나 안달했을 텐데 말이다. 대학 사무실이 있는 건물을 지나가는데, 문득 전에 일을 할 때 느꼈던 자신감이 생각났다. 하지만 곧 또 다른 감정이 치밀어 올랐다. 당장 제이콥을 어떻게 돌봐야 할지 결정내리는 데 도움이 될 만한 것을 과거에 준비한 바가 전혀 없었던 것이다. 기저귀를 갈아야 할 수도 있고(기저귀 교환대가 있는 화장실이 근처에 없었다. 대학교 교정에 기저귀 교환대가 있는 곳이 있기는 한가?) 젖을 물려야 할 수도 있다(다른 사람들에게 폐를 끼치지 않고 수유할 수 있는 조용한 곳이 근처에는 없었다). 제이콥이 까닭 모를 울음을 터트릴 수도 있다. 이런 일은 예사로 일어난다(울음소리를 감출 수 없는 사방이 사무실 유리창인 곳이었다). 초보 엄마는 터무니없을 정도로 불안했다. 하지만 당시 나는 전문가의 육아 관련서를 활용한다고 해서 안전과 확실성이 보장되지 않는다는 걸 알지 못했다. 사실 그런 육아서는 내 불안을 악화시키고 강화시켰다. 그런 글에 의존한다는 자체가 여러 가지 면에서 내가 실패자라는 느낌이 들게 했다. 자기 아이를 재우고 심지어 먹이는 일을 할 줄 몰라서 책에 의존해야만 하는 엄마는 도대체 어떤 사람이란 말인가?

하지만 나는 엄마 노릇에 관한 전문가의 조언을 따른다는 이른바 '과학적 모성scientific motherhood'[5]의 시대가 19세기 중반에 이미 시작되었다는 건 모르고 있었다. 그런 생각의 저변에는 '사랑에 과학을 더하면 완벽한 엄마가 될 수 있다'는 주장이 있었다.[6] 육아는 의사들(대부분이 남자)에 의해 의료화되었다. 인쇄술이 발전하고 문맹률이 낮아지면서 의사들의 조언이 소개되었고, 여자들은 전문가의 의학적이고 과학적인 지시를 받으며 엄마 노릇을 해야 한다는 개념이 도입되었다.[7]

이런 책들은 어머니로서 아이를 돌보는 일상적인 일 대부분에 관해 자세히 설명하고 세세한 지시 사항을 내려주었다. 아이를 목욕시키고, 먹이고, 옷을 입히는 일뿐만 아니라 질병 예방과 같은 과학적 주제에 대한 정보까지 제공했다. 디프테리아 백신을 개발하고, 박테리아를 발견할 정도로 의학이 발전하면서 의사들은 유아 사망률을 떨어뜨리려면 어머니들이 자신들의 조언에 따라야 한다고 주장했다. 한 의사는 1887년 이런 글을 쓰기도 했다. "사전 교육을 받지 않은 채 신중하지 못하게 아이의 관리 감독이라는 막중한 책임을 맡는 엄마들이 얼마나 많은지 모른다."[8] 여성 교육을 지지한 캐더린 비처Catherine Beecher 같은 사람들이 펴낸 20세기 초 육아서들은 육아 문제에 있어서 과학의 발전, 향상된 의료 기술과 더불어 가족의 지식과 어머니의 역할을 핵심으로 보았다.

하지만 이와 달리 의사들은 여성들이 자신들의 지도를 따르고, 관습이나 개인적인 경험에서 얻은 각자의 판단은 무시하거나 잊어야 한다고 압력을 가하고 있다. '근대 소아과의 아버지' 라 불리는 의사 야코비Abraham Jacobi는 1860년대 뉴욕의 빈민 지역 엄마들에게 팸플릿을 나눠주면서 자신이 생각한 육아법을 널리 보급시켰다. 리마 애플Rima Apple에 따르면, 야코비는 여성들에게 이웃이 아니라 의사를 양육의 본보기로 삼아야 한다고 상기시키면서 '개업의의 역할' 을 치켜세웠다고 한다.[9] 하지만 애플은 현대 여성들이 과학과 의학 그리고 다른 전문가들에게서 중요한 정보를 습득하는 나름의 방법을 터득하고, 더불어 엄마 역할에 대한 나름의 생각을 키워가다가 점차적으로 전문가들의 고압적인 조언에 저항하고 있다고 주장한다.

또한 오늘날에는 어머니와 전문가 사이의 협력을 목표로 삼아야 하고, 어머니와 의사 사이의 권력 관계가 아직은 평등하지 않지만 그렇게 되도록 쌍방이 노력해야 한다고 말했다. 애플이 주창한 '실용적인 모성' 에의 접근 방법은 듀이가 '지적 추구' 라고 불렀던 방법을 생각나게 한다. 즉 소신, 지식, 경험 모두가 양육과 같은 사회적 문제를 이해하고 반응하는 데 중요한 관계가 있다고 생각하는 접근법이다. 하지만 이런 접근법을 배웠음에도 불구하고, 처음 어머니 노릇을 시작한 초보 엄마 시절의 나에게 제이콥을 돌보면서 부닥치는 문제의 해법을 전문가의 조언과 나의 생각을 조화롭게 혼합하는 데서 찾는 건 상상도 못할 일이었다. 뒤돌아보면 당시 나를 당혹하게 만들었던 것은 전문가의 글이 전해주는 실질적인 메시지나 과학 그 자체가 아니라 내용이 전달되는 '너무나 혹한 방식' 에 있었다. 마치 일주일 만에 10킬로그램을 줄여주겠다고 장담하는 다이어트 광고처럼 전문가의 책들은 그 방식을 제대로 따르기만 한다면, 더 없이 행복한 아이와 어머니로서의 기쁨이 기다리고 있다고 속삭였다. 아이는 잘 자고 잘 먹어서 만족스러워할 것이다. 책에서 일러주는 대로만 따른다면.

하지만 반대로 그들이 말하는 바를 정확하게 따르지 못한다면, 부적절한 결과가 나온다는 암시도 동시에 주고 있다. 게다가 부적절한 양육 결과를 얻게 되는 건 책에서 권하는 방법을 착실하고 완벽하게 적용하는 데 실패했다는 증거라고 여기는 설명은 어머니로서의 자신감에 치명적인 상처를 준다. 그렇게 나는 제이콥을 재우고, 먹이고, 달래는 등 모든 일에 실패하고 있다고 생각했다. 사실 마셜이 조사한 근대의 육아서들은 '유연성' 이라는 항목이 포함되어 있음에도 불구하고, 훌륭한 현대 어머니라면 반드시 지켜야만 하는 '특정한 법칙' 을 강조한다. 육아 매뉴얼에서 명시적으로 강조하는 첫 번째 법칙은 어머니는 전문가의 지침에 전적으로 의지해야 한다는 것이다. 다른 어머니들이 전해주는 경험은 충분하지 않다는 뜻이다.[10]

나는 임신 기간 동안 치료를 중심으로 질병의 의학적 측면을 강조하는 생의학적 모델에 빠져 있었다. 그때 내 몸은 인간 페트리 접시(세균배양용 접시)

같았다. 내 몸에서 일어나는 생리적 변화가 무척 궁금했던 나는 태아의 성장에 관해 상세히 설명해줄 뿐만 아니라 호르몬의 변화나 몸이 달라지는 것에 대해 자세히 알려주는 몇몇 글에 의존했다. 난산으로 힘들게 낳은 제이콥이 신생아중환자실에 있는 동안에도 나는 생의학적 모델이 제공하는 '틀림없는 사실'을 원했다. 그리고 제이콥과 함께 집에 왔을 때 그 확실성을 포기하기 어려웠다. 나는 어느새 '올바른' 육아와 '능숙한' 육아를 별도의 것으로 보는 이분법에 익숙해졌다. 하지만 실제 생의학적 모델에서 그 둘은 하나였다. 전문가들의 글에서는 우리가 대하는 존재가 인간이란 사실을 강조하는 법이 별로 없다는 것 역시 문제였다. 지구상에서 가장 예측 불가능하고 독특한 객체는 인간이다. 그래서 책에서 권하는 단계적 조치를 다 취하고 나서 제이콥이 책에서 말한 대로 잠을 잔다는 건 두 가지 의미가 있다. 하나는 내가 그 조치를 제대로, 잘, 착실하게 적용했다는 것이고, 다른 하나는 제이콥은 착한 아이며 더 이상 잠투정은 없다는 뜻이다. 하지만 제이콥이 자지 않으면, 나는 그와 반대의 결과를 느꼈다. 나는 제이콥에게 실패했고, 제이콥도 나에게 실패했다. 한때 우리 둘은 처량하고 비참한 지경에 빠지기도 했다.

제이콥과 나의 삶이 함께 얽혀 있던 초기에는 모든 일에 '테크닉 적용–반응–불규칙한 성공과 실패'의 주기가 반복되었다. 특히 처음 몇 달 동안 수유에 애를 먹었다. 하지만 나는 일련의 과정을 반복하고 있었다. 어느 날 아침, 남편은 그런 나를 도우려는 마음에 친구에게 도움을 청해보라고 했다. 돌이 지난 아이가 있는 내 친구 역시 나처럼 수유에 애를 먹었었다. 하지만 나는 엉엉 울면서 남편에게 말했다. "친구한테 절대 연락 못해." 나는 창피했다. 그리고 현재 전문가의 조언을 따르고 있으니 최선을 다하고 있다고 믿었다. 그래서 다른 사람(전문가가 아닌 사람)은 별로 도움이 되지 않을 거라 생각했다. 나는 계속해서 전문가의 안내를 참고로 하면서 책에서 말하는 걸 제대로만 하면 수유에 성공할 수 있다는 생각을 고수했다. 그렇게 혼자서 고군분투하던 나는 급기야 담당 의사로부터 제이콥에게 위산 역류가 생길 수 있으므로 투약을 해야 할지도 모른다는 진단 결과를 받았다. 그 시점에서야 나는 다른 도움이 필요하다는 생각을 했고, 수유에 도움을 줄 다른 현인들이 있을지도 모른다고 긍정적으로 고려하게 되었다. 이런 일에는 책이 아닌 실제 사람들의 '살아 있는' 도움이 필요하다.

마침내 나는 우리 지역의 국제모유수유단체에서 다른 여성들을 만났다. 직접 어머니로 살아왔을 뿐만 아니라 영아기와 아동기 육아를 모두 아우르는 오랜 경험을 겸비한 그녀들은 하늘이 내게 준 선물이었다. 이 여성들은 아동 발달과 식이에 관한 과학적 지식과 수많은 어머니들이 아이를 키우면서 얻은 경험적 조언을 모두 갖고 있었다. 물론 이들에게도 전문가가 말한 테크닉이 있다. 하지만 그분들은 "테크닉이 소용없다면, 아이와 엄마에게 맞는 걸 찾아내지 못했을 뿐이니 계속 시도해 보세요"라는 조언을 함께 해주었다.

이런 메시지는 듀이의 실용주의 철학적 접근 방법에 따른 지적 탐구의 핵심이다. 듀이는 사회문제를 해결할 최선의 해법은 관련된 모든 사람들을 포함시키는 데서 찾을 수 있다고 믿었다. 듀이가 5개월 된 아이 양육을 고려해서 한 말은 아니겠지만, 그럼에도 불구하고 그의 문제 해결 방식은 여전히 유효하다. 선택한 해법의 예기치 못한 부작용을 모니터해서 끊임없이 피드백을 받으라는 것이나, 해법을 찾는 일에 모든 사람이 참여하도록 하라는 면에서 더더욱 그렇다. 듀이의 기본 방식은 지식과 소신을 이분법적으로 가르는 사고방식을 재구성하는 것이다. 과학적 지식에서 흔히 찾아볼 수 있는 이런 식의 이분법은 실천적 지식을 추구한 모성에 관한 초기 소아과 문헌에서도 쉽게 찾아볼 수 있다.

양자택일의 문제가 아니다

과학(특히 의학)이 변수 사이의 상관관계에 관한 타당한 주장을 강조하고 소신의 상대적인 중요성에 주목하지 않는 데는 나름의 이유가 있다. 실험과학은 원래 '분리'를 기본 원칙으로 삼는다. 무언가가 특정한 결과와 상관관계가 있다는 걸 입증하는 가장 확실한 방법은 방해가 될 수 있는 다른 변수를 분리해내는 것이다. 과학은 다양한 변수 사이의 관계를 실험한다는 개념이 기본이기 때문에 분리는 핵심적이다. 변수 사이의 상관관계(가령 흡연은 폐암과 상당한 상관관계를 갖고 있다는 주장)를 보여줄 수 있기 때문에 실험과학이 권위를 갖게 되었고 막강한 힘을 발휘하게 되었다. 하지만 엄마 역할을 훌륭하게 해내는 문제에서는 행위와 결과 사이의 상관관계를 분명히 볼 수 있는 경우가 드물다(영아를 흔드는 것과 두뇌 손상 간의 관계가 그 예다). 과학적 법칙이란 것도 알고 보면 여러 가지 선택안을 모아놓은 것에 불과하다는 걸 보여주는 적당한 예는 배변 훈련에 관한 조언이다.

애플에 의하면, 20세기 초반까지 의사들은 생후 몇 개월만 지나면 바로 배변 훈련을 시켜야 한다고 조언했다. 그러나 20세기 중반 스포크 박사(미국 소아과 의사로 저서 『유아와 육아의 상식』은 1946년 출간된 뒤 세계적으로 30개 이상의 언어로 번역되어 5천여만 부가 팔려 제2차 세계대전 이후 태어난 베이비붐 세대 부모들에게 큰 영향을 끼쳤다)는 훨씬 더 자유방임적인 양육법을 내놓았고, 아이들이 준비가 될 때 배변 훈련을 시켜야 한다는 것이 정론이 되었다. 대다수 어머니들도 이를 따랐다. 훌륭한 현대 엄마들이 권위가 떨어지는 조언보다 과학적이고 의학적인 조언을 신봉해야 한다고 믿으면서, 과학과 의학의 위상은 위험할 정도로 격상된 경향이 있다. 이런 정보를 법칙으로 여기면, 실제 적용되는 상황에는 보다 다양한 변수가 포함되어 있다는 사실을 간과하게 된다.

통제적인 특성을 가진 실험 과학으로 설명할 수 없고 완벽하게 파악할 수 없는 변수들이 사실 많다. 각 가정의 상황, 아이와 부모의 관계나 다른 가족 구성원과의 관계를 포함한 것들이 과학적 조언을 적용해야 하는 환경에 중요한 구성 요소가 되고 있다. 듀이는 사회 문제의 상황성을 민감하게 다루었다. 그래서 문제가 되는 맥락에서 여러 가지 반응을 검사해서 미래의 활동 계획을 수립하는 방식을 지지했다. 어머니, 아버지, 자녀 그리고 다른 가족 구성원의 활동과 그들 모두의 경험은 하나로 결합되어 미래 의사 결정에 중요한 정보원이 된다. 실용주의적 관점에서 보면 가정은 어머니의 실험실이다. 가족의 구체적인 상황에 맞는 성공적인 방법이 무엇인가에 관해 경험을 얻고 그것을 통해 지식을 축적한다. 이런 경험을 책이 대신할 수는 없다. 듀이가 주장했듯이 경험은 지식과 동떨어진 별개의 것이 아니라 지식을 구성하는 또 하나의 방법이다.

『민주주의와 교육』이라는 책에서 듀이는 연 날리는 법을 배우고 있는 아이를 예로 들어서 경험이 지식의 한 형태라는 걸 설명한다. 듀이는 연과 씨름하는 행위가 아이를 가르친다고 주장했다. 공기 역학이나 다른 물리학 원리와 직접 연관되어 있어서가 아니라 행위라는 측면에서 배움이 된다. 이런 행위에 통상적인 지식이 결합되면, 활용 가능한 모든 지식, 소신, 경험, 직관을 총동원하게 되어 인간의 지적 탐구 능력은 확장된다. 듀이의 설명대로 감각이 지식을 얻는 방법인 이유는 외부의 사실 관계를 두뇌로 전달하기 때문이 아니라 우리가 무언가를 의식적으로 목적으로 할 때 감각을 활용하기 때문이다. 눈으로 보고 손으로 만져본 사물의 특질은 무엇을 했고 무엇을 주의 깊게 인지했는지와 관련 있다. 그렇게 되면 의미가 발생하게 된다.[11)]

세 아이를 낳고(지금은 각각 아홉 살, 일곱 살, 네 살의 세 아이가 있다) 아이들의 유년기에 엄마 노릇을 성공적으로 해낸(완벽하게 해냈다는 의미는 아니다) 지금에서야 깨닫게 된 것은 당시 나에게는 전문가와 모유수유단체에서 만났던 여성들에게서 들은 엄마로서의 자각을 발전시키는 일이 모두 필요했다는 사실이다. 아무리 봐도 젖처럼 보이지 않는 초기 모유 성분이 무엇인지 알 필요는 있었다. 영양의 보고인 초유를 수유기로 짜내 신생아중환자실에 있는 제이콥에게 먹이는 것이 반드시 필요하다는 사실과 함께 그 일이 매우 어렵다는 걸 알아야 했다. 지방이 풍부한 식품군이 두뇌 발달을 돕기 때문에 두 살이 되기 전까지는 지방분을 빼지 않은 전유를 먹여야 한다는 것도 알아야 했다. 갓난아기에게는 보툴리누스 중독 면역이 발달하지 않기 때문에 벌꿀이 위험할 수도 있다는 사실도 반드시 알아야 했다. 그렇다! 전문가들이 입증해낸 정보 중에는 도움이 되는 것들이 많다. 하지만 핵가족화, 도시화가 되면서 수많은 어머니들이 다른 식구들과 떨어져 살면서 엄마라는 정체성을 키워나가는 일에 도움을 얻을 인맥이나 인습적인 지식을 전해줄 정보원을 구하기 어려운 이 시대에 피상적인 전문가의 글에만 의존하는 것은 지극히 비실용적인 방식이다. 우리는 전문가의 조언과 어머니로서 아이를 돌보는 것에 관한 이론과 실질적인 행동을 모두 고려해야만 한다.

엄마 역할에 관한 실용주의적 접근 방법을 위하여

양육과 관련된 경험이 거의 전무한 상태로 어머니 노릇을 시작한 나였지만 좋은 엄마는 어떻게 해야 한다는 나름의 소신을 갖고 있었다. 예를 들면, 엄마는 아이에게 모유수유를 해야지 분유를 먹여서는 안 된다, 엄마는 아기를 매일 목욕시켜야 한다, 엄마는 아이들이 덮을 담요를 뜨개질해 만들어야 한다, 엄마들은 항상 아기와 함께 있어야 한다 등이다. 하지만 둘째 아들과 셋째 딸을 키울 때 나만의 이런 원칙들은 모두 깨지고 말았다. 남편 또한 이런 원칙을 엄격하게 아이들에게 적용하는 것에 대해 다시 생각해 보라고 했다. 하지만 이런 원칙들이 정신적 부담이자 제이콥과 평화롭게 지내지 못하게 만드는 원흉이란 사실을 인정하게 된 건 남편의 폭로를 통해서였다.

물론 전문가의 글에 이런 원칙이 담겨져 있었던 건 아니다. 그러므로 전문가의 글만이 문제가 아니었다. 권위적인 어조로 전문가가 강력하게 주장하면, 불안한 독자는 선입견으로 갖고 있던 원칙이나 기준으로 어머니로서의 자신을 평가하게 된다. 지금 생각해 보면 당시 좋은 엄마가 해야 할 일과 해서는 안 되는 일에 대한 선입견이 있던 나에게는 육아에 관한 많은 원칙을 곰곰이 생각해보도록 자극해 주는 책이 필요했다. '바로 이것이 최고의 정보다' 라는 광고 문구를 사용하지 않으면서 엄마 역할을 경험하는 일(때로는 고통스러운 시련을 겪는 일)에는 충분한 도움을 주지 못하니 다른 정보와 함께 활용하는 편이 좋을 것이라고 솔직하게 말해주는 누군가가 있어야 했다. 엄마 역할에 관해 실용주의적 관점에서 접근할 것을 장려하는 글이 필요했다. 최초로 접하는 엄마 역할의 극심한 모호함과 혼란을 받아들이고, 확실성을 추구하고자 하는 인지적 욕구가 좋은 엄마 노릇을 위해 힘이 되어줄 것이라 인정해주고(엄마 노릇은 몇 번을 해도 늘 명료하지 않다) 다이어트 광고 같은 과장된 약속을 하지 않는 책이 있어야 했다.

나는 제이콥에게 수유를 시작하기 전에 아기에게 젖을 물리는 다른 엄마의 모습을 단 한 번도 본 적이 없다. 분유를 먹은 아이가 더 잘 잔다는 의사의 조언에 따라 우리 어머니는 오빠와 나에게 분유를 먹여 키웠다. 그러니 친정 엄마도 모유수유 경험이 없었다. 다른 엄마들도 나와 비슷한 문제를 안고 있을 거라 생각한다. 물론 모유수유 강좌가 도움이 될 수도 있다. 하지만 우리가 사는 지역에는 이런 강좌가 열리지 않았고, 제이콥이 예정일보다 3주 일찍 세상에 나오는 바람에 등록했던 영아 보육 강좌도 절반밖에 참석하지 못했다. 이런 경험들이 전무한 상황에서 책에서 얻은 지식을 따랐던 나는 갈팡질팡 허둥

대기만 했다. 만약 모임을 통해 모유수유를 하는 엄마들에게 둘러싸여 능숙한 육아는 어떤 모습인지, 얼마나 다양한 자세가 있는지, 젖꼭지를 잘 물리는 방법이 무엇인지, 수유의 경험이란 것이 무엇인지 볼 수 있었다면 더 나아졌을 것이다. 물론 그렇게 했더라도 모유수유에 애를 먹었을 수도 있다. 하지만 경험적 정보를 더 얻었더라면, 내가 의지하던 전문가의 안내서를 숙지하는 데 도움이 되었을 것이다.

실용주의적 접근 방법이 필요하다는 걸 설명하는 데는 수유가 적절한 사례가 될 수 있다. 돌볼 아기가 생기기 전에는 육아가 어렵고 힘든 일이란 것을 사람들은 머리로만 알고 있다. 하지만 모든 일을 나에게 전적으로 의지하는 연약하고 가냘프지만 동시에 튼튼한 갓 태어난 생명체를 돌보는 일이 얼마나 대단한 압박감을 주는지 짐작도 하기 어렵다. 특히 수유의 책임은 너무나 중요하다. 옷을 입히고, 씻기고, 키워내는 일과 더불어 아이의 영양 상태에 대한 책임은 전적으로 엄마의 몫이다. 게다가 아이의 배가 부른지 고픈지 알려주는 기계 같은 것도 없다. 물론 엄마의 유방에도 이런 장치는 없다! 아기의 변(더럽혀진 기저귀)을 관찰하면 투입물의 상태를 가늠해볼 수는 있다. 하지만 변을 관찰하는 것은 초보 엄마가 이해하기도 어렵고 스트레스만 받게 하는 일이다. 소변량은 어느 정도가 충분한 걸까? 그리고 도대체 배설물의 색은 왜 이렇게 다양하지? 아이를 먹이는 일이 전적으로 엄마의 책임이라며 압박을 받는 상황에서는 기저귀 수를 세고, 배설물을 평가하라는 지시만으로는 안심이 되지 않았다.

엄마 역할에 관한 실용주의적 관점은 모든 형태의 지식과 경험, 소신을 결합시킨다. 그리고 초보 엄마들에게 엄마 역할에 관해 무의식적으로 갖고 있는 소신에 대해 다시 생각해 보고, 엄마나 아이, 가족에게 유용한 것인지 조사해 보도록 부추긴다. 나아가 육아와 관련이 있는 사람들의 행복에 도움이 되는지 아닌지까지 생각하게 한다. 이런 관점은 중요한 지식 정보원으로 다른 사람과도 경험을 쌓게 한다. 초보 엄마에게 테크닉을 가르쳐줄 뿐만 아니라 엄마로서의 정체성을 발달시키는 데 필요한 도움을 준다. 실용주의적 관점은 엄마들에게 책에서 읽은 지식과 상호작용을 하라고 제안한다. 글의 권위에 대해 비판적이면서 개방적으로 의구심을 품으라고 말한다. 무엇보다 실용주의적인 엄마 역할은 처음으로 엄마가 되어 고군분투하던 시절에 내 친구가 들려준 이야기와 같은 맥락이다. "엘렌, 많은 사람들이 동의하는 정말 잘못된 육아 방법이 몇 가지 있을 거야. 하지만 서로 전혀 달라 보이지만 좋은 육아 방법은 아주 많아. 그게 다 같지는 않지만 말이야."[12]

주석

1 존 듀이, 『확실성의 추구*The Quest for Certainty*: A Study of the Relation of Knowledge and Action』(New York: Balch, 1929).

2 해리어트 마셜, 「The Social Construction of Motherhood」 Ann Phoenix, Anne Woollett, and Eva Lloyd (eds.) 『Motherhood: Meanings, Practices and Ideologies』(London: Sage, 1991).

3 같은 책, p. 83.
재미있게도 마셜은 세상에 내놓기에 적합한 사람으로 만들어간다는 내용의 임신에 관한 글에서 통제적 기능을 발견했다[Harriett Marshall and Anne Woollett "Fit to Reproduce? The Regulative Role of Pregnancy Texts," 『Feminism and Psychology』 10, 3 (2000): 351–66)]. 더불어 제인 선더랜드*Jane Sunderland*는 아버지들이 어머니의 조수로 치부되곤 했던 것을 알아냈다["Baby Entertainer, Bumbling Assistant and Line Manager: Discourses of Fatherhood in Parentcraft Texts," 「Discourse and Society」 11, 2 (2000): 249–74].

4 구글에 '육아' 라는 검색어를 입력하면, 검색 결과는 7천 8백만 건이 나온다. '엄마의 역할' 이라고 검색하면 3천 3백만 건이 나온다. '모성' 은 1억 6백만 건에 달한다.

5 리마 애플, 『*Perfect Motherhood*: Science and Childrearing in America』(New Brunswick: Rutgers University Press, 2006).

6 같은 책, p. 2.

7 같은 책.

8 같은 책, p. 17.

9 같은 책, p. 15.

10 마셜, 「The Social Construction of Motherhood」 p. 73.

11 존 듀이, 『민주주의와 교육*Democracy and Education*』(New York: Free Press, 1916), p. 142.

12 이 말을 비롯해 육아에 관해 여러 가지 중요한 점을 알려준 친구 수잔 월트겐에게 감사를 전한다.

에이미 카인드 AMY KIND

2

창의적인 엄마의 역할

거짓말과 거짓말쟁이 엄마들

잠들기 전 들려주는 이야기

다섯 살배기 아들을 재우면서 매일 밤 나는 거짓말을 한다.

아들아이가 18개월 전부터 거의 매일 밤 악몽에 시달리고 있다. 육아 문제가 생기면 친정 엄마 세대는 스포크 박사(1장 참고)의 책을 들춰보며 도움을 구했다. 하지만 요즘 어머니들은 '구글 박사'에게 도움을 청한다. 빠른 검색으로 아이의 악몽에 대처하는 4R을 배울 수 있었다. 안심시키기reassurance, 발표하기rescripting, 예행연습하기rehearsal, 결심하기resolution의 네 가지를 실전에 적용하는 전략도 찾아볼 수 있었다. 나는 베이비센터에서 제안한 잠자리 비법을 선택했다. "바닐라 향 몇 방울을 섞어 향이 나게 한 물을 빈 공기청정제 통에 채우고, 아이가 잠자리에 들기 전에 침대 주변에 조금씩 뿌려주어 무서운 꿈을 쫓아낼 수 있게 해주어라."1) 자칭 세계 1위 육아 네트워크의 동조를 등에 업고 나는 아들에게 거짓말을 했다. 공기청정제 통을 손에 쥐고, 이 '나쁜 꿈 스프레이'가 악몽을 쫓아줄 것이고, 설령 나쁜 꿈이 찾아오더라도 덜 무섭게 만들어준다고 했다. 놀랍게도 스프레이를 뿌린 첫날, 아이는 악몽을 꾸지 않았다. 아이는 지금도 나쁜 꿈을 꾸다가 잠에서 깨곤 하지만, 스프레이를 뿌리며 위안을 얻고 또 효과가 있다고 철석같이 믿고 있다. 최근에는 동생도 가끔씩 악몽을 꾸게 되어 동생 방에도 이 스프레이를 뿌려주고 있다.

넓은 의미에서 악몽을 이겨내도록 돕기 위해 아이를 속이는 일은 그다지 해로울 것이 없어 보인다. 적어도 나 자신에게는 그렇다고 쉽게 납득시킬 수 있다. 하지만 진짜 문제는 나쁜 꿈 스프레이 같은 거짓말이 단발성이 아니라는 데 있다. 사실 나는 우리 아이들에게 거짓말을 많이 했다. 그런데 나 혼자만 그러는 게 아니다. 2008년 영국의 한 육아 사이트The Baby Website에서 시행한 설문조사에 따르면, 부모의 66퍼센트는 좋은 품행을 키워주기 위해 자녀에게 거짓말을 한다. 평균적으로 아이들은 성장과정에서 부모에게 '선의의 거짓말'을 3,000번 이상 듣는다고 한다. 2008년 7월 MSNBC에서 시행한 여론조사를 보면 부모의 70퍼센트가 아이들에게 선의의 거짓말을 이따금씩 하는 게 나쁠 것 없다고 여기고 있다.

육아 활동 전반에 걸쳐 거짓말이 상당한 역할을 하고 있다는 사실을 인지하기 시작하면(그 고의적 기만은 육아 활동 전반에 촘촘히 박혀 있고 밀접히 연관되어 있다) 거짓말은 그닥 나쁜 일이 아니라고 생각할 뿐만 아니라 거짓말의 효과는 매우 놀랍다고 여기게 된다. 아이들이 듣고 있는 거짓말을 마주해 보면, 애니메이션 시리즈 《사우스 파크》에 등장하는 카일 같은 아이들이 더 많지 않다는 사실이 놀랍기까지 하다. 카일은 부모님이 산타클로스나 부활절 토끼, 이빨 요정에 대해 거짓말을 해왔다는 사실을 깨닫고 존재론적 위기를 겪는다. "이제 더 이상 무엇이 진실인지 모르겠어." 카일은 이렇게 외치고, 데카르트의 회의론에 관한 논문을 읽으러 갔다.[2]

"이게 다 너를 위해서란다." 정말 그럴까?

아동의 도덕적 판단에 대한 연구를 개척해서 아동 심리학에 기여한 장 피아제Jean Piaget(스위스 심리학자, 임상적 방법으로 아동의 정신 발달 과정을 설명하고 과학적 인식의 역사적 발전에 대하여 공동 연구를 추진했다)는 여덟 살 미만의 아동 대부분은 거짓말과 욕설 같은 금지어를 구분하지 못한다고 한다. 피아제의 연구에 참여한 아동에게 거짓말이 무엇인지 설명해보라고 하자 '나쁜 말'이라고 대답했다. "말해서는 안 되는 나쁜 걸 말할 때요"라는 식이었다.[3] 거짓말을 "진실이 아닌 것을 말할 때요"라고 보다 세련된 대답을 내놓은 아이도 있었다. 하지만 이런 아이들도 실수와 추측, 과장을 제대로 구분하지는 못했다.[4]

어른이 되면 우리는 거짓말의 미묘한 의미 차이를 더욱 잘 이해하게 된다. 하지만 그럼에도 거짓말의 개념에 느슨한 구석이 있는 것은 사실이다. 빌 클린턴이 백악관 인턴이었던 모니카 르윈스키와의 관계에 대해 거짓말을 했다는 공격을 받자 "'존재하다' 라는 말의 의미를 어떻게 해석하느냐에 따라 달라집니다"라고 형편없는 변명을 했던 일을 떠올려 보자. 그는 다음과 같이 진술했었다. "형태나 방법, 형식을 막론하고 그 어떤 종류의 성관계도 존재하지 않았다." 이 말은 명백히 사태를 호도하는 발언이었고 의도적인 말이었다. 하지만 우리가 '존재하다' 는 말의 정의를 클린턴이 원하는 대로 생각해주면, 이 말은 엄밀한 의미에서는 진실이 된다.[5] 설령 엄밀한 의미로 그 진술이 사실이 아닐 수도 있다 해도 클린턴은 그것이 사실이라고 자신을 기만했다. 이런 경우에는 코미디 《사인필드》에 등장하는 속임수의 달인 조지 코스탄자의 논리를 적용시킬 수 있다. "네가 굳게 믿는다면 그건 거짓말이 아니야."[6]

말하는 사람이 진실이라고 믿고 있어도 허위 진술은 거짓말로 봐야만 하는 걸까? 명백한 거짓이 아니어도 고의적으로 사태를 호도하는 진술도 거짓말로 봐야 할까? 철학자들도 이런 문제에 대해 정확한 의견 일치를 보지 못하고 있다. 거짓말로 보려면 허위 진술이어야만 한다고 주장하는 사람이 있는가 하면, 화자가 허위라고 생각하고 진술하는 경우에만 거짓말이라고 보는 사람도 있다.[7] 하지만 부모가 자녀에게 하는 거짓말은 이런 의견 차와는 상관이 없다. 실질적으로 부모가 지어낸 이야기의 대부분(전부는 아닐 수 있다)은 논박의 여지가 없이 사실이 아니다. 망상을 품거나 할 여지가 없다. 우리는 거짓된 주장을 하면서 우리가 거짓된 주장을 하고 있다는 사실을 알고 있다. 세부적인 조항에 의거하면 거짓말의 범주에서 절대 벗어나지 못한다.

하지만 다른 면에서 보면 벗어날 수도 있다. 대부분의 거짓말은 도덕적 비난을 받아야 마땅하다고 말하지만 부모의 거짓말은 예외가 될 수 있다. 특히 자녀에게 하는 거짓말의 대부분이 아이들을 위한 것이라는 점에서 그렇다. 영화 《어 퓨 굿 맨》에서 잭 니콜슨이 맡았던 제셉 장군이 톰 크루즈(캐피 중위)에게 무뚝뚝하게 했던 말과 같다. "너는 진실을 감당할 수 없다." 엄마들도 이와 비슷한 관점으로 아이들을 본다. 그래서 사랑하는 애완동물이 죽으면 시골 농장에 보냈다는 이야기를 지어내 냉정한 죽음의 현실에서 아이를 보호하려 한다. 악몽이 끼어들면 나쁜 꿈 스프레이 같은 물건을 만들어내 아이들을 보호하려 한다.

거짓말의 도덕성을 포괄적으로 분석한 철학자 시셀라 복Sissela Bok은 자녀를 도와야 한다는 이유 때문에 우리가 아이들에게 하는 거짓말과 다른 종류의 거짓말을 다르게 생각한다고 언급했다.

> 아이들에게는 그 어떤 것보다 보살핌과 도움, 보호가 절실하다. 잔인한 말이나 무시무시한 뉴스로부터 아이들을 보호하는 것뿐만 아니라 불안과 고통을 느끼지 못하게 감싸주는 일(또는 불안과 고통을 완화시키고 윤색하거나 위장하는 일)은 혹독한 기후를 피하도록 해주는 것만큼이나 당연하고 자연스러운 일이다. 어린이들은 성인에 비해 더 연약하고 감수성이 예민하기 때문에 모든 말에 잘 대처하지 못할 수 있다. 발달되지 않은 아이들의 특성에는 객관적인 평가보다는 격려와 관심이 필요하다. 생각 없이 한 일이든 고의로 한 일이든 사실을 있는 그대로 전하는 건 아이들에게 상처를 줄 수 있다. 아이들은 자기 방어를 위해 냉담해지거나 비뚤어질 수 있다.[8)]

그래서 배우자나 부모 또는 친구에게 단 한 번의 거짓말도 해본 적 없는 사람도 어머니가 되면 눈 하나 깜빡하지 않고 자녀들에게는 능숙히 거짓말을 하게 된다. 그래도 우리는 그 어머니가 최선을 다하고 있다고 생각한다.

하지만 모든 철학자들이 이런 분석에 동의하는 건 아니다. 신학자 성 아우구스티누스St. Augustine는 5세기 '거짓말은 언제나 죄악'이라고 말한 걸로 유명하다. 그는 긍정적인 결과를 가져올 수 있는 경우에 거짓말을 정당화하는 것도 있을 수 없는 일이라고 분명히 밝히고 있다. "거짓말로 누군가를 도울 수도 있다는 생각에, 죄가 되지 않는 거짓말이 있다고 추정해서는 안 된다."[9] 이런 주장을 항변하기 위해 아우구스티누스는 재산이 많은 사람에게서 돈을 훔쳐 내 좋은 일을 하는 경우를 대응해 보라고 요구했다. 가령 오프라 윈프리가 고용한 사람 중 한 명이 그녀의 재산에서 5,000달러를 빼돌려 절실히 필요했던 의료 시술을 받았다고 가정해 보자. 오프라 윈프리의 순자산이 대략 270억 달러 이상이라고 치면, 잃어버린 돈은 그리 대단하지 않은 액수다. 하지만 그 돈은 직원의 삶을 완전히 달라지게 했다. 하지만 아우구스티누스는 이런 절도 역시 죄라고 봤다. 남의 것을 훔치는 건 잘못이다. 의도가 어떠했든 얼마나 많은 도움을 주었는지는 상관없다. 거짓말도 이와 마찬가지다.

18세기 독일의 철학자 칸트Immanuel Kant도 이와 비슷한 입장을 기술했다. 칸트에게 있어서 진실함은 '무엇보다도 중요하고 성스러운 이성의 명령으로 편법으로 제한하지 않아야 한다.'[10] 아우구스티누스와 마찬가지로 칸트는 해롭지 않은 거짓말이 존재할 수 있다는 주장을 인정하지 않았다. 그의 관점에서 보면 '거짓말은 언제나 다른 이에게 해를 입힌다. 특정한 사람에게 해를 입히

지 않는다 해도 인류 전체에 해를 끼친다. 왜냐하면 법의 연원法源을 손상시키기 때문이다.' 11)

물론 칸트나 아우구스티누스에게 자녀가 있었다면, 거짓말의 도덕성에 대해 이와는 좀 다른 생각을 가졌을 거란 생각이 든다. 하지만 부모의 거짓말은 별도로 둔다 해도, 이 두 학자가 가진 관점의 완고함에 마음이 불편해지는 것은 어쩔 수 없다. 특히 거짓말로 사람의 목숨을 구할 수 있는 상황을 감안하면 강력하게 이의를 제기할 수 있다. 안네 프랑크와 그 가족의 경우를 생각해 보자. 안네와 가족들은 암스테르담에 있는 건물 3층 밀실에 숨어서 나치의 박해를 피하려 했다. 그들을 숨겨준 사람들이 나치에게 안네 가족의 행방을 두고 거짓말을 한 것은 잘한 일이 아닌가? 나치에게 진실을 말했다면 안네 가족은 모두 죽었을 것이다. 이런 경우를 고려하면 거짓말은 항상 잘못이라는 아우구스티누스나 칸트의 주장에 동의하기 어렵다.

아우구스티누스와 칸트의 강경노선과는 정반대로 거짓말은 원칙적으로 잘못이 아니라는 주장을 펴는 철학자도 있다. 19세기 영국 철학자 존 스튜어트 밀John Stuart Mill은 공리주의 도덕론을 옹호했다. 행위의 도덕성은 결과를 근거로 판단해야 한다는 주장이었다. 특히 행위의 정당성은 행복을 증진시키려는 의도와 비례한다. 행복에 반대되는 결과를 의도한 행위는 잘못이다.12) 누군가에게 거짓말을 하는 것이 진실을 말하는 것보다 더 큰 행복을 가져다준다면, 거짓말은 도덕적으로 바람직한 행동이 된다.

얼핏 이 주장이 너무 극단적이라고 생각할 수도 있다. 칸트와 아우구스티누스가 가혹한 도덕적 잣대로 거짓말을 보았다면, 반대로 공리주의적 관점은 거짓말을 너무 가볍게 다루어 편의대로 원칙을 희생시키는 것으로 보인다. 밀 자신도 그럴 수 있다는 걸 인정했다. "순간적인 당혹감에서 벗어나기 위해서 혹은 우리나 다른 사람에게 유용한 목적을 즉시 이루기 위해 거짓말을 하는 건 편의주의라고 볼 수 있다."[13] 하지만 밀은 자신의 주장을 비판하는 사람들에게 줄 답변을 갖고 있었다. 공리주의는 행위의 결과에 근거를 두고 도덕적 추정을 하기 때문이다. 자녀에게 거짓말을 하면 단기적으로는 모든 사람을 더 행복하게 만들 수 있다. 하지만 장래에 파국적인 결과를 낳는 경우라면 공리주의에서도 찬성하지 않는다. 어머니는 아이를 보호하고자 하는 좋은 의도로 거짓말을 할 수 있다. 하지만 자녀가 마냥 어린아이 같은 대접을 받으며 과보호를 받고 자라서 어른이 된 후에도 실망스러운 상황에 대처하지 못하거나 다른 사람과 신뢰를 쌓지 못하게 된다면, 어린 시절부터 진실을 감당하는 편이 전체적으로 더 행복한 일이 될 것이다.

(하지만 어린 시절에 너무 많은 진실을 감당해야 했던 사례로 밀 자신의 이야기를 들 수 있다. 밀은 세 살에 그리스어를 배웠고, 여덟 살에 라틴어를 익혔다. 열네 살이 되었을 때는 그리스어와 라틴어 고전을 거의 다 읽었고, 역사, 수학, 경제 이론을 대부분 습득했지만 결국 스무 살 무렵 신경쇠약으로 고생했다. 밀은 자서전에서 그가 받은 교육이 그의 감각 능력을 앗아간 것 같다고 이야기했다.)

공리주의가 처음 느낌처럼 거짓말에 대해 관대하지 않다고 해도 공리주의에서 말하는 거짓말이 근본적으로는 잘못이 아니라는 주장은 거북하다. 어떤 거짓말을 했을 때 초래되는 모든 결과를 따져보면 거짓말이 진실보다 더 많은 덕을 보게 해줄 수 있다. 비록 그 차이가 그리 크지는 않을지라도 말이다. 그런 경우 공리주의는 거짓말을 도덕적으로 우선하는 행위로 격상시킨다. 사실 공리주의적 관점에서 보면 이런 경우 거짓말은 도덕적으로 필요한 일이다. 거짓말을 한 경우와 진실을 말한 경우에 얻는 결과가 차이가 없다면, 공리주의적 관점에서 두 행위는 도덕적으로 같은 가치를 지닌다. 그러니 거짓말보다 진실을 더 선호한 이유가 없다. 그러므로 부모로서 거짓말이 주는 부담감을 벗어던지는 데 있어서 공리주의를 활용할 수 있다. 그러나 공리주의를 이용해 우리 아이들에게 정직의 가치를 가르칠 수는 없다.

진실, 거짓말, 그리고 부모의 허풍

어릴 적 정직의 가치를 배우면서 들었던 이야기 중에 조지 워싱턴과 체리나무 이야기(조지 워싱턴이 아버지가 아끼는 체리나무를 자신이 새 도끼로 베어버린 사실을 솔직하게 고백했다. 아버지는 체리나무 천 그루보다 아들이 정직하게 말해준 것이 훨씬 좋았다고 한 이야기다)가 있다. 그런데 얄궂게도 이 이야기 자체가 거짓이다. 조지 워싱턴의 전기를 집필한 작가 파슨 윔스Parson Weems가 꾸며냈다. 지금에 와서 이 이야기를 곰곰이 돌이켜 보면 가장 믿을 수 없는 것은 어린 조지가 체리나무를 베어 쓰러뜨린 일을 아버지에게 고백했다는 점이 아니다. 애처롭게 "거짓말은 할 수가 없어요"라고 말하는 아이에게 "조지, 너도 한번 부모가 되어 보렴"이라고 응수해주지 않았다는 점이다. 반은 농담으로 하는 이야기다. 하지만 딱 반만 농담이다.

엄마가 되어 자녀에게 완벽하게 정직하기란 결코 쉽지 않다는 건 잘 알고 있다. 그러니 가끔은 어머니의 거짓말을 정당화시켜 주는 이론이 있으면 좋겠다. 우리가 원하는 건 칸트와 아우구스티누스로 대변되는 스킬라(그리스 신화에 나오는 바다 괴물)의 날카로운 이빨과 밀로 대변되는 카리브디스(그리스 전설에 나오는 여자 괴물)의 소용돌이 사이의 '타협점'이다. 모든 거짓말은 도덕적 비난을 피할 수 없다고 비난하지 않으면서, 거짓말의 본질적인 그릇됨을 인식하도록 해주는 논리가 필요하다. 시셀라 복의 입장이 바로 그것이다. 복은 아우구스티누스와 칸트의 강경노선을 지지하지는 않지만, 결과로만 거짓말을 평가하는 밀의 주장 역시 거부한다. 복은 거짓말이 어떤 결과를 초래했는가는 상관없이 애초에 부정적인 영향력이 있다고 보아야 한다고 생각했고, 이런 생각을 체계화하여 진실성의 법칙을 만들어냈다. "특별한 상황적 고려가 없는 상황에서는 진실한 진술이 거짓말보다 더 바람직하다."[14] 복이 지적했듯이 이 법칙은 거짓말을 절대로 금지한다는 의미를 담고 있지는 않다. 그러면서도 거짓말을 택하기 전에 늘 진실을 선택할 의무가 있다는 걸 강조한다. "최후의 수단으로 거짓말을 사용하게 되더라도 도덕적으로 정당화될 수 있는지 아닌지를 생각해 보아야 한다."[15]

일상생활에서 쉽게 하는 거짓말에 대해 곰곰이 생각해 보기 시작하면 그 대부분은 최후의 수단이 아니라는 걸 분명히 알 수 있다. 가령 원치 않는 선물을 받았을 때 대부분은 본능적으로 아무 주저함 없이 거짓말을 한다. 나도 속으로는 반품을 할까, 다른 사람에게 줄까 고민하면서도 겉으로는 쾌활한 미소를 지으며 "예뻐요"라거나 "갖고 싶었던 거예요"라고 말한 적이 얼마나 많은

지 모른다. 이런 경우 우리가 거짓말을 하는 이유는 예의를 차리기 위해서다. 하지만 복이 지적했듯이 그런 상황에서도 진실과 사회적 관례를 모두 존중하는 말을 찾을 수 있다. 아들을 낳은 직후 선물로 받은 섬뜩하리만큼 화려한 장식으로 과도하게 꾸며놓은 세일러복을 꺼내 보면서 나는 속으로는 넌더리를 내면서도 장황하게 말을 했던 적이 있다. 그때 "아름다운 파란색이네요. 우리 아들의 눈동자와 잘 어울리겠어요"라고 정확한 진실만 말했어도 더 편안하고 좋았을 것이다.

우리가 하는 대부분의 거짓말은 불필요하다. 그리고 불행히도 우리가 아이들에게 하는 거짓말 다수도 이와 같은 범주에 속한다(거의 대부분이 그렇다고 말하고 싶다). 부모의 허풍에 관해 MSNBC가 온라인 설문조사를 했을 때 사람들이 말한 거짓말을 살펴보자.

–딸아이에게 투덜대는 소리가 들리지 않게 병원에 가서 귀를 고치고 왔다고 말했다.

–우리 아들 둘은 동요 가수 라피의 노래를 좋아했다. 나 역시 좋아했었다. 하지만 라피의 노래를 한 번 더 듣느니 차라리 내 눈에 뜨거운 꼬챙이를 찔러 넣는 편이 낫겠다 싶은 지경이 되었다. 그래서 나는 이제 두 살과 세 살이 된 두 아들에게 다른 가수 브루스 스프링스틴이 라피의 형이라서, 우리가 브루스 스프링스틴의 노래를 들으면 라피도 좋아할 거라고 말했다.

–내 어린 조카들은 배터리가 다 떨어지면 다시 바꾸어 낄 수 없다고 생각하고 있었다. 그래서 나는 시끄러운 장난감으로 생기는 두통을 막을 수 있었다.

-남편과 나는 딸아이에게 얌전하게 굴지 않으면 어린아이를 파는 상점으로 가 딸아이를 반품하겠다고 말해주곤 했다. 한 번은 딸아이가 차 안에서 제멋대로 행동하기에 반품을 하겠다며 아이를 쇼핑센터로 데려간 적도 있다.[16]

라피의 음악이나 시끄러운 장난감으로부터 아이를 보호할 필요는 전혀 없다. 아이가 제멋대로 굴지 못하게 하거나 투덜대지 못하게 만들려는 우리의 욕망은 아이가 해를 입지 않게 보호하거나 발달을 촉진시키는 일과는 별 상관이 없다. 복이 지적했듯이 "보호와 격려의 문제를 제외하고도 엄밀한 정확성은 자녀들에게 이야기를 할 때 반드시 지켜야 하는 항목의 상위를 차지하지 못하고 있다."[17] 이런 경우의 거짓말은 대개 편의주의나 절망감에서 나온다.

아침마다 어린 아들의 뒤를 쫓아다니고 장난감 버스에서 〈버스 경적 소리가 빵빵빵〉 같은 노래가 셀 수 없을 만큼 반복해서 흘러나오면 한계에 다다랐다는 생각을 할 수 있다. 하지만 이런 경우에도 배터리에 관한 거짓말 외에 다른 대안이 없는 것은 아니다. 그 장난감을 유리창 너머로 던져 버리는 매력적인 대안을 제외한다 해도 방법은 있을 수 있다.

유감스럽게도 라피의 노래 같은 경우에는 도덕성을 따질 수도 없다. 거짓말이나 비슷하게 의심스러운 다른 관행에 의존하지 않고도 아이들이 얌전해지게 할 수 있다. 또 부모들이 하는 이런 거짓말이 아무런 피해를 주지 않는다고 단언할 수도 없다. 딸을 아이들을 파는 상점에 반품하겠다고 협박했던 엄마는 그 거짓말의 폐해를 인정하며 딸아이가 그 문제로 정신과 치료를 받아야 한다고 고백했다. 아무런 해도 주지 않는 거짓말의 경우에도 반복적으로 거짓말에 노출되는 것 자체로 해가 될 수 있다. 미국소아학회에 따르면, 아이가 유치원에 들어갈 무렵이면 거짓말을 대수롭지 않게 생각하게 된다고 한다. 이런 행동을 보이는 이유는 처벌을 두려워해서나 과도한 상상에서 찾을 수도 있지만 성인들에게 배운 모방 행동으로 봐도 무방하다.[18)]

모든 거짓말은 도덕적으로 비난받아 마땅한 일이라는 칸트와 아우구스티누스의 견해에 동의하지 않을 수 있지만, 그렇다고 해도 부모로서 하는 거짓말에 도덕적 문제가 전혀 없다고 볼 수는 없다. 필사적인 심정과 수면 부족 때문에 거짓말을 하는지도 모른다. 하지만 그럼에도 불구하고 거짓말을 해도 괜찮다고 생각하는 이유는 어떻게 설명해야 할까?

거짓말, 권리, 합리성

철학과 법학, 정치학에서 널리 업적을 남긴 17세기 네덜란드의 법학자 휘호 흐로티위스Hugo Grotius는 아이들에게 거짓말을 하는 것이 완벽하게 정당하다고 주장한 것으로 유명하다. 그의 관점에서 보면, 영아와 정신이상자 앞에서 그릇된 말을 하는 것은 허용된다. 법적 능력을 갖춘 성인에게 거짓말을 하면 흐로티위스가 '판단의 자유'라고 말한 권리를 침해한 게 된다. 하지만 어린 자녀에게는 이런 자유가 없다. 그러니 거짓말을 해도 잘못이 아니다. 흐로티위스의 주장에 의하면 우리가 아이들에게 거짓말을 해도 되는 건 아이들에게는 진실을 들을 권리가 없기 때문이다.

나는 개인적으로 이런 식의 합리화는 듣기 거북하다. 하지만 이런 주장에는 나름의 타당한 이유가 있을 것이다. 거짓말의 부당함에 대해 더 생각해 보면, 그러니까 거짓말이 잘못이 되게 하는 것이 무엇인가에 대해 생각해 보면, 성인에게 하는 거짓말과 아이에게 하는 거짓말을 다르게 취급하는 것이 합리적이라고 보는 이유를 알 수 있다.

칸트의 관점으로 되돌아가 보면 가장 쉽게 알 수 있을 것이다. 특히 칸트가 정언 명령(지상 명령, 칸트 철학에서 행위의 결과에 구애됨 없이 행위 그것 자체가 선[善]이기 때문에 무조건 그 수행이 요구되는 도덕적 명령)이라고 불렀던 중요한 도덕 법칙을 보자. 칸트는 정언 명령의 세 가지 공식을 이야기했지만, 여기서는 인간의 공식이라고 명명한 것만 집중적으로 살펴보자. 일상생활 속에서 우리가 의존하는 모든 것들을 생각해 보자. 예를 들어 아이폰, 수유기, 커피(나의 경우는 다이어트 콜라) 같은 것들은 모두 우리에게 소중하다. 하지만 다른 목적을 이루기 위한 수단으로써 가치가 있는 것들이다. 앞서 말한 물건들은 하루 종일 의식이 몽롱한 채 한꺼번에 여러 가지를 동시에 처리해야 하는 워킹맘에게 필요하다. 하지만 인간의 가치는 이와 반대다. 인간은 뭔가 목적을 이루기 위한 도구로써 가치를 지니지 않는다. 인간에게는 이성이 있어서 인간 자체가 가치 있고 소중하다. 칸트의 관점에서 보면 그건 인간이 특별한 대우를 받아야 한다는 뜻이다. 그래서 인간의 공식은 인간을 수단이 아닌 목적으로 대할 것을 요구한다. 칸트는 목적을 이루기 위해 다른 인간을 수단으로 활용하는 것이 윤리적으로 용납될 수 없다고 말한 것이 아니다. 코스트코에서 일하는 계산원은 나에게 매주 물수건과 다이어트 콜라를 사기 위한 수단이다. 그러나 칸트의 관점에서 보면 그 계산원이 그 일을 자진해서 맡았기 때문에 아무런 문제가 없다. 나는 이성적인 인간으로 그녀를 존중하면 된다.

이성이라는 개념은 칸트가 거짓말을 의문의 여지가 있는 것으로 본 이유를 설명하는 데 도움을 준다. 인간의 공식은 사람들이 서로를 이성적 존재로 존중할 것을 요구한다. 이건 바꿔 말하면 우리는 각자가 판단할 수 있는 권리가 있다는 걸 존중해야만 한다는 의미다. 하지만 누군가에게 거짓말을 하는 건 서로 존중해야 한다는 명령에 위배된다. 다른 사람에게 거짓말을 하면 우리는 우리의 목적을 이루기 위해 상대를 속인다. 상대에게 도움이 되리라는 생각에서 한 거짓말이라고 해도 결국에는 상대가 나름의 판단을 내리는 걸 방해한 꼴이다. 거짓말은 그 피해자에게서 그들이 선택할 수 있는 여러 행위에 대해 정확하게 판단할 수 있는 능력을 박탈한다.

현대 철학자 데이비드 심슨David Simpson은 이런 칸트의 관점을 확장시켜서 논문 「거짓말하기, 거짓말, 언어」에서 거짓말의 도덕성을 분석했다.

> 내가 만난 사람에게 거짓말을 할 때, 그 거짓말의 근저에는 우리 인간성의 상호관계가 있다. 상대를 사람답게 대하지 않았을 뿐만 아니라 내가 사람이란 것을 호소한 다음 그걸 역이용해버린다.[19)]

그러나 이걸 이유로 어린아이들에게 거짓말하는 걸 정당화할 수도 있다. 칸트는 어린아이들이 아직 완벽하게 독립적이고 이성적이지 않다고 인식하면서도 인간의 공식에 따라 대접을 해줘야 한다고 생각했다.[20)] 하지만 우리는 이 지점에서 약간 다른 입장을 고려해 볼 수 있다. 특히 어린아이들은 아직 완벽한 사람이 아니다. 이성적 능력을 완벽히 발휘할 수 없는 존재들이다. 아이들에게 완전히 솔직하게 말한다고 해도 부모로서 아이와 나누는 대화에서는 성인 간 대화처럼 인간으로서의 동등한 참여가 이루어질 수 없다. 그래서 거짓말을 한다고 해서 이런 상호성을 침해하거나 거스른 것이 아니다. 인간의 본성과 본질을 이성으로 보고 이성의 발현을 자연법으로 보았던 흐로티위스의 이야기, 즉 아이들에게는 진실을 들을 권리가 없다는 이야기까지 거론하지 않아도 어린아이들은 이성적 특질이 충분히 발달하지 않았기 때문에 아이들에게는 다른 형태로 정직의 의무를 다해도 된다.

정직은 쉽지 않다

1989년 UN총회에서 비준된 '아동의 권리에 관한 협약'은 "아동은 인성의 조화로운 발달을 완벽하게 달성하기 위해 행복과 사랑, 이해심이 넘치는 가정에서 자라야만 한다"고 언급하고 있다. 이와 마찬가지로 현대 철학자 제프리 블러스타인Jeffrey Blustein은 저서 『부모와 자녀 : 가족의 윤리』를 통해 부모의 가장 중요한 의무는 "애정과 관심을 주는 양육자가 되어 자녀들이 스스로를 가치 있는 존재로 여기게 하고 생각하는 바를 이룰 능력을 갖추고 있다는 자신감을 갖게 해주는 일"이라고 주장한다.[21] 상황에 따라서는 이 의무를 다하기 위해 거짓말을 하는 게 최선이 될 수도 있다. 우리 아이들이 아직은 완전한 인간이 되지 못했다는 사실은 거짓말하는 부모의 변명거리가 되어준다. 하지만 일단 거짓말을 멈추고 생각해 보면 어쩔 수 없는 상황이란 것이 우리가 주장하는 것보다 훨씬 드물다는 걸 쉽게 알 수 있다.

아직은 나쁜 꿈 스프레이가 평범한 공기 청정제라는 걸 아이들에게 고백할 용기가 나지 않는다. 하지만 새로운 거짓말을 계속하지 않으려 날마다 최선을 다하고 있다. 얼마 전부터 닭에서 닭고기를 어떻게 얻는지 걱정하기 시작한 큰아이(아이는 소의 젖을 짜서 우유를 얻는 것처럼 닭에게서 닭고기를 얻어온다고 막연하게 생각하는 것 같았다)에게 진실을 말해주는 건 매우 힘든 일이었다. 가능한 단순하고 모호하게 설명한다 해도, 진실은 아이에게 큰 충격이 될 것이 분명했다. 실제로도 그랬다. 불과 2주 전에 진실을 알게 된 아이는 채식주의자가 되어버렸다(동생도 곧 형을 따랐다). 하지만 진실을 알게 되면서 아이가 식이습관에 관한 이성적인 결정 그러니까 다섯 살 아이가 할 수 있는 가장 이성적인 결정을 내리게 된 이 사례는 완벽한 본보기라 할 수 있다.

진실을 알고 아이가 상당히 힘들어 했지만, 그럼에도 아이가 진실을 알게 되어 다행이라고 생각한다. 진실을 알게 되면서 자신만의 선택을 할 능력을 갖게 되었기 때문이다. 하지만 이와는 달리 나는 아이가 처음으로 이를 갈게 되었을 때 이빨 요정이 베게 밑에 선물을 남겨두게 할지 안 할지는 아직도 결정하지 못하고 있다.[22]

주석

1 베이비센터 홈페이지(www.babycenter.com)에서 진행된 유아 악몽 방지책에 관한 토론을 참고했다.

2 "이빨 요정은 없다." (The Tooth Fairy Tats), 《사우스 파크》 시즌 4 참고.

3 장 피아제, 『아동의 도덕 판단*The Moral Judgment of the Child*』 (New York: Collier Books, 1962), p. 140.

4 최근 실시된 거짓말에 대한 어린이들의 태도에 관한 연구에서 5세 아동의 38퍼센트는 욕설과 거짓말을 동일시했지만 그에 비해 8세 아동은 12퍼센트만 동일시했다. 이 연구는 또한 어린아이들은 모든 허위 진술을 거짓말과 동일시한다는 피아제의 주장을 뒷받침해주었다. (Candida C. Peterson, James L. Peterson, and Diane Seeto, "Developmental Changes in Ideas About Lying," 〈Child Development〉 54, 6 (December 1982): 1529–35.)

5 처음으로 이런 주장을 입 밖으로 내뱉었던 것은 빌 클린턴의 대변인 윌리엄 베넷이었다. 클린턴이 의미론에 대한 이야기를 했던 것은 1998년 케네스 스타 특별 검사가 선임한 대배심원단에게 제출한 비디오 증언에서였다.

6 조지가 이 조언을 제리에게 주었던 것은 《사인필드》 시즌 6 'The Beard' 편이다.

7 토마스 카슨*Thomas Carson*은 이렇게 주장하기도 했다. "거짓말을 하기 위해서는 허위 진술을 해야만 한다."(Thomas Carson, "The Definition of Lying," 〈Nous〉 40 (2006): 284–306) 하지만 이와 반대로 조셉 쿠퍼*Joseph Kupfer*는 "상대가 진실이라고 믿게 하기 위해서 거짓이라고 알고 있는 것을 주장하는 것이 거짓말이다"라고 주장했다. (Joseph Kupfer, "The Moral Presumption Against Lying," 〈Review of Metaphysics〉 36 (1982): 104)

8 시셀라 복, 『거짓말: 공적, 사적 생활에서의 도덕적 선택*Lying:Moral Choice in Public and Private Life*』 (NewYork: Vintage, 1999), p. 206.
이 글은 복의 거짓말에 대한 연구에 상당히 의지하고 있다.

9 성 아우구스티누스, 『거짓말의 문제들*The Problem of Lying*』 〈The Enchiridion: On Faith, Hope, and Love〉, ed. Albert C. Outler (1955).

10 칸트, 『판단력 비판*Critique of Practical Reason and other Writings in Moral Philosophy*』, ed. Louis White Beck (Chicago: University of Chicago Press, 1949).

11 시셀라 복, 『거짓말: 공적, 사적 생활에서의 도덕적 선택』, p. 269.

12 존 스튜어트 밀, 『공리주의 *Utilitarianism*』, 2nd edn., ed. George Sher (Indianapolis: Hackett,

2001), p. 7.

13 같은 책, p. 22.

14 시셀라 복, 『거짓말: 공적, 사적 생활에서의 도덕적 선택』, p. 30.

15 같은 책, p. 31.

16 MSNBC 온라인 설문조사 리스트를 참고.

17 시셀라 복, 『거짓말: 공적, 사적 생활에서의 도덕적 선택』, p. 206.

18 Steven P. Shelov and Robert E. Hannemann (eds.) 〈Caring For Your Baby and Child: Birth to Age Five〉 (New York: Bantam Books, 1991), p. 373.

19 데이비드 심슨, 「거짓말하기, 거짓말, 언어 *Lying, Liars and Language*」, 〈Philosophy and Phenomenological Research〉 52 (1992): 637.

20 제프리 블러스타인 토론 참고 〈Parents and Children: The Ethics of the Family〉 (New York: Oxford University Press 1982).

21 같은 책, p. 129.

22 이 글을 쓰는 동안 큰 도움을 주었던 연구보조원에게 상당한 신세를 졌다. 또 기만에 관한 연구를 같이 하고 있는 프랭크 메네트레즈에게도 감사를 전한다. 이 글을 나의 멋진 아들 스티븐과 조셉에게 바친다. 두 아이들의 엄마가 된 것은 지금껏 겪은 일 중 가장 기쁜 일이다. 아이들이 나중에 커서 이 글을 읽게 된다면 내가 했던 거짓말을 모두 용서해주기를 바란다.

버사 알바레즈 매니넌 BERTHA ALVAREZ MANNINEN

3

낙태 합법화를 주장하는 철학자, 임신하다

태아 상태의 생명에 대한 성찰

임신 그 전과 후

나와 남편 투아마스는 결혼 후 처음 3년 동안 피임을 했다. 그때 나는 임신을 할지 말지를 결정할 권리는 여성에게 있다고 굳게 믿었다. 내 입장을 변호하자면 여성은 도덕적, 법적 권리를 지닌 인간이 분명하지만 태아는 합리성과 도덕적 행위 능력, 자의식이 결핍되어 있기에 아직 제대로 된 인간이 아니라고 주장할 수 있겠다.

투아마스와 나는 교수가 되고 나서 1년이 지난 후부터 임신을 위한 노력을 시작했다. 9개월을 노력한 우리는 2008년 5월 10일 드디어 임신 사실을 알게 되었다. 그러고 나서 12주 후에 처음으로 초음파 검사를 받았다. 장차 우리의 딸이 될 태아의 첫 모습은 독일의 신학자 루돌프 오토Rudolf Otto의 말을 빌려 표현하자면, 경외할 정도였다. 초음파 기사가 내 배를 막대기로 누르자 작은 태아가 공중제비를 넘었다. 기사가 우리에게 말을 하는 동안 작은 태아는 자궁 속에서 계속 장난을 쳤다. 검사를 마치고 투아마스와 나는 아무 말도 하지 않은 채 집을 향해 차를 몰아갔다. 빨강 신호등에 차가 멈춰 서자 남편은 갑자기 태아를 보고 나니 낙태는 상상할 수도 없을 것 같다는 말을 장황하게 했다. 그 말에 나는 그동안의 내 신념과는 어울리지 않는 대꾸를 했다. "나도 그럴 수 없을 것 같아."

그리고 이어진 몇 개월의 경험은 나로 하여금 태내기에 대한 새로운 존경심을 갖게 만들었다. 뱃속에 있는 딸이 처음 배를 차는 걸 느낀 순간에는 눈물이 왈칵 나서 당황스러웠다. 어느 수요일 새벽 아직 잠이 덜 깨 정신이 혼미한 중에도 나는 남편의 손을 내 배 위에 올려놓았고, 남편은 처음으로 아이의 움직임을 느꼈다. 우리는 아이를 위해 계속해서 책을 읽고 노래를 불러 주었다. 나는 하루에 한 시간씩 비틀즈의 노래를 배에 대고 부르다가 비틀즈와 영원히 사랑에 빠지게 될 것 같다는 생각을 하게 되었다(비틀즈 노래를 불러준 효과는 있는 것 같다. 〈옐로우 서브마린〉을 불러주면 환하게 웃는 딸아이 모습을 보여주고 싶다). 태아를 인간으로 볼 것인가 말 것인가에 관한 철학적 논쟁과는 상관없이 내 안에 있는 태아가 정당한 자격을 갖춘 독립적인 개체라는 사실을 깨달았다. 이건 그냥 태아가 아니었다. 바로 내 딸이었다. 크리스틴 오버롤Christine Overall은 저서 『인간 번식Human Reproduction』에서 이렇게 말했다.

역설적이게도 몸 안에 태아를 지니고 있었던 경험으로 인해 두 가지 면에서 낙태에 대한 이해가 깊어졌다. 일단, 태아가 몸을 돌리고 다리를 차고 딸꾹질을 하고 가끔씩 쉬는 등 예측 불가능하게 활발히 움직이는 데서 감동을 받으면서 내 몸 안의 이 객체가 단순한 부속물이 아니라 완전히 독립적인 생명체라는 사실을 깨달았다. 즉 팔이나 눈, 심장처럼 내 몸의 일부가 아니라는 걸 알게 되었다. 동시에 아이와 함께 있었던 경험은 다른 일을 할 수 없을 정도로 몰두하게 하고 불안감을 주며, 심지어 주체할 수 없을 정도로 압도적일 때도 있어서 이런 경험을 여성들이 겪지 말아야 한다는 생각이 들 정도였다. 철학자 캐롤라인 위트벡 Caroline Whitbeck이 시사했던 대로, 그 경험은 자신의 의지에 반하게 다른 존재에게 홀리거나 사로잡힌 것과 비슷했다.1)

오버롤의 경험은 나의 경험과 고스란히 일치한다. 임신 8개월째에 접어든 어느 날, 나의 작은 태아가 이미 자신만의 인격을 갖추고 있다는 사실이 명백히 드러났다. 투아마스와 나는 밤 9시에 급히 병원으로 갔다. 하루 종일 태아가 움직이지 않아서였다. 물론 간호사가 나에게 태아전자감시기를 붙이자마자 태아는 힘차게 움직이기 시작했다. 태아는 이미 자신만의 방식대로 하려는 욕망과 고집스러움을 드러내고 있었다. 태아는 분명 하나의 개체였다. 그리고 내 몸 바로 안, 내가 접근할 수 없는 곳에서 나도 모를 일이 벌어지고 있는 놀라운 그 상황에서 내가 받았던 강렬한 느낌은 임신이 얼마나 개인적인 일인지 일깨워 주었다.

나는 사실 난처했다. 낙태 합법화를 주장하던 기존의 내 입장과 태내기를 존중하게 된 변화를 어떻게 양립시킬 수 있을까? 나의 개인적인 경험은 철학자의 법정에 증거로 내놓을 수 없다. 철학자들은 소수의 인식론적 관점으로 치부해 버리고, 그저 감정적이거나 본능적인 반응으로 일축해 버릴 가능성이 농후하다. 이제 나는 적어도 임신 중기 이후에는 인간 태아에게 인격성이 부족하다는 말을 하지 못하겠다. 사실 지금은 태아가 사람인지 아닌지 모르겠다. 태아는 사람인가? 절대 사람이 아닌가? 임신 중 얼마나 지나면 태아는 사람이 되는 걸까? 만약 그렇다면 어느 시기인가? 몇몇 철학자들이 인격성을 정의하는 데 인식적 준거를 활용한 반면, 철학자가 아닌 사람들은 자신들이 생각하는 인격성을 옹호하기 위해 감정, 종교, 생물학 또는 다른 형이상학적 신념에 호소할 수 있다. 우리 사회에서 많은 이들이 지지하는 인격성에 관한 의견은 그 스펙트럼이 넓어서, 이 쟁점을 하나의 일치된 의견으로 정리하는 일은 가망이 없어 보인다.

다루기 어려운 이 문제의 답을 찾는 수많은 책이 출간되었지만, 낙태권의 옹호 여부를 위해 태아가 사람인지 아닌지 이 문제를 해결할 필요는 없다. 지금부터 태아가 도덕적 지위를 완벽하게 갖춘 사람이라 하더라도 낙태권이 유효할 수 있다는 것을 증명해 보이도록 하겠다. 그 다음 낙태 합법화를 주장하면서도 태내기에 대한 경의와 공경심을 표할 수 있음을 논해보겠다. 태내기를 존중하면서도 낙태 합법화를 주장할 수 있다는 사실을 증명해 내면 낙태 합법화가 곧 낙태 찬성이라는 수많은 사람들의 오해를 풀어줄 수 있을 것이다.

맥펄과 심프 그리고 톰슨의 바이올리니스트

1978년 로버트 맥펄Robert McFall은 재생불량성 빈혈을 앓았다. 골수이식을 하지 않으면 살 수 없는 상황이었다. 그런데 의사들이 맥펄의 사촌인 데이비드 심프David Shimp의 골수가 맥펄과 유일하게 일치한다는 사실을 알아냈다. 심프는 골수검사는 받았지만, 골수 추출은 거부했고, 맥펄은 심프를 고소하기에 이르렀다. 맥펄은 펜실베이니아 주 법정이 사촌 심프에게 추가검사를 받게 하고 최종적으로 골수 추출까지 하도록 강제해주기를 바랐다. 법정에서 문제가 된 윤리적 쟁점은 사회 구성원의 생명을 구하기 위해 사회가 다른 한 사람의 '신체적 안전' 에 관한 절대 권리를 침해할 수 있느냐 여부였다.[2] 결국 판사는 이런 침해는 할 수 없다고 판결했다. 심프에게 골수 기증을 강제하는 것은 우리 사회의 기본 원칙에 어긋날 수 있다. 법정은 다음과 같이 주장했다.

> 우리 사회의 최우선 원칙은 개인에 대한 존중이다. 사회와 정부가 존재하는 것은 개인이 다른 이에게 침해를 받거나 상해를 입지 못하게 보호하기 위함이다. (중략) 우리 법이 피고인의 신체가 침해받는 것을 감수하라고 강요하게 되면 우리 사회의 근간을 이루는 원칙과 사상을 바꾸는 일이 된다. 그런 일은 개인의 불가침성을 무효화할 수 있다.[3]

여기서 주목해야 할 것은 판사가 맥펄에게 생존권이나 도덕적 지위가 없다고 말했거나 그의 생명이 심프의 생명보다 덜 귀중하거나 하찮다고 결론내리지 않았다는 점이다. 절대로 그렇지 않다. 법정의 결론은 어떤 이의 생존권을 지키기 위해 다른 사람에게 원치 않는 신체적 침해를 감수하라고 강요할 수는 없다는 것이다. 즉 판사가 맥펄의 생명을 소중히 여기지 않은 것이 아니라, 다만 인간으로서의 가치를 위해 다른 인간의 위엄이나 온전함을 위태롭게 할 수는 없다고 판결한 것이다.

학기마다 지역 혈액은행 의료진들이 환자들을 도와주거나 생명을 살릴 수 있는 혈액을 구하기 위해 대학 캠퍼스에 찾아온다. 하지만 슬프게도 헌혈을 유인하기 위해 주스와 과자부터 금전적 가치가 있는 경품까지 포상을 제공해야만 한다. 내가 헌혈을 하러 가면 의료진들은 혈액 기증자들이 많지 않다고 말한다. 혈액은행 입장에서는 당연히 혈액 기증이 중요한 일이다. 그렇다면 학생들이나 교수, 교직원들을 임의로 선발해서 강제로 헌혈을 시키고, 미래의 인명 구조를 위해 혈액을 비축해 놓는 편이 더 효율적이고 간편하지 않을까 하는 의문이 들 수 있다. 같은 논리를 적용해서 건강한 사람을 임의로 선발해서 강제로 신장을 기증하게 해서 말기 신부전증을 앓고 있는 이들의 목숨을 구하게 한다면 얼마나 많은 사람들에게 도움이 될지 상상해 보라. 물론 신장 하나로 살아가려면 생활방식을 바꿔야 하는 부담은 있지만, 그래도 아예 못할 일은 아니다. 신장이 하나뿐인 사람은 영양가 있는 식사를 해야 하고, 규칙적인 운동과 적절한 수분 공급이 필요하지만 모두에게 좋은 생활습관이므로 강제 기증으로 얻는 손실은 비교적 적은 편이다. 반면 수혜자는 막대한 이득을 얻는다. 목숨을 구하게 되니 말이다.

이런 일이 일어날 수 있다는 생각만으로도 등골이 오싹해질 것이다. 법학과 철학을 가르치는 도널드 레건Donald H. Regan 교수는 "우리는 전통적으로 극심한 신체적 불편함이나 육체적 고통을 부과하거나 신체의 직접적 침해를 포함하는 관습에는 상당한 의혹을 품어왔다"[4]라고 말했다. 바로 이것을 논제로 삼아 「낙태에 대한 변호」라는 논문에서 낙태를 옹호하며 그 악명 높은(적어도 철학자들 사이에서는 악명을 떨치고 있다) 바이올리니스트의 사례를 들었던 학자가 바로 주디스 자비스 톰슨Judith Jarvis Thomson이다.

톰슨은 어느 날 잠에서 깨보니, 치명적인 신장 질환을 앓고 있는 유명한 바이올리니스트와 자신이 연결돼 있다고 상상해 보라고 말했다. 음악을 사랑하는 사람들의 모임에서 오로지 나만 이 바이올리니스트를 살릴 수 있다는 사실을 밝혀냈다. 만약 내가 바이올리니스트와 연결된 줄을 끊어버리면, 그는 당장 죽게 된다. 의사는 바이올리니스트는 생존권이 있는 무고한 사람이라는 점을 상기시키고 나에게도 신체 보전의 권리가 있지만 바이올리니스트의 생존권이 그 권리를 대체한다고 말한다. 그런데도 톰슨의 주장에 따르면 손을 뒤로 뻗어 바이올리니스트와 연결되어 있는 줄을 빼버린다고 해도 이건 살인을 저지른 것도 아니고 용서받을 수 없는 일을 한 것도 아니다.[5] 이 바이올리니스트가 내 몸을 계속해서 사용하도록 허락하는 것은 물론 좋은 일이지만, 그렇다고 반드시 그렇게 해야만 하는 건 아니라는 뜻이다. 톰슨은 그 바이올리니스트가 도덕적 가치와 생존권을 지닌 인간이라는 점을 부인하지는 않았다. 그저 '생존권이 있다고 해서 다른 사람의 신체를 계속해서 이용할 권리가 보장되는 것은 아니다' 라는 사실을 보여주고자 했다.[6]

이런 식의 설명은 태아의 도덕적 지위나 생존권을 박탈하지 않으면서도 낙태권을 옹호하는 주장을 해명하는 데 도움이 된다. 맥펄에게는 도덕적 가치와 생존권이 분명히 있었다. 말기 심부전증 환자나 톰슨의 바이올리니스트에게도 같은 말을 해줄 수 있다. 하지만 그들에게 도덕적 가치와 생존권이 있다고 해서 그들의 생명을 구하기 위해 다른 사람의 신체적 온전함이나 신체적 자율성을 포기하라고 강제할 수 있는 건 아니다. 이와 유사하게 태아가 도덕적 지위와 도덕적 권리를 완벽하게 갖춘 인간이라고 하더라도 그것이 다른 사람 즉 임신한 여자에게 태아의 생명을 유지시키기 위해 원하지 않는 신체적 침해를 감수할 것을 강요할 수 있다는 의미는 아니다. 레건은 다른 글에서 이렇게 쓰기도 했다. "미국 법의 가장 근본적인 원칙은 위험에 처했거나 도움이 필요한 다른 사람을 돕기 위한 자원봉사를 필수 의무로 규정하지 않았다는 데 있다."[7]

톰슨의 논제를 더 입증하기 위해서는 칸트의 도덕 철학에 호소해볼 수 있다. 칸트는 모든 사람은 "자신이나 다른 사람을 모두 단지 수단으로 대하지 말고 목적으로 대해야만 한다"[8]고 주장했다. 그 어떤 사람도 그의 의지에 반하는 대접을 받아서는 안 되고 그런 대접에 동의해서도 안 된다는 말이다. 다른 사람의 목적을 달성하기 위한 도구에 불과한 대접을 받을 수는 없다. 강제로 임신을 참아내라는 것은 그런 상태와 동반되는 모든 감정적 · 신체적 어려움을 무시하는 처사다. 구역질, 고혈압, 어지럼증, 편두통, 임신성 당뇨, 피로 등의 증상을 겪을 수 있고 심하면 출혈을 하거나 사망에 이를 수도 있다. 이보다 더한 괴로움을 겪을 가능성도 얼마든지 있다. 제왕절개를 하게 된다면(나의 경우처럼) 수술 후 극심한 고통이 따르는 중대한 복부 수술을 감수해야 한다. 그리고 전적으로 나에게 의존해 생존할 수밖에 없는 존재를 돌보기 위해, 그 고통은 빨리 극복해야 한다. 이보다 덜 어려운 골수 축출이나 헌혈도 절대로 강요할 수 없는 마당에 여성들에게 이런 어려움을 경험하라고 강요하는 일은 상상하기도 어렵다. 이렇게 매우 개인적이고 사적인 문제에 관한 여성의 결정을 무시하고 또 다른 인간에게 사로잡혀 있기를 강요하는 건, 그 다른 인간이 사람일지라도 여성의 신체와 이성, 감정에 대한 심각한 침해다. 노골적으로 낙태를 불법화하여 그런 대접을 지지하는 건 칸트의 정언 명령을 거스르는 것이다. 임신한 여성을 객체로만 대하는 것에 불과하다. 그녀의 육체적, 감정적 관심을 무시하고 태아의 필요를 충족시키기 위한 인큐베이터로 격하시킨 꼴이다.

톰슨의 논제가 수많은 비판을 받고 있지만 공통점을 간단히 짚어보면 책임감의 문제로 이의를 제기한다. 이런 이의를 제기하는 측에서는 여성이 자발적 성관계를 허용했다면 암묵적으로 자신의 신체를 태아의 부양을 위해 사용해도 좋다고 용인했다는 게 아니냐고 지적한다. 임신의 가능성을 충분히 인지한 상태로 태아의 의존성을 야기하는 성관계에 능동적이고 의도적으로 임했으니, 여성은 태아의 존재에 책임을 져야 하고 태아의 출생까지 부양에 대한 도덕적 의무를 지게 된다는 주장이다. 낙태를 금지하는 식으로 법이 강요하는 의무를 부여받게 되는 것이다.

톰슨은 이런 이의 제기에 대해 또 다른 예를 들어 반박했다. 이웃에 강도가 배회하고 있다고 가정해보자. 하지만 날은 너무 덥고 에어컨은 고장이 나버려서 강도가 쉽게 집에 들어올 수도 있다는 걸 알면서도 창문을 살짝 열어놓은 채 있었다. 강도를 맞을 수도 있다는 사실은 충분히 인지하고 있었지만 그럼에도 불구하고 시원한 바람을 즐기기 위해 창문을 열어둔 것이다. 강도가 집에 침입할 여지가 있다는 걸 알면서도 시원한 바람을 맞았다. 톰슨은 이렇게 했다고 해도 재산권을 박탈당하는 건 말이 되지 않는다고 주장한다. 강도에 대비해 집단속을 제대로 하지 못하는 부주의를 저질렀다고 해서 강도에게 나의 것을 강탈해갈 권리가 생기는 건 아니다. 톰슨은 이와 마찬가지로 한 여성이 자의로 성관계를 했고 피임에 부주의했다고 해도, 그것으로 태아에게 그녀의 몸을 사용할 권리가 있는 건 아니라고 주장했다.

톰슨의 주장에서 내가 논하고자 하는 건 책임져야 하는 당사자에게도 권리는 있고, 그 당사자가 자신의 권리를 침해당할 수 있는 처지로 전락할 수 있음을 알면서도 무모한 행동을 했다는 이유로 그 권리가 자동적으로 박탈당하는 건 아니라는 점이다. 가령 여성이 한밤중에 폭력이 난무하고 범죄가 득실거리는 지역의 어두운 밤거리를 혼자 걷는 건 무모한 짓이라 볼 수 있다. 하지만 그녀가 길을 걸어간 행위가 신체적, 성적 온전함을 지킬 권리를 박탈시킬 정도의 무게를 갖는 것은 아니다. 다시 말해 아무리 그렇다고 해도 다른 사람에게 그녀를 강간할 권리가 생기는 것은 아니다. 이보다 더 유사한 경우를 생각해 보자면 음주운전으로 사고를 내 무고한 사람을 희생시켰다고 해서, 사고 피해자의 목숨을 구하기 위해 운전자의 생명유지에 필수가 아닌 신체 기관이나 헌혈 기증을 강제하는 경우를 들어본 적이 있는가? 이런 경우는 임신과 더 흡사한 경우라 할 수 있다. 음주운전의 피해자와 마찬가지로 태아는 무고한 사람이고 그의 생존 문제를 타인에게 의지해야 하는 이유가 상대의 행위에서 나왔기 때문이다. 하지만 음주운전은 절대 해서는 안 되는 행동이고 사태에 대한 책임이 전적으로 음주 운전자에게 있으니 다른 방식으로라도 책임을 다 해야만 한다고 해도, 신체 보전의 권리를 침해당해야만 의무를 지는 건 아니다. 음주 운전자가 해를 입힌 무고한 사람의 생명을 살리기 위해서라고 해도 신체적 침해를 감수하라는 강요를 받을 수는 없다. 그 피해자를 도울 수 있는 유일한 사람이 그 음주 운전자라고 하더라도(맥펄과 골수가 일치하는 유일한 사람이 심프였던 것처럼 말이다) 강요할 수는 없다. 음주 운전자에게 피해자를 위해 신체적 침해를 당하라고 강요하지 못한다면 여성에게 태아를 위해 같은 일을 하라는 주장은 논쟁의 여지가 많다.

여성도 심프에게 보장되었던 신체 보전의 권리를 지켜야 한다. 낙태권은 여성만이 입을 수 있는 임신이라는 신체적 훼손이 가능한 상황에 저항하며, 여성을 보호하는 방법의 하나로 보아야만 한다. 바로 이런 이유로 나는 낙태 합법화를 지지한다. 태내기를 전적으로 존중하고 있음에도, 나는 '여성의 선택권을 중시하는, 임신 중절 합법화를 찬성하는 사람Pro-Choice이다. 사실 나는 심부전증, 재생불량성 빈혈 등의 질병으로 죽어가는 사람들의 생명도 진심으로 존중하고, 그 병으로 사망한 사람들을 애도한다. 그러나 그럼에도 불구하고, 우리 집단의 한 부분집합에게 우리 인구 집단의 또 다른 부분집합의 목숨을 살리기 위해 원치 않는 신체적 훼손을 감수하라고 강요하겠다는 법률을 지지할 수 없다. 전자가 후자의 상태에 책임을 져야 하는 상황이고 후자가 아주 비극적인 죽음을 당하게 된다 하더라도 어쩔 수 없다.

나는 낙태는 비극적인 죽음인 경우가 많다고 생각한다. 태아가 죽는다는 사실만으로도 비극이지만 낙태를 초래한 상황 때문에 그렇기도 하다.

낙태 합법화를 지지한다고 해서 낙태를 지지하는 건 아니다

메리 앤 워런Mary Anne Warren은 「낙태의 도덕적 법적 지위에 관하여」라는 논문에서 낙태 합법화를 옹호하는 사람들은 낙태를 도덕적으로 심각한 일로 보거나 대단히 불행한 일로 보지 않고 오히려 머리카락을 잘라내는 것과 같은 도덕적으로 중립적인 행위로 본다고 주장했다.[9] 그런 식으로 태내기에 대해 거들먹거리는 태도와 태내 생명체의 유실에 관해 냉담한 관점을 유지하는 모습을 보면서 많은 사람들은 낙태 합법화 주장에서 멀어져갔다. 프랜시스 키슬링Francis Kissling은 이렇게 기술했다. "태내기를 존중한다는 점을 충분하고 분명하게 표현하지 않음으로써 사려 깊고 진보적인 사람들이 낙태 합법화 운동에 흥미를 잃어버렸다는 사실에 심히 충격을 받았다. 낙태 합법화를 지지하는 사람들은 마치 피도 눈물도 없는 냉혹한 사람처럼 여겨져 왔다."[10]

워런의 주장에 대해, 철학자 로잘린 허스트하우스Rosalind Hursthouse는 낙태로 인한 인간의 조기 사망은 "심각한 문제로 여겨야 한다. 따라서 낙태를 이발이나 맹장수술과 비슷한 것이라 생각하는 사람은 잘못 알고 있는 것이다"[11]라고 밝혔다. 낙태 합법화를 찬성하는 운동이 태내기를 평가절하하고 낙태를 도덕적으로 악의 없는 행위로 생각하면, 결국 태연히 낙태를 찬양하거나 심지어 부추기는 낙태 찬성 운동으로 비춰질 것이라는 키슬링의 우려에 대해(그래서 낙태를 반대하는 사람들은 옹호하는 사람들을 '낙태 찬성주의자'라고 부른다) 어떻게 반응해야 할지 그 답은 허스트하우스의 말에서 찾을 수 있다. 낙태 합법화를 지지하는 사람들이 풀어야 할 과제는 낙태할 권리를 방어하는 동시에 태내기에 대한 적절한 존중을 보여줘야 한다는 데 있다. 즉, 낙태는 아주 심각하고 슬픈 일이라는 걸 충분히 인지해야 한다.

일본에서 낙태는 불행하지만 불가피한 사회적 문제로 인식되고 있으며 태아를 애도하는 의식도 있다. 인공유산을 했던 사람들이 죽어간 태아를 기리는 불상 미즈코지조水子地藏 공양이 그것이다(태아가 죽었을 때 불상을 절 입구에 세워 영혼을 달래는 의식에 쓰였다. 요즘은 주로 낙태로 세상에 태어나지 못한 아이의 넋을 기리기 위해 세우기도 한다). 불교 신자들은 이런 애도 의식이 없다면 반복적인 낙태에서 경박하게 낙태 관행을 수용하는 결과를 낳고, 나아가 전반적인 감수성의 퇴화라는 결과를 보게 되지 않을까 우려한다.[12] 미국 문화권에는 낙태 후 태아의 죽음을 추모하는 사회적 승인 예식은 없다(유산 역시 가족들에게는 대단한 고통이 될 수 있으나 애도의식은 없다). 아마도 여성이 고의적으로 자초한 죽음을 애도할 필요가 없다고 보기 때문인 것 같다. 하지만 워런의 주장과는 다르게 많은 여성들은 낙태를 도덕적으로 무해한 행동으로 보거나 단순한 행동으로 보지 않는다. 많은 이들이 낙태 이후 그 여파로 괴로워하고 있다(일부 남성들 역시 상대 여성이 낙태를 결정하면 괴로워하는 것으로 알려져 있다. 그러므로 사회적으로 인정받는 방법으로 이런 고통을 표현할 필요가 있을 뿐만 아니라 낙태 이후 심리

상담도 받을 수 있어야 한다). 낙태 시술을 했던 한 간호사가 들려준 이야기에 따르면, 낙태를 하고 난 어떤 여성이 팔꿈치에 의지해 상체를 일으켜 자신의 몸 밖으로 나온 것(태아)을 쳐다보고는 내지른 비명 소리에 피도 말라붙을 것 같았다고 한다.[13] 간호사는 또 다른 여성의 이야기도 들려주었다. 그 여성은 "아름답고 우아한 손을 뻗어 갓 낙태된 태아의 볼을 조심스레 쓰다듬으며 '아가야, 미안해' 라고 말했다" 고 한다.[14] 어떤 여성은 기형인 태아를 인공유산하고 간호사에게 '이 아기가 존재했었다는 걸 부인하고 싶지 않다' 고 말했다고 한다. 그리고 아기에게 이름을 붙여주고 장례식을 치른 뒤 가족 묘지에 가서 자신의 할머니 옆 자리에 묻어주었다고 한다.[15]

위의 이야기로 두 가지가 분명해진다. 우선 인공유산을 하는 모든 여성이 비정한 영아 살인범이거나 문란한 성행위에 탐닉하다가 결국 냉정하게 태아를 죽인다는 식의 고정관념은 정확하지 않으며 무신경한 반응이라는 점이다. 다음으로 필요한 일은 태아를 존중받아 마땅한 존재로 인식하는 것이다. 낙태 시술은 머리카락이나 다른 부속 기관을 잘라내는 것보다 훨씬 중요한 일이다. 그러므로 고의적인 낙태가 초래한 태아의 죽음을 애도하는, 사회적으로 용인된 의식이 필요하다. 미국식 미즈코지조 공양이 있어야 한다. 이를 통해 태아를 추모하는 일을 인정하고 그것을 장려하는 분위기는 낙태권을 인식시키면서 동시에 태아기에 존재한 한 생명의 가치를 존중할 필요성을 일깨워 줄 수 있다.

낙태 합법화를 주장한다는 것이 낙태를 찬성하는 게 아니라는 걸 강조할 수 있는 또 다른 방법은 계획하지 않은 임신의 어려움을 헤쳐 나가는 여성들을 돕는 사회적 프로그램을 지원하는 것이다. 재정적인 면, 의료적인 면에서 지원을 해주면 임신으로 얻게 된 아이를 부양하지 못하거나 너무나 두려운 나머지 반사적으로 낙태에 의지하지 않게 된다. 이런 식으로 낙태율을 억제시킨 사회 프로그램이 상당수 존재하고 있다. (낙태를 반대하는 사람들과 복지를 반대하는 사람들의 수사법이 정치적 논쟁이나 이데올로기에서 공통점을 갖고 있다는 사실은 씁쓸한 아이러니다. 이 문제에서도 우리는 아이가 태어난 후보다 태어나기 전에 더 관심을 받는다는 증거를 본다. 낙태를 반대하는 철학자가 그 열정으로 자궁 밖으로 나온 생명체에게까지 신경을 쓴다면 낙태를 불법화해버리는 것보다 훨씬 더 많이 낙태를 억제할 수 있을 것이다.)

'공동선을 위한 가톨릭 동맹' 에서 발행한 최근의 보고서에 따르면, 최저 생계를 유지하는 데 필요한 최소한의 수입 이하의 생활을 하는 여성들 사이의 낙태율은 이들보다 수입이 세 배 많은 여성의 낙태율보다 네 배나 더 높다고 한다. 1982년부터 2000년까지 미국 전역을 대상으로 한 이 연구는 임신한 여성과 아이를 부양하는 여성을 위한 수당과 저소득 가구를 대상으로 하는 경제적 지원이 지난 20년 동안 미국 사회의 낙태 건수를 현격하게 줄이는 데 기여했다는 사실을 밝혀냈다.[16)]

도움이 필요한 임산부를 도와주는 사회적 프로그램을 후원하는 것으로 태내기에 대한 존중을 보여줄 수 있다. 오바마 대통령이 낙태를 둘러싼 논쟁 찬반론자들에게 간청했듯이, 낙태 수요를 줄일 수 있는 방법을 찾아서 낙태를 줄여야만 한다.

여성들은(그리고 남성들은) 과거에 경험했던 낙태, 그리고 언제라도 자신의 일이 될 수 있는 낙태에 대해 공개적으로 이야기할 수 있는 자리를 마련해야 한다. 비판이나 비난 없이 자신들이 경험했던 안도감부터 후회에 이르는 다양한 감정을 허심탄회하게 표현할 수 있는 기회를 주어야 한다. 또한 임신한 여성이 인공유산으로 태내기 사망을 경험하면서 괴로워할 수 있다는 점을 인지하고, 나아가 그 죽음을 공개적으로 애도하고자 하는 이들이 추모의식을 거행할 수 있도록 도와야 한다. 낙태의 괴로움을 인정해준다고 하더라도, 여성의 낙태권을 주장하는 논점이 흐려지거나 손상되는 게 아니라는 점을 분명히 해야 한다. 하지만 태아가 물고기 목숨만도 못하고 낙태는 도덕적으로 무해한 별것 아닌 가벼운 행위라는 워런의 논점은 근본부터 잘못된 것이다. 이런 주장을 극복해 나가면서 낙태 합법화 운동을 대중에게 설명할 수 있을 것이다. 낙태 합법화를 주장한다고 해서 냉혹한 사람이 될 필요는 전혀 없다.

주석

1 크리스틴 오버롤, 『인간 번식: Principles, Practices, and Policies』 (Toronto: Oxford University Press, 1993), pp. 1–2.

2 펜실베이니아주 법정 자료집, 맥펄 대 심프 (1978).
(www.ucs.louisiana.edu/~ras2777/judpol/mcfall.html) (2009.6.18 접속)

3 펜실베이니아주 법정 자료집.

4 도널드 레건, "로 대 웨이드 재판 개정판," 〈Michigan Law Review〉 77, 7 (1979): 1583–4.

5 주디스 자비스 톰슨 「낙태에 대한 변호*A Defense of Abortion*」, 〈Philosophy and Public Affairs 1〉, 1 (1971): 52.

6 톰슨 「낙태에 대한 변호」 p. 56.

7 도널드 레건, "로 대 웨이드 재판 개정판" p. 1569.

8 칸트, 〈Grounding for the Metaphysics of Morals〉 (Indianapolis: Hackett, 1785), p. 36.

9 메리 앤 워런, 「낙태의 도덕적 법적 지위에 관하여*On the Moral and Legal Status of Abortion*,」 〈The Monist〉 57 (1973): 43–61.

10 프랜시스 키슬링, "Is There Life After Roe? How to Think About the Fetus," 〈Conscience: The News Journal of Catholic Opinion〉 (2004). 온라인에서 찾아 볼 수 있다. (www.catholicsforchoice.org/conscience/archives/c2004win_lifeafterroe.asp) 2009.6.18 접속.

11 로잘린 허스트하우스, "Virtue Theory and Abortion," 〈Philosophy and Public Affairs 20〉, 3 (1991): 237.

12 William R. LaFleur, "Contestation and Consensus: The Morality of Abortion in Japan," 〈Philosphy East and West 40〉, 4 (1990): 534–7.

13 Bobbie Jean Kennedy, "Dilemmas in Practice: I'm Sorry, Baby," 〈American Journal of Nursing〉 88, 8 (1988): 1068.

14 같은 책, p. 1067.

15 같은 책, p. 1068.

16 Catholics in Alliance for the Common Good, "Reducing Abortion in America: The Effect of Economic and Social Supports" (2008). (www.catholicsinalliance.org) 2009.6.18 접속.

킴 아노 KIM ANNO

4

남성성이 풍부한 아들을 키우는 레즈비언 엄마들 이야기

우리는 잭을 출생 직후 입양했다. 정확히 말하면 우리는 아이가 태어날 때 그 옆에 있었다. 그런데 잭이 세 살이 될 무렵 어느 이른 아침, 창문에 코를 부비며 동네를 돌아다니는 쓰레기수거차를 보려고 애쓰는 모습을 발견했다. 그때 처음 잭의 생물학적인 무언가가 깨어나기 시작했다는 사실과 성의 사회적 구조는 우리가 생각했던 것보다 더 복잡하다는 걸 깨달았다. 레즈비언 엄마인 우리는 성별 부여에 관한 실험실에 입주한 것이나 마찬가지였다. 우리는 우리 부모보다 더 나은 부모가 되어 이전 세대에서는 불가능했던 성에 관한 유연한 사고를 허용해주고 싶었다. 아이에게 '정상적인' 이성애자 모델을 강요하지 않고, 진정한 자기다운 모습이 될 공간을 제공해주고 싶었다. 잭은 장난감, 옷, 게임 등을 다양하게 접했고, 다양한 성별 표현을 하게 해주는 것은 무엇이든 보았다. 또한 우리는 가족 구성원의 인종이 모두 다른 다인종 가정으로 잭은 자연스럽게 다양한 문화에 노출되었다. 우리는 잭에게 아프리카계 미국인 발명가, 작가, 예술가나 아시아계 스포츠 선수, 사회 운동가, 지도자들의 이야기와 사진 같은 것을 보여주었다. 우리는 잭이 자신의 참모습을 찾을 수 있는 공간을 확보해주고 그 공간을 잘 활용하기를 바랐다.

두 명의 레즈비언 엄마가 전형적인 남성성에 집중하는 남자아이를 키우는 일은 정말 대모험이다! 세상에서 가장 남성성이 강한 남자아이를 우리가 키우게 한 우주의 신기한 섭리는 뭐란 말인가? 하지만 다행히도 우리는 진심으로 남성성을 포용했다. 나의 배우자는 신체적으로나 성적 표현으로 남성성에 부합된다. 나는 다양한 남성적 자아에 관심이 있었다. 특히 여성에게서 표출되는 다양한 남성적 자아는 언제나 매혹적이다. 여성의 독립성이나 내적 강인함은 흥미롭다. 특히 나의 배우자의 이런 면모는 재미있다.

어쩜 세상에는 남성성 같은 건 없는지도 모른다. 그건 여성이나 남성 누구에게나 찾아볼 수 있는 자질이다. 우리는 성별 특성의 표현 방식gender expression은 개인차가 존재하면서 미묘하게 다르다고 믿는다. 그리고 우리 아들이 이런 유연한 사고로 도움을 얻기를 바랐다.

우리는 정신을 바짝 차리고 경계를 늦추지 않은 채 모성에 접근했다. 우리가 자랐던 가족에서 경험했던 성의식에 대한 억압과 역기능에서 벗어나 새로운 영역을 만들어낼 만반의 준비를 했다. 개인적으로 내가 자란 가족보다 더 융통성 있고 재미있고 실험적인 가족이 되기를 바랬다. 나는 전형적인 1960년대 다인종 가정에서 자랐다. 어릴 적 우리 집은 계급이나 인종 문제를 통일시키는 데는 열심이었던 반면, 성별 기대 역할은 애니메이션 《우주가족 젯슨》이나 시트콤 《왈가닥 루시》에서 볼 수 있는 것에 고정되어 있었다.[1] 우리도 과거의 경험을 똑같이 반복할까? 모든 것을 아우르는 자유롭고 개방적이며 즐거운 가족의 모습은 어느 정도까지 만들어낼 수 있을까? 모든 육아 상황이 그렇겠지만, 해보지 않고는 알 도리가 없다. 물론 우리의 경우에는 더 큰 문화적 맥락에 밀려 통제권을 잃을 것인지 아닌지도 궁금했다. 우리 문화는 여전히 남자다운 남자와 여자다운 여자라는 정형화된 성별 표현만을 보상해주고 축복해주고 있기 때문이다.

잭의 감성

우리의 시험비행 조종사인 잭이 생물학적인 남성성을 타고났다고 해서 다른 이의 성별 표현에 대해 여지를 두지 못하는 게 아니란 사실에 무척 기뻤다. 감성은 인간의 발달 과정에서 자라나는 것이다. 잭은 남녀를 가리지 않고 친구들 사이에서 여성성이 다양하게 나타난다는 사실을 인지했다. 성별 표현은 개인의 독특한 양식이자 선택의 문제라고 생각하고, 특정한 표현에 대한 호불호를 나타내지 않았다. 잭에게 아이들의 성별 표현은 그저 개성을 드러내는 특질에 불과했다. 유치원에 다닐 무렵 아이들에게는 여성성과 남성성이 자연스럽게 유입된다.

잭의 유치원 친구 중에 화가의 아들이 있었다. 그 아이는 본능적으로 그릴 수 있는 모든 것을 그렸다. 네 살 때는 유치원 같은 반 친구들을 모두 그렸다.

특히 공주 그림을 곧잘 그렸는데, 머리끝은 사랑스럽게 말려 있고 다리를 유난히 길게 그렸다. 꼬불꼬불한 장식과 꽃으로 꾸미고 다양한 보석이 달려 있다는 걸 알려주는 화려한 색상의 드레스를 입고 있는 공주였다. 그 아이는 같은 반 남자아이들 그림에도 빅토리아 시대를 연상시키는 챙 넓은 모자와 코트를 입혀주었다. 잭이 그 아이의 생일 파티에 초대받게 되었을 때 우리는 잭에게 이렇게 특별한 재능을 지닌 아이에게 어떤 선물을 할 생각이냐고 물었다. 잭은 보라색 조랑말 인형이나 공주 인형이 어떻겠냐고 제안했다. 잭은 그 아이가 레고나 야구공 같은 자기가 좋아하는 장난감에는 관심을 보이지 않으리란 걸 잘 알고 있었다. 잭은 대수롭지 않은 얼굴로 친구에게 줄 선물을 이야기했다. 장난스럽게 웃지도 않았다. 잭은 친구의 개성을 고려해서 그런 선물이 가장 적절하다고 여겼던 것이다.

그로부터 몇 년 후, 그 아이의 엄마에게 아이에 대한 소식을 들었다. 아이가 드레스를 입고 학교에 가고 싶어 했지만 따돌림을 받을까 봐 이를 말렸다고 했다. 나는 진심으로 아이가 안됐다는 생각이 들었다. 물론 사회적 압력과 또래 친구들의 비웃음은 심각한 문제다. 부모들은 자녀를 어느 정도까지 사회에 순응시키려고 노력한다. 최소한 사회적으로 지나친 괴로움을 겪지 않을 정도로는 순응시켜야 한다고 생각한다. 하지만 이런 목표를 세우다 보면 아이를 억지로 끼워 맞추는 것이 과연 가치 있는 일인지 의문을 갖게 된다. 아이들은 자신의 욕구를 충족시키는 것과 자신의 욕구가 사회적으로 용납되는지 이해하려는 노력 사이에서 균형감을 잡으려 애쓴다. 가끔 다른 사람의 생각은 안중에도 두지 않지만, 어떨 때는 모든 사람의 인정을 얻으려는 의욕을 강하게 보이기도 한다. 그렇다면 어느 정도에서 균형을 잡아야 하는 걸까?

어떻게 보면 사회 순응은 현재 사회 질서 안에서 아이가 성공할 수 있다는 확신을 준다. 사회 주류 밖에서 신나는 삶을 살고 있는 나 같은 레즈비언도 사람들에게 인정받고 존경받을 수 있는 안전한 영역에 대해 갈망한다. 그러나 다른 면에서 보면, 모든 사람이 똑같을 필요는 없다. 많은 동성애자들은 아이를 키우면서, 이성애자 부모를 모델로 삼아야 한다고 생각하지 않는다. 우리 고유의 하위문화는 성장의 여지가 있고 동시에 창의적이다. 여자 같은 남자아이라면 원하는 대로 여자아이 옷을 입을 수 있게 해주는, 행복하고 안전한 공간을 만들어낼 수도 있다. 베이 에리어 지역에는 이성애자 가족이 이런 하위 문화를 받아들인 경우도 있다. 이처럼 아이들에게 안전한 곳이 또 있을까? 이건 지리적인 문제일까, 심리적인 문제일까? 이제는 아이들의 성별 표현에 융통성을 발휘하고 성공적인 육아 기준에도 이와 비슷한 기준을 포용할 때가 되었는지도 모른다. 우리는 아이들이 고유성과 수용성 사이의 균형점을 찾아가는 일을 적극적으로 도와주어야 한다.

엄마들은 아이가 아이들끼리 놀기로 약속을 하거나 생일 파티에 초대받아서 사교 생활을 하길 희망한다. 아이의 사교 생활이 잘못되면 비참하고 무서운 상황이 발생할 거라고 생각한다. 혹시 우리 아이가 초대받지 못한 생일 파티가 있나? 우리 아이가 놀면서 배울 수 있는 기회를 가질 수 있게 가깝게 지내려고 하는 아이는 누구고, 그렇지 않은 아이는 누구일까? 그러니 잭이 다른 성별 표현을 하는 친구와 사귀고, 그런 친구에게 관심을 받는 일은 축하할 일이다. 다행히도 아이들에게 차이와 다름은 가교의 장을 여는 기쁜 일이 된다.

잭의 인종

대부분의 흑인 남성들은 어릴 적부터 온 우주가 자신의 성공을 바라지 않으며, 확실히 사라져 주기를 바라고 있다는 무차별 메시지의 폭격을 받고 산다.

—벨 훅스bell hooks2)

흑인 소년들은 태어나면서 어김없이 세상의 거친 파도에 부딪히며 냉혹한 바다에서 풍랑을 맞이하는 심정이 된다. 크고 위험한 풍파가 그를 방해하고 낙담시키고 기회를 제한한다. 우리가 사는 캘리포니아 버클리 지역같이 미국에서 정치적으로 가장 진보적 공동체라 불리는 곳에서도 흑인 소년을 주저하게 만드는 일이 있다.

우리는 부유층부터 형편이 어려운 가정까지, 모든 가구를 아우르는 공립학교 시스템이 무척 만족스러웠다. 이런 형식적인 기준을 미루어 볼 때, 학교 내에서 인종과 계급의 통합적 환경을 고려했을 것이 분명하리라 예상했다. 하지만 곧 우리의 낙관이 얼마나 이상적이었는지 알게 되었다. 백인 아이들 대다수는 사립학교에 진학했다. 이런 사립학교는 거의 전체가 백인이었고, 사립학교에 갈 형편이 되는 유색인 아이를 찾기는 어려웠다. 이런 상황적 모순은 정확히 정곡을 찌른다. 정치 사회적으로 의식 있는 지역 공동체에서도 인종과 계급이 아이를 갈라놓는데, 어떻게 계급제 철폐를 기대할 수 있단 말인가?

아프리카계 미국인 아들이 있는 나는 곧 '인종주의 망령'이 내가 상상했던 것보다 훨씬 더 압도적이라는 사실을 깨닫게 되었다. 잭이 어떤 인종인가가 그 아이의 모든 정체성을 대변하는 것 같았다. 덩치가 크고 갈색 피부에 씩씩한 성격은 그 아이에게 뭔가 결점이 있다는 정황적 증거가 되었다. 잭은 예전부터 존재한 위험한 생각인 인종차별적 사회 계급 서열의 아래쪽에 분류되는 게 맞아 보였다. 우리가 잭의 엄마 역할을 해가면서 계획했던 일은 이런 식의 선입견과 매번 근본적인 마찰을 빚게 될 것이었다. 우리는 준비를 해야만 했다. 아이의 피부색이 검다는 이유로 사람들은 아이가 거칠고 폭력적일 것이라 상상하곤 했다. 공원이나 수영장에서 잭 근처에 있는 아이를 불러서 데리고 가는 엄마들을 여러 번 목격했다. 이것은 괴로운 경험이었다. 우리는 잭이 그런 사람들을 염두에 두지 않기를 바랐다.

그런데 정작 나는 그러지 못했다. 나는 그런 상황에 처할 때마다 치밀어 오르는 분노를 억누르기 힘들었다. 나는 호랑이 어미가 되어 똑 부러지는 반응을 보이곤 했다. 나는 혼혈아로 자라면서 이웃 아이들에게 인종차별적 욕을 들었던 옛 기억이 새록새록 떠오르곤 했다. 사람 좋은 우리 부모님은 내가 다른 아이들과 전혀 다를 것이 없다고 말씀해주셨고, 그런 식의 동질화는 당시로서는 당연한 반응이었다. 하지만 난, 잭에게는 이런 이야기를 들려주고 싶지 않았다. 그렇다면 엄마는 무얼 해야 할까? 잭의 엄마 역할을 하기 위해서는 사회의 부정적인 예측과 경험을 경계하는 동시에 우리 가족의 고유성을 자랑스럽게 생각하고, 아프리카계 미국인으로서의 정체성을 멋지다고 여기며 즐길 수 있도록 열심히 찬양해야 한다.

인종을 구분하는 의식은 어린 나이부터 시작된다. 가장 먼저 아이가 눈치 채는 것은 피부색이다. "엄마, 엄마는 살이 누런 갈색이고, 나는 초콜릿색이고, 다른 엄마는 연분홍색이야." 피부색과 성정체성과 결부된 연상 작용은 비교적 명백히 드러나지는 않는 편이지만 학교에 가면서 차이와 다름에 대한 많은 암시를 접하고 그 의미를 파악하게 된다. 잭이 초등학교에 다니면서 교무실에 앉아 있는 아이들(말썽을 부려서 교무실에 불려온)이 대개 흑인이란 걸 알게 되었다. 왜 문제를 일으키는 아이 다수는 흑인일까? 사실 인종은 일부 요인에 불과하다. 하지만 우리가 또 의문을 가지게 된 건 문제를 일으키는 아이 다수가 왜 남자아이인가 하는 점이었다. 우리는 남자아이들 교육을 제대로 시키지 못하고 있는 건가?

잭의 욕구

특정한 성을 타고 났어도 그 특정한 방식을 반드시 원하게 되리라고 볼 수는 없다. 하지만 그럼에도 불구하고 성에 따른 본질적인 욕구가 있고, 그 결과 성별에 따른 삶과 욕구에 따른 삶이 쉽게 분리되거나 하지는 않는다. -주디스 버틀러[3]

잭의 욕구가 발달하는 모습은 시종일관 흥미진진했고 나에게도 많은 것을 가르쳐 주었다. 일단 아이가 무얼 원하는지 쉽게 알 수 있었다. 잭은 '정서적 반응'(아동발달 전문가들이 알려준 표현이다)이 높은 아이였기 때문이다. 그만큼 잭은 극적이고, 자신의 감정을 정확히 드러내는 아이였다. 옷이며 장난감, 운동경기, 컴퓨터게임, 보드게임, 음식, 책, 영화 등을 자신이 직접 선택했고, 자신이 원하는 모든 것에 대한 분명한 자기주장이 있었다. 이런 선택에는 대개 성적 특질이 부여되어 있다.

처음으로 드러난 것은 옷이었다. 아이는 분홍색이나 인형 그림이 있는 파자마를 입으면 불편해했다. 심지어 중성적인 색으로 알려진 노란색도 제외시켰다. 오직 전형적으로 남자아이에게 어울린다고 하는 색, 모양, 질감의 옷만을 원했다. 파란색, 검은색, 회색과 녹색만 선택을 받았다. 파스텔 색상 역시 절대 불가였다. 다만 빨간색은 괜찮았다. 제일 좋아하는 축구팀이 빨간색 운동복을 입었기 때문에 빨간색은 잭에게 수용 가능한 색이었다. 미식축구, 농구, 야구 팀 다수가 빨간색을 입고 있었다. 빨간색은 잭에게 욕망하는 색이 되었고, 그로 인해 잭이 여성성이라는 미지의 지역을 탐험할 여유를 갖게 되었다. 빨간색은 창의적인 중간 영역을 제공해주기 때문에 만족스럽고 유연한 색이었다. 잭이 빨간색 옷을 입고 있는 걸 보면 나는 늘 기뻤다.

장남감 역시 잭이 원하는 대로 골랐다. 우리는 다양한 선택의 여지를 주면서 남자 인형, 여자 인형, 동물, 책 등을 아이에게 보여주었다. 그 중에는 전통적으로 여자아이가 좋아한다고 생각하는 장난감도 있었다. 우리 아들이 전통적인 남자아이의 장난감만 갖고 놀도록 제한할 이유는 없었다. 하지만 슬프게도 잭은 매번 여자아이들을 대상으로 만들어 놓은 장난감을 거부했다. 아이의 욕구는 남자아이들만 선택할 장난감과 끊으려야 끊을 수 없는 관계를 맺고 있었다. 트럭, 장난감 자동차, 토마스 증기 기관차, 리모컨 조종 자동차, 레고 등. 무엇보다 걱정되었던 것은 이러한 선택이 미칠 누적 효과였다.

우리는 계속해서 잭에게 유색 인종의 남자 인형이나 창의적으로 그림 그리는 도구, 분해해 볼 수 있는 것들 그리고 아프리카계 미국인이라는 아이의 정체성을 반영해 줄 물건을 선물했다. 아이가 자라서 성별을 넘나드는 탐험을 편안하고 즐겁게 할 수 있는 영역은 책이었다. 독서를 좋아하는 잭은 여자아이가 주인공인 책들도 재미있게 읽을 것이다. 그렇지만 잭이 흥미를 보일 여자 주인공은 특별한 사람이거나 활동적인 왈가닥 또는 영리한 탐정이어야만 할 것이다. 책 속에 보다 혼성적 세상을 엿볼 수 있는 길이 있었기 때문에 우리는 책을 최대한 활용하고 있다.

잭은 또한 단체 스포츠를 좋아했다. 아이는 팀 아이들과 함께 운동하기를 원했다. 얼마 전에는 아이가 뛰는 야구팀이 지역 예선에서 우승해서 나는 응원의 기쁨을 맛보기도 했다. 엄마인 우리 둘 모두는 단체로 하는 일을 별로 좋아하지 않았지만, 점차 잭의 야구팀 일은 열심히 참여했다. 우리 아들은 체구가 크고 튼튼하다. 잭이 홈런이나 3루타를 쳐내는 모습을 보는 건 대단한 기쁨이다. 우리는 경기장에서 활약하는 이 남성적인 정력가의 부모 역할을 한다는 것이 얼마나 재미있는 일인지 깨달았다. 남성적 욕구는 아이의 모든 일상을 지배하고 있다. 돌을 던지거나 운동장에서 열심히 달린다. 특히 타이어 그네에 앉아, 내가 자기를 밀어주는 걸 좋아한다. 특히 그네를 세게 밀어서 다시 돌아오면 거기에 부딪쳐 넘어지는 걸 좋아한다. 잭의 행동이 위험을 초래할 가능성이 있으므로 우리는 마음속에서 '내려놓기'를 해야 한다. 아마도 이 '내려놓기'는 대부분의 부모들에게도 필요한 게 아닌가 싶다.

물론 남성적인 선택이나 행동이 늘 긍정적인 면만 있는 건 아니다. 아이가 자신의 감정을 말로 표현하는 걸 좋아하지 않는 문제만 봐도 그렇다. 아이는 피할 수 없을 때까지 버티다가 간신히 감정을 표현한다. 이건 성별에 따른 차이일까? 감정을 말로 표현하는 건 발달 과정 속에서 후천적으로 습득할 수 있는 기술이다. 하지만 잭은 계속해서 속마음이나 생각을 표현하는 걸 어려워하고 있다. 대신에 잭은 우리가 자기 마음을 추측해내길 바란다.

감정 토로를 회피하는 행동은 우리 아버지 세대 남성들에게는 일반적이다. 1930년대 세계 대공황 시대 남성들은 개인적인 문제에 대해서 말하는 걸 금기시하며 침묵하곤 했다. 정말로 남자들은 속마음을 털어놓는 걸 어려워하는 걸까? 무엇이 그들의 감정을 가두게 하는 걸까? 내부 심리적 기재의 개인적인 은밀함을 드러내는 것이 어떤 사람에게는 너무나도 간단한 반면, 어떤 사람에게는 어려운 이유는 무얼까? 그건 분명 외부 환경의 영향 때문일 것이다. 우리는 꼬인 구석이 있는 엄마들로, 거침없이 감정을 뿜어대는 사람이었다. 감정적으로 과민한 환경은 남자답기 그지없는 우리 아들에게는 최선이 아닐 수 있다. 안타깝게도 격정적인 가족 환경은 남성적 충동이 자라나기 딱 좋은 환경이라고 한다. 아들의 금욕주의적 반응을 보면서 우리는 감정에 민감한 남자로 키우고 싶다면 우리 자신의 행동부터 철저히 돌아보는 편이 좋겠다는 결론을 내렸다. 정서적 회복력은 내적인 강인함과 유연한 사고에서 나온다. 이 두 가지는 모두 후천적으로 키워줄 수 있는 자질이다. 유머와 공명정대한 사고, 유연한 사고는 우리 자신도 추구하는 바여서 아들이 이런 자질을 갖출 수 있게 노력하고 있다.

잭의 폭력성

높은 수준의 정서적 반응을 보이는 잭은 얼굴에 감정을 다 드러낸다. 슬플 때는 매우 슬픈 표정을 짓고, 화가 나면 얼굴이 무시무시해진다. 아이의 공격성이 처음 드러났을 때는 정말 놀랐다. 잭은 우리를 때리고 물어뜯고 발로 걷어찼고 제멋대로 구는 일도 있었다. 잭이 짜증 내는 모습을 보면 지나가던 사람도 놀라 숨을 몰아쉬게 될 정도였다. 아이가 그런 반응을 보이는 건 우리가 뭔가 끔찍한 일을 했기 때문일 거라고 여긴 이웃사람이 경찰에 신고한 적도 있다. 아이를 폭발하게 하는 게 뭔지 파악하고 그 일이 벌어지기 전에 사전예방을 하는 방법을 알아내야만 했다. 그렇다면 과연 두 여성의 반복적인 노력으로 잠재적 폭력성을 없앨 수 있을까? 한 명의 여성으로는 우리 아들과 상대하기 어려울지 모르지만 두 명이라면 감정 기복이 심한 우리 아들의 고약한 행동에 균형을 잡아줄 수도 있을 것이다.

아이가 노골적으로 화를 내면서 생긴 난처한 부작용은 우리 자신도 화를 내게 된다는 점이었다. 사실 그리 낯선 일은 아니었다. 내가 나고 자란 이성애자 가족에게서 전해 받은 심리 역학적 선물이었다(우리 부모님은 《누가 버지니아 울프를 두려워하랴》라는 영화에 나오는 마사와 조지 같은 분들이셨다).[4] 우리는 오랫동안 잭을 진정시키고, 억제하고 막아내는 걸 중요하게 여겼다. 언젠가는 잭 스스로 그렇게 하기를 바라면서, 지금은 아이의 나이에 걸맞은 다양한 혜택과 보상을 마련해주려 노력하고 있다. 우리는 아이들끼리 노는 모임이나 공원, 수영장, 유치원 그리고 지금은 초등학교에서 사교활동을 성공적으로 할 수 있게 돕는 데 집중하고 있다. 그리고 노력의 결실을 얻었다. 유치원에 들어갈 쯤, 잭은 감정적인 면에서 자기 통제를 할 수 있는 아이가 되었다. 아마도 우리가 수행한 부모 역할의 정점이 아닐까 싶다. 유아기의 남자아이라면 모두가 가지고 있는 마음속 야만인을 길들여낸 것이었다. 분노와 폭력성이 끓어오르면 잭은 억양을 달리하고 두 주먹을 불끈 쥔다.

마치 연극 무대 위의 배우가 과장되게 감정 연기를 하는 것 같다. 우리 아들은 지금까지는 학교에서 폭력적인 경향을 보인 적이 없다. 이런 상태가 중학교와 고등학교까지 이어질까? 시간이 지나면 알게 되겠지만 그렇게 되기를 바란다. 하지만 집에서는 상황이 다르다. 잭이 울면서 덤벼드는 걸 막기 위해 붙잡아야만 할 때가 많았다. 우리는 침착성을 유지하면서 아들의 폭력성을 사랑해야 하는 부모의 사명을 감당하고 있다. 잭이 화를 내고 난 뒤에도 끊임없는 애정을 분명하게 보여줄 수 있다면 기회는 아직 있다고 봐야 할 것이다.

음악

우리와 다른 잭의 성적 기호를 익히 알고 있었던 우리는 음악과 관련된 잭의 선택이 비슷한 패턴을 보이는 걸 당연하게 여겼다. 음악이나 소리에도 성적 특질이 있다고 설명할 수 있을까? 특정한 성의 사람들이 즐겨 듣는 소리가 있다고 생각해야 하지 않을까? 잭이 자신의 음악적 취향을 발견하고 그것이 발전되어 가는 양상을 지켜보면서, 잭이 타고난 남자다움이 무엇인지 더욱 깊이 이해하게 되었다. 잭이 좋아하는 음악을 통해 나는 남성적 특질의 미학적 진가를 알게 되었다. 처음에 잭은 힙합을 무척 좋아했다. 아이가 힙합을 좋아한다는 건 엄마 입장에서는 '경계를 해야 한다' 는 뜻이다. 우리는 성장과정에 어울리지 않는 노래를 차단하려 애썼다. 또 잭은 타악기 연주와 저음부를 좋아해서 블랙 아이드 피스the Black Eyed Peas의 노래 중 '붐붐붐' 같은 부분을 무척 좋아한다. 내내 힙합만 듣던 잭이 다른 음악을 접한 것은 같이 야구를 하는 친구가 챔피언십 경기에서 힘을 내자고 건내준 음반 때문이었다. 어린 전사가 야구장에서 전투를 치르도록 선동하는 도구로서 음악의 역할은 흥미로웠다. 그 음반에는 영화 《록키》의 주제가와 블랙 사바스의 〈아이언 맨〉 등 헤비메탈이 담겨 있었다.[5] 잭은 그 노래를 사랑하게 되었고, 순수 힙합을 고집하다가 점차 남성적이며 허세가 가득한 다양한 음악을 섭렵했다. 나는 그런 음악을 좋아하는 여성도 있다는 걸 알게 되었고, 나도 그중 하나가 되었다. 성별과 상관없이 많은 사람들이 기타 연주를 흉내 내고 전자 베이스를 연주하는 몸짓을 하면서 신나게 한판 논다.

결론

우리는 늘 잭이 천생 남자아이라 씩씩하고 멋지다고 말해왔다. 아이가 자라는 모습을 지켜보면서 한숨과 미소로 아이의 변화를 반갑게 맞아들이고 있다. 잭을 아들로 둔 우리는 행운아고, 잭 역시 우리 같은 두 명의 엄마를 두어서 다행이다. 부모로서 아니 레즈비언 부모로서 더 바랄 게 없다. 잭과 우리의 차이는 사랑이 깃든 풍요로운 관계를 키워주는 양분이 되었고, 성차를 확인하고 실험할 수 있는 장을 만들어 주었다. 아들 덕에 우리는 아이를 키운다는 것에 대한 생각을 달리하게 되었다. 인간 본성에 관한 생각도 달라졌다. 전형적인 남자아이다움, 즉 잭의 남성성은 타고난 것으로 강렬하며 멋지다. 때로 거부할 수 없는 정치 사회적 영향력이 분명하게 느껴지는 경우도 있지만, 생물학적 영향 역시 존재한다. 우리는 날마다 최선을 다해 잭의 부모 역할을 하고 있다. 우리는 이 모험의 끝에서 훌륭하게 자란 '남자 잭'을 볼 수 있게 되기를 바라고 있다.

주석

1 《우주 가족 젯슨*The jetsons*》은 우주를 배경으로 펼쳐지는 한 가족의 이야기를 담은 텔레비전 만화다. 한나 바베라*Hanna-Barbera*가 제작했고, 방영 기간은 1962년 9월부터 1963년 3월까지였다. 《왈가닥 루시*I Love Lucy*》는 애미상 수상에 빛나는 미국의 시추에이션 코미디다. 원조 시리즈는 흑백으로, 1951년 10월부터 1960년 4월까지 CBS에서 방영되었다. 루시 볼*Lucille Ball*과 데지 아내즈*Desi Arnaz*, 비비안 밴스*Vivian Vance*, 윌리엄 프롤리*William Frawley*가 출연했다.

2 벨 훅스, 『We Real Cool: Black Men and Masculinity』 (New York: Routledge, 2004), p. 80.

3 주디스 버틀러, 『Undoing Gender』 (New York: Routledge, 2004), p. 1.

4 《누가 버지니아 울프를 두려워하랴*Who's Afraid of Virginia Wolf*》는 마이크 니콜스 감독의 1966년 영화다. 장인이 학장으로 있는 대학의 역사학과 교수인 조지(리차드 버튼)와 그의 부인 마사(엘리자베스 테일러)와 생물학과 강사 닉(조지 시걸)과 그의 아내 허니(샌디 데니스)를 중심으로 소외와 광기로 불임이 된 미국 중산층 가정의 모습을 적나라하게 보여준다.

5 〈Gonna Fly Now〉라는 노래는 1976년 영화 《록키》의 주제곡으로 빌 콘티가 작곡했다. 영화는 주연을 맡은 실베스터 스탤론이 시나리오를 썼고, 존 G. 에이빌드슨이 감독을 맡았다. 〈아이언 맨*Iron Man*〉은 영국 헤비메탈 밴드인 블랙 사바스가 부른 노래로 1970년에 발매한 그들의 두 번째 정규 앨범에 수록되어 있다.

2

출산의 고통

엄마가 되기 위한 고단함과 경이로움

MOTHERHOOD

엘리자베스 버터필드 ELIZABETH BUTTERFIELD

1

초보 엄마의 밤낮

아기 방에서 실존주의를 철학하다

아이를 키울 때는 의미 없는 것이 없었다.
너무나 평범하고 일상적인 시간이었지만,
그럼에도 모든 것이 신성했다.
-메리 후드 하트[1]

나는 초보 엄마가 되어 처음 몇 주를 보내다가, 전환점을 맞이했던 그 순간을 지금도 분명하게 기억한다. 어느 늦은 밤 나는 절망에 빠져 있었다. 당시 나는 생전 처음 겪는 피곤함에 지쳐서 완전히 녹초가 되어 있었다. 스스로 내 한계를 뛰어넘는 지경에 이르렀다고 느끼고 있었다. 나는 의자에 털썩 앉아 흐느껴 울 참이었다. 그런데 그때, 아니나 다를까 아기가 울기 시작했다. 다시 시작이다! 우리 애는 흐느껴 우는 법이 없었다. 출생 후 4주 동안 딸아이는 얼굴을 시뻘겋게 하고 온몸을 빳빳하게 경직시킨 채 무시무시한 비명을 내지르며 나를 책망하듯 울어댔고 어지간해서는 쉽게 달래지지도 않았다.

더는 못해먹겠다 싶은 그 순간 아이가 나를 불렀다. 그 순간 '엄마' 라는 정체성이 무슨 의미인지 갑자기 완전히 이해가 됐다. 나는 깨달았다. 그때 중요한 건 내가 아니었다. 내가 피곤하고, 샤워도 못했고, 제왕절개수술한 부위는 아프고, 밥도 못 먹었고, 우울해 죽을 지경이고, 수유를 처음 하는 젖가슴은 퉁퉁 불어서 아픈데다 젖꼭지가 갈라져 피가 나든 말든 하나도 중요하지 않았다. 내가 완전히 엉망이란 사실 따위는 정말 알 바가 아니었다. 중요한 건 여기 있는 내 갓난아기가 울고 있다는 사실뿐이었다. 아기는 배가 고프고, 엄마의 젖과 깨끗한 기저귀와 무한한 사랑이 필요했다. 그런데 이런 아기를 돌볼 수 있는 유일한 사람은, 지금 바로 나였다.

나는 지독한 자아 상실을 경험했다. 영원히 자유를 잃어버린 것만 같았고, 오직 내 중심적이던 젊은 시절이 사라져 버린 것 같았다. 구체적으로 보면 그 순간 내 욕구는 전혀 문제되지 않았다. 다시는 이전과 같이 내 욕구에 충실할 수는 없으리란 생각까지 들었다. 이제 걱정거리가 또 생겼다. 싫든 좋든 나는 홀몸이 아니다. 혼자서 아이를 돌보지 못할 것 같았다.

하지만 동시에 심오한 책임감이 마음속 깊은 곳에서 뿌리내리는 것을 깨달았다. 기분 좋은 일이었다. 이전에는 알지 못했던 의무감을 느꼈다. '과거의 자아'는 잃어버렸지만 그 대신 '새로운 의미'가 부여된 삶을 얻게 되었다는 느낌이 들었다. 이 아이를 돌보는 엄마로서 요구받는 자기희생에는 어딘가 거룩하고 신성한 면이 있었다. 모든 것이 새로운 의미로 다가왔고, 나는 완전히 다른 사람이 되었다.

그럼에도 불구하고 나는 여전히 나 자신이기도 했다. 육아 초기에 경험하는 피곤함과 구속 때문에 잠을 자지 못한 상태로 느끼는 몽롱함 속에서 나만의 독립적인 정체성이 씻겨 내려가는 것 같았지만, 그래도 엄마라는 것이 나를 전부 규정짓지는 않는다는 걸 잘 알고 있었다. 두 시간 간격으로 젖을 물리고 기저귀를 갈아 채우고 잠을 재우는 일을 반복하는 일상의 저편에서, 나는 엄마 이상의 존재가 분명했다.

엄마가 되어 겪는 이런 일을 어떻게 이해해야 할까? 다른 존재(아기)와 단단히 묶여 있으면서도 동시에 자유롭고 독립적인 자아로 지내는 경험을 어떻게 설명할 수 있을까? 모성이론가 안드레아스 오레일리Andreas O'Reilly는 '어머니 역할을 하면서 진실해야 하고, 자신에게도 충실해야 한다' 고 기술했다.[2] 하지만 우리가 충실해야 한다는 어머니 '자아' 는 정확히 누구인가? 도대체 무엇에 진실해야 한다는 말인가?

모성의 경험은 재미있는 방식으로 개인과 사회의 관계에 대한 철학적 문제를 불러일으킨다. 20세기 프랑스의 실존주의자, 시몬 드 보부아르Simone de Beauvoir는 『모호성의 윤리The Ethics of Ambiguity』라는 저서에서 개인과 사회의 복잡한 관계를 탐구했다. 흔히 사람들은 실존주의가 사회에 부정적인 태도를 드러낸다고 비난한다. "지옥은 다름 아닌 다른 사람이다"[3]라는 장 폴 사르트르Jean Paul Sartre의 유명한 주장을 굳이 언급하지 않아도, 이런 평판은 사실이다. 이런 까닭에 개인의 자유를 강조하는 실존주의자들은 어머니가 되어서 겪는 자유의 상실을 비극으로 해석할 것이고, 어머니로서 자발적인 자기희생을 감내하는 것을 마치 마조히스트 같다고 여길 것이란 오해를 할 수 있다. 하지만 보부아르가 『모호성의 윤리』[4]에서 기술한 실존주의적 인간의 조건을 참고하면, 일반적인 개인과 사회의 복잡한 관계, 그중에서도 어머니로서의 경험을 새롭게 그려내려는 시도에 도움을 받을 수 있을 것이다.

어머니의 조건 : 상황적 자유

실존주의적 관점에서 보면 인간에게 가장 중요한 점은 타고난 선택의 자유가 있다는 데 있다. 여기서 말하는 건 세상에 행사하는 특정한 자유가 아니라 인간을 정의하는 데 기본이 되는 의식의 원초적 자유다.

보부아르는 무신론자였다. 신이 존재하지 않으므로 객관적으로 참되다고 할 수 있는 가치체계는 없다고 보았다. 따라서 인간이 창조자이자 의미 부여자이고, 모든 가치는 궁극적으로 인간의 창조물이자 인간의 선택에 따른 부산물이었다. 사물, 사건, 정체성 모두가 객관적인 의미나 가치를 지니지 않는다고 생각했다. 인간과 달리 이런 것들은 가치중립적으로 존재한다. 이런 것들을 두고 판단을 내린 것은 바로 우리 인간이다. 보부아르의 설명에 따르면 "이 세상에 가치가 생겨나게 한 것은 바로 인간이란 존재다. 가치는 인간의 판단을 근거로 한다. 그렇게 할 수 있는 것은 자유 때문이다. 그것이 바로 모든 존재의 정당성을 규정지어주는 근원적 조건이다."[5]

그러나 우리 멋대로 가치를 결정할 수 있는 선택권이 있다는 뜻은 아니다. 인간은 자유롭게 선택하고, 또 살아가기 위해 각자 선택해야만 한다는 것이 실존주의가 주장하는 인간 존재의 핵심적 실재다. 선택을 거부하는 것조차도 하나의 선택이 된다. 외부에서 오는 지시를 찾고, 다른 사람의 의견을 따라가는 것도 무엇을 따를 것인지 선택한 것이다.

그렇다면 이런 주장이 '엄마'라는 정체성의 의미를 이해하는 데 어떤 도움이 될 수 있을까? 보부아르는 여성 문제를 혁신적으로 탐구한 저서 『제2의

성』에서 성에 관하여 실존주의적으로 접근한 결과, 진정한 여성성 즉 '이상적인 여성다움'의 정수 같은 것은 없다고 결론내렸다. 마찬가지로 우리는 '이상적인 어머니다움'의 정수 따위는 없다고 결론내릴 수 있다. 궁극적으로 인간이 모든 가치를 만들어냈다고 보면, 우리가 전통적으로 생각하는 어머니다움과 연관 짓는 기대치와 가치는 객관적이고 변경할 수 없는 절대 진리가 아니다. 이상적인 어머니는 사회적 구조물로 봐야 하고, 문화, 사회적으로 다양하게 수정될 수 있다고 생각해야 한다. 가령 과거에 이상적인(부유한) 어머니는 자신이 아이를 돌보는 대신 유모에게 아이를 맡겼다. 분유가 갓 등장했을 때 이상적인 어머니는 비위생적인 모유수유 관행을 당장 그만두고 모유 대신 분유를 먹여야 했다. 오늘날의 이상적인 엄마들은 오로지 영양이 가득 담긴 모유수유만으로 아이를 키워야 한다.

두 번째로 중요한 인간의 조건은 자유는 늘 상황에 달려 있다는 점이다. 한계가 없는 순수한 자유란 존재하지 않는다. 자유는 늘 가능성의 경계를 설정해둔 구체적인 맥락 안에서 존재한다. 현재의 내 상황을 예로 들어 이야기해보자. 현재 나의 상황은 내가 언제 어디서 태어났으며 키가 얼마이고, 과거에 어떤 일을 했으며 어떤 선택을 해왔는가 같은 요소들로 구성된다. 현재는 통제할 수 없는 이런 요소들이 내 자유를 제한하고 자유를 행사할 맥락을 설정한다. 내가 자의대로 해석하고 반응할 수 있는 의식의 자유를 누리는 것은 어디까지나 이런 상황 안에서의 일이다. 완전한 자유와 철저한 결정론의 양극단 사이에 존재하는 인간은 보부아르가 '모호한 공간'이라 부른 영역을 점유하고 있다.

우리가 처한 상황을 결정짓는 결정적인 요소는 우리가 어떤 식으로든 항상 타인과 관계를 맺고 있다는 점이다. 보부아르는 특히 인간이 근본적으로 '사회적 특성' 을 지녔다는 점에 주목했다. 우리는 서로에게 영향을 미치고, 서로 의지한다. 또 서로 다투고 상처 주면서도 서로를 필요로 한다. 또한 우리와 우리를 둘러싼 세상을 이해하는 데 도움이 되는 도구인 언어와 문화를 통해 사회적 영역 내부에서 활동하고 살아간다. 보부아르는 이를 '다른 사람이 나에게 세상을 준다' 라고 설명했다. 사회적 영역이 문화와 언어 그리고 실질적인 도움을 주는 인간관계를 통해서 나를 지탱하고 지원해준다는 의미에서 한 말이다.

하지만 다른 사람들은 내게서 '세상을 앗아가기도' 한다. 늘 다른 사람과의 관계에서 존재하기 때문에 이 세상이 나 혼자만의 것이 아니고, 그로 인해 내 자유는 제한을 받기 때문이다. 그래서 인간의 조건이 모호해지는 것이기도 하다. 우리는 절대로 완벽하게 혼자일 수 없다. 하지만 사회에 완벽하게 매몰되는 일 역시 절대 없다. 현실은 이 두 가지를 동시에 경험하는 '긴장 상태' 에 있다.

『제2의 성』에서 보부아르는 여성으로 존재한다는 사실이 모든 것을 규정하는 것은 아니지만, 그렇다고 아무것도 아닌 것으로 치부할 수도 없다고 기술했다. 애매모호하게 두 경우가 모두 해당된다는 말이다. 우리는 이것을 어머니로서의 정체성을 설명하는 데 적용해볼 수 있다. 어머니가 되었다는 것이 모든 것을 규정하는 것은 아니다. 이것으로 한 인간을 완벽하게 정의내릴 수는 없기 때문이다. 근본적인 자유 때문에 우리는 우리가 맡고 있는 역할과 우리가 소유하고 있는 정체성을 뛰어넘는 '또 다른 존재' 다. 그러니까 우리는 돌멩이가 그냥 돌멩이인 것과는 달리 그냥 엄마로서만 규정할 수 없는 존재다.[6]

하지만 그렇다고 엄마라는 사실을 아무것도 아닌 것으로 치부할 수는 없다. 엄마라는 범주를 단순한 기능이나 무의미한 것으로 무시할 수 없다. '어머니' 의 이미지는 만들어진 것이지만, 우리의 일상적인 생활에서 실질적인 역할을 하고 있다. 보부아르의 말에 따르면, 여성적인 해부학적 구조를 지녔다는 것이 여성의 본질적 의미를 완전히 조건 짓지는 못하지만, 해부학적 차이는 분명히 우리가 세상을 경험하는 방법에 영향을 미친다고 한다. 생물학적으로 엄마인 사람들은 임신, 출산, 육아라는 구체적이고 물리적인 경험을 한다. 모든 어머니들에게는 자녀를 돌보는 물리적 현실이 존재한다.

또 어머니가 되면 겪는 사회적 현실이 있다. 어머니가 된다는 것은 이 세상의 사회적 맥락 안에서 구체적인 사회적 지위를 차지하게 된다는 의미다. 사회적 맥락은 우리에게 '좋은 엄마' 는 어떻게 행동해야만 한다는 기대치를 제시한다. 그리고 그 기대치에 얼마나 부합하느냐 또는 틀에서 얼마나 벗어나느냐에 따라 물리적, 물질적, 감정적, 사회적 이익과 불이익을 실질적으로 받게 된다.

또한 어머니의 정체성 역시 모호하다. 어머니가 된다는 것은 실질적으로 한정된 상황에서 살아야 한다는 의미다. 그렇지만 나는 엄마이지만 동시에 엄마와는 다른 그 이상의 존재다. 나는 근본적으로 엄마로서만 존재한 적이 단 한 번도 없다. 엄마가 된다는 것의 의미를 어떻게 볼 것인지는 전적으로 '나의 선택' 에 달려 있다. 사회적으로 규정되어 있는 각본에 어떻게 반응하고, 어머니로서의 정체성을 어떻게 살아낼 것인지도 내가 선택하기 나름이다. 내 경험에 의하면, 어머니가 된다는 것은 개인적인 차원이지만, 보다 큰 사회, 문화적 차원에서 볼 때 늘 진화하고 발전하는 정체성을 지녔다는 의미다. 시간이 지나면서 어머니의 의미는 그대로 유지되기도 하지만 새롭게 만들어지기도 한다.

'이상적인 어머니상'을 뛰어넘어 우리 자신의 정체성을 만들자

자유가 늘 편안한 것은 아니다. 자유에 수반되는 책임은 때로 위협적일 수도 있다. 어떤 상황에 처해진다는 것은 다른 사람과의 관계를 맺는다는 말이고, 그 안에서 한 선택에 대한 결과를 책임져야 하는 것은 우리 자신을 위한 일일 뿐만 아니라 다른 사람을 위한 일이기도 하다. 이런 생각은 인간의 조건과 관련한 세 번째 실존주의적 의견으로 이어질 수 있다. 근본적인 자유와 책임감과 상황의 모호성에 반응하면서 인간은 '불안'을 경험한다.[7] 우리의 존재를 정당화할 수 있는 방법을 찾는 과업은 너무나 당혹스러워서 우리는 때로 절대성이 주는 위안을 갈구한다. 우리가 무엇을 해야 하는지 말해줄 수 있는 객관적인 참뜻이 있다면, 우리는 이런 자유를 벗어던지고 그저 지시에 따르기만 하면 되는 것이다! 하지만 보부아르에 따르면, 아무리 그런 것을 애타게 갈구해도 그런 절대성은 절대 존재하지 않는다. 결국 우리가 선택할 수 있는 유일한 길은 선택을 하고, 우리 자신이 참뜻을 만들어내는 길뿐이다. 그렇지만 이건 너무나도 엄청난 일이다. 그래서 보부아르의 반려자이자 실존주의의 대가 사르트르는 "우리는 자유라는 형벌을 받았다"고 주장했다.[8] 마치 자유가 사형선고처럼 느껴질 수도 있는 일이다.

보부아르는 이런 불안감에 대해 사람들이 보이는 일반적인 반응은 자유로부터의 탈피라고 주장했다. 그리고 자기 외부에서 일련의 가치 체계를 찾아내고, 자신이 주관적으로 선택한 그 가치에 객관적인 진리가 있는 척 하는 한 인물을 소개한다. 보부아르는 그를 '심각한 사람'이라고 불렀는데, 아마도 그가 가치체계를 선택하면서 심각했기 때문인 것 같다. 심각한 사람은 '절대' 진리를 출발점으로 해서 자신의 정체성을 구축한다. 그 가치체계는 그에게 삶의 의미를 부여해 준다. 이제 그는 한층 높은 차원의 뜻을 섬기고 분명한 사명을 감당한다. 그는 더 이상 자신을 사람으로 보지 않는다. 그는 오로지 '신부'이거나 '당수', '교인', '공산당원'이다.[9] 그리고 이 새로운 정체성이 그를 전적으로 규정짓는다고 스스로 확신한다. 존재의 모호성이 완전히 사라진 것처럼 보인다. 이제는 무엇을 믿어야 하고 무엇을 선택해야 할지 분명하다.

심각한 사람이 이런 태도를 취하게 된 이유는 뭘까? 보부아르에 의하면 존재의 정당성을 찾아야 하는 책임감을 회피하고자 기를 쓰고 노력하면서 그 일을 대신 해줄 누군가를 외부에서 찾기 때문이라고 한다. 보부아르의 설명에 의하면 "그가 수용한 사회적 맥락 아래 자신의 자유를 억지로 감추려 한다. 그는 자신의 주체성을 무효화시키기 위해서 목적에 몰두한다."[10]

보부아르가 예로 든 심각한 사람이 모성에 대해 우리에게 가르쳐 주는 바는 무엇일까? '심각한 어머니'는 어머니로서의 정체성이 자신의 모든 것을 규정짓는다고 생각하고 심각하게 받아들인 사람이라고 볼 수 있다. 그러나 모성의 경우에는(다른 사회적 정체성의 경우도 마찬가지다) 인간으로 하여금 절대적인 존재를 갈망하게 하는 실존적인 불안감과 더불어 '절대선'으로서 '좋은 어머니 이데올로기'를 받아들이라고 설득하는 무수한 사회적 압력에 시달리게 된다. 주디스 워너는 이런 동시대적 현상을 가리켜 '미국식 모성 종교'라고 불렀다. 이 종교에서 모성은 '현실에서 벗어나 신학의 경지로 들어서게 되고, 과잉 규정되면서 선과 악이라는 유사 기독교적 개념이 더해졌다.'[11]

모성에 관해 특히 재미있는 점은 우리가 마주치는 '모성에 대한 규범적이고 고정적인 기대치'의 내용이다.[12] 좋은 어머니의 전형은 "'자연스러운 엄마'로서 더 이상의 정체성이 없는 사람이다. 어머니의 사랑이란 말 그대로 아무런 사심이 없는 것이고, 또 그래야만 한다"라고 선언한다.[13] 이런 이상주의는 어머니란 자고로 자신의 욕구보다 자녀의 욕구를 먼저 생각해야 하고, 어머니가 되었다는 것 자체로 여성적인 욕구와 욕망이 모두 충족되어야만 한다고 가르치고 있다. 어머니가 되면, 자유롭고 독립적인 개별 자아는 자연스레 모든 것을 망라하는 어머니라는 정체성 아래로 녹아들게 된다는 말과 같다. 동시에 이 새로운 처지에 만족하지 못하는 사람은 이기적이고 매정하다고 비난받아 마땅하는 뜻이다. 요컨대, 이상적인 모성이 전하는 메시지는 여성에게 다른 존재를 위하여 자신의 개별적 자아를 희생하라는 강요다.

물론 이 세상에는 사회적으로 정해진 전형적인 좋은 어머니를 거부하거나 반항하는 길을 선택했다가 물질적, 육체적, 사회적으로 실질적이고 위험한 결과를 당하는 여성들이 많다. 하지만 우선은 사회에서 정해준 각본을 자유롭게 거부할 수 있는 여성들이 '좋은 어머니' 라는 기존의 가치체계를 스스로 선택하고, 그것을 절대선으로 삼은 경우만 생각해 보자. 왜 자신의 자유를 스스로 은폐시키고 저러한 기준을 지키기로 마음먹게 되었을까?

심각한 사람이 고통스럽던 자유의 불안감에서 (일시적으로나마) 벗어나 안도했던 것과 마찬가지로, 심각한 어머니도 처음에는 자신이 유일한 목적으로 모성을 선택한 데서 안도감을 느낄 수 있을 것이다. 어머니로서 분명한 사명을 띠게 되었고, 그것은 객관적인 삶의 의미를 부여해 준다. 물론 나쁘지만은 않은 일이다. '심각한 어머니' 는 인정받는 느낌을 얻게 되고 어머니로서 자기희생을 하면서 영웅이 된 것 같은 기분도 만끽할 수 있다. 그리고 사회에서도 긍정적인 평가를 해줄 것이다. 어머니의 일이 어렵다고 하지만 동시에 아름답고 즐거운 일이다. 특히 자녀에 대한 지극한 사랑을 느낄 때는 더더욱 그렇다.

보부아르는 심각한 사람에게서 몇 가지 문제점을 찾아냈다. 심각한 태도는 근본적으로 정직하지 못했다. 보부아르의 생각에 우리 인간은 모두 다 객관적인 가치체계는 존재하지 않는다는 걸 선사유적으로pre-reflectively 알고 있다고 보았기 때문이다. 자신의 자유로부터 도망친 심각한 사람은 그 자신을 인간답게 해주는 것을 외면한다. 보부아르는 이와 관련하여 다음과 같이 기술했다. "인생의 부조리는 스스로 부여할 수 있는 정당성을 외부에서 찾으려는 데 있다."[14)]

심각한 어머니 역시 같은 문제에 취약하다. 우선 심각한 어머니는 자신의 자유를 부인하는 걸 스스로 선택했다는 모순된 입장에 처해 있다. 심각한 어머니는 자신을 버리고 자녀를 돌보는 일에 몰두하면서 자유로운 개인으로서 겪어야 하는 까다롭고 곤란한 모든 일을 피할 변명거리를 갖게 되었다. 이전에는 불안감의 원인이 되었던 문제에 대해(경력, 인간관계, 건강, 자기계발 등의 문제) 심각한 어머니는 이제 그런 것을 할 시간이 없다거나 그런 것은 더 이상 중요하지 않다는 말을 할 수 있다. 하지만 심각한 어머니는 결국에는 실패할 수밖에 없는 운명이다. 자기를 돌보지 않고 사심 없이 지내라는 이상적인 모성의 기준에 맞추어 산다는 건, 거의 불가능한 일이다. 훌륭한 어머니들은 어머니로서의 역할 이외에는 다른 욕심도 없고 바라는 바도 없고 그저 어머니로서 겪는 일 자체만으로도 충분히 만족한다는 말을 많이 한다. 하지만 아무리 만족스럽다고 하더라도, 근본적이고 실존주의적 차원에서 보면 완전한 이타심은 불가능하다. 그 누구도 어머니로서만 살 수는 없다.

두 번째로 보부아르가 주장한 문제는 심각한 사람이 불안으로부터 벗어나려 했던 목적 역시 결국에는 실패할 것이라는 사실이다. 사실 심각하게 살다 보면 끊임없이 걱정하게 된다. 심각한 사람은 자신의 통제 밖에 있는 뭔가에 의지해 삶의 의미와 목적을 결정하고 정체성을 정하여 자신이라는 사람을 규정했다. 그러나 보부아르의 설명에 따르면 "모든 것이 그에게 위협이 된다. 아무리 조심을 한다고 해도 그가 감수하기로 동의한 외부 세상을 자신의 마음대로 할 수는 없다. 그래서 통제할 수 없는 사건들에 의해 끊임없이 번뇌하게 될 것이다."15)

마찬가지로 스스로를 어머니로서만 규정지은 사람은 자신을 극단적인 의존상태로 몰아넣은 꼴이 된다. 어머니로서의 역할에 약간의 변화만 생겨도 정체성과 존재의 정당성에 심각한 위협이 된다. 그래서 불안감에서 벗어나고자 시작했던 일이 결국에는 끊임없는 걱정과 불안을 낳게 만든다. 자신의 욕구를 충족시키지 않고 억제하며 현실적으로 불가능한 기준에 부합되는 삶을 사는 것으로 만족하기를 바라는 '심각한 어머니'는 감정적으로 위태로운 생활을 하고, 결국 평화를 얻지 못한다.

마지막으로 보부아르는 심각한 사람은 위험할 수 있다고 경고했다. 자신이 절대선으로 설정했던 높은 차원의 뜻을 이루기 위해 모든 것을 희생하기로 선택한 그는 광신에 빠질 위험이 있다. 높은 차원의 목적을 이루기 위해 주체성을 기꺼이 희생해야 했기 때문에 다른 사람의 주체성을 희생시키는 데도 주저하지 않을 수 있다. 보부아르는 경제발전이라는 식민지 이데올로기를 맹신하면서 그 외 다른 것은 중요하지 않다고 생각하는 식민지 통치자를 예로 들어 설명했다. 그런 식민지 통치자는 경제발전 이데올로기를 이루기 위해 고속도로를 만들어야 한다면 사람들의 목숨을 희생하거나 괴롭히더라도 반드시 고속도로를 건설하고야 만다.[16)]

식민지 통치자가 높은 차원의 목적을 이루기 위해 다른 사람의 안녕을 희생시키는 것을 주저하지 않는 것과 마찬가지로 심각한 어머니도 이상적인 어머니의 기준에 부합하기 위해 다른 가족 구성원의 주체성을 희생시키는 것을 서슴지 않을 수 있다. 심각한 어머니는 자녀를 근거로 자신에 대한 판단이 내려진다고 생각하기 때문에 상당한 압박감을 느낀다. 그래서 자녀가 잘 자라지 않으면 어머니인 자신은 실패자가 된다고 생각한다("다 너 잘되라고 하는 일이니 엄마 말만 들어"라는 말이 바로 이런 논리에서 나오는 것 같다-옮긴이). 어머니로서 살아가는 것이 삶의 유일한 목표인 사람에게 이런 실패는 엄청난 파괴력을 지닌다. 이와 관련해 보부아르는 『제2의 성』에서 자녀의 발달이 잘 이루어지도록 지나치게 애쓰는 어머니들을 비판했다. 아이들 역시 자신의 존재 이유를 스스로 찾아내야 하는 인간이라는 사실을 반드시 깨달아야 한다고 주장했다.

『모호성의 윤리』에서 보부아르는 인간 조건의 근본적인 모호성에서 벗어나려 애쓰는 대신 솔직하고 용감하게 그 모호성을 마주하라고 주장했다. 그러면서 보부아르는 심각한 사람과 대조되는 '진정한 사람'을 소개한다. 그는 자신의 외부에 있는 그 어떤 가치체계도 절대적인 것으로 받아들이지 않는다. 또 존재의 정당성을 다른 사람에게서 찾지 않고 삶의 의미를 만들어가는 것도 모두 자신에게 달린 일이라는 사실을 잘 알고 있다. 진정한 사람은 "신의 눈에 올바른 존재가 되는 것이 중요한 게 아니라 나 자신의 눈에 올바른 사람이 되는 것이 중요하다"는 사실을 이해하고 있다.[17] 그는 사회에서 부딪치는 규범에 따른 기대치가 주는 압박감에 저항하고 자신만의 방식을 찾으려 노력한다. 진정한 사람에게 가장 중요한 단어는 '책임감'이다. 그는 스스로 정한 의미에 책임을 진다. 그리고 자신의 행위가 다른 존재에게 영향을 미칠 수 있음을 인지하고 있다.

이와 마찬가지로 '진정한 어머니'는 자신의 존재에 대한 확신을 외부에서 찾지 않는다. 또 훌륭한 어머니의 전형을 절대적인 가치체계로 받아들이지 않는다. 진정한 사람처럼 신의 눈에 올바른 사람이 되는 게 중요하지 않다는 걸 알고 있다(시댁의 눈에 올바른 사람이 되는 것도 중요하지 않다. 다른 어머니들이나 그 누구의 눈에도 올바른 사람이 되어야 할 필요는 없다!). 오히려 정말 중요한 것은 자신의 눈에 올바른 사람으로 비춰지는 것이다. 진정한 어머니는 좋은 어머니는 이러저러해야 한다는 규범에 저항하고, 또한 '모성의 가면'을 거부한다. 그리고 우리 모두는 완벽하다고 전제하는 '그런 척하기 대회'에 참여하는 것도 거절한다.[18] 아이에 대한 사랑이 넘쳐도 진정한 어머니는 '자신에게도 나름의 소중한 삶이 있고, 어머니 역할 이외의 다른 정체성을 갖고 있다'는 사실을 잘 알고 있다.[19] 이것이 바로 인간의 근본적인 자유에 대한 제대로 된 인식이다.

엄마와 나

날마다(물론 모든 시간은 아닐 것이다) 어머니들은 개인적인 영역과 사회적인 영역이 겹쳐지는 일을 어떻게 잘 극복해 나가야 할지 선택을 해야만 한다. '나'와 '엄마'로 동시에 살아가는 방법을 찾아가는 일은 끊임없는 도전의 연속이다. 어머니의 역할은 독특한 점이 있다. 바로 자녀와 어머니 사이의 특별한 친밀감 때문이다. 이런 친밀감은 다른 인간관계와는 완전히 구별된다. 에이드리언 리치Adrienne Rich는 그 경험을 다음과 같이 묘사했다. "자기중심적으로, 감정적으로, 때로는 무력함으로, 때로는 지혜를 터득했다는 착각을 하면서 엄마로서 아이와 함께 하거나 아이를 위해서 또는 아이와 충돌하며 겪는 어려움과 고통은 언제 어디서나 그 아이와 함께 몸과 마음에 새겨진다. 그것은 아이가 우리의 일부이기 때문이다."[20] 임신과 출산을 육체적으로 경험하고 수유를 경험한 생물학적 어머니와 호르몬 결합과 육아의 물리적 근접성,

사랑의 유대로 묶여 있는 어머니는 모두 독특한 친밀함을 경험한다. 이는 단순한 인간관계가 아니다. 어머니와 아이는 (때로는 문자 그대로)하나이면서 동시에 둘이다.

리치의 말에 의하면, 전통적으로 개별화의 심리적 과정을 인지하는 것이 아이들이 겪는 극적인 사건이라고 생각하는 반면, 어머니는 고정된 여건(즉 극복해야 할 장애물로 본다)으로 인식하는 경향이 있다고 한다. 하지만 어머니의 역할을 수행하면서, 엄마도 자신만의 개별화라는 극적인 사건을 겪어내야 한다. 리치는 다음과 같이 기술했다. "어머니 역시 자신의 존재를 새롭게 발견하게 된다. 어머니는 다른 존재와 연결되어 있었다. 이는 그 누구와도 경험해보지 못한 새로운 결합의 방식이었다. 그래서 어머니 역시 극단적인 일대일 대응에서 벗어나 자신만의 존재성을 새롭게 깨닫고, 재확인하도록 노력할 필요가 있다."21)

우리는 어머니란 존재를 자신의 문제나 흥미에는 아랑곳하지 않는, 원래부터 완벽히 이타적인 존재라고 보는 생각을 거부해야 한다. 그 대신 끊임없이 논의하고 다듬어가야 하는 현실을 고려해 어머니를 설명해야 한다. 어머니의 역할은 우리가 발달해가는 과정에 포함된 많은 요소 중 하나다. 아이가 유년기의 강한 연대감에서 벗어나 개별 자아로 성숙해나가는 것처럼, 어머니 역시 아이와의 관계에서 새롭게 만들어진다. 메리 후드 하트는 다음과 같이 자신이 겪은 어머니로서의 경험을 설명했다. "아이의 경이로움에 압도당한 나는 다시 만들어졌다."22)

메리는 아이를 먹이고, 목욕을 시키고, 잠자리에서 책을 읽어주고, 고열에 잠 못 이루는 아이를 달래는 등의 평범한 육아 일상 속에서도 다음과 같이 생각했다고 한다. "나는 축복받은 사람이다. 지금까지 미처 깨닫지도 못할 엄청난 은총을 받은 사람이다."[23]

이런 개별화의 과정에서 얻게 되는 '성숙'에 대해 우리는 새롭게 이해할 필요가 있다. 전통적으로 아동발달의 관점에서 성숙을 이야기하면, 아이가 자라면서 독립적이고 개별적인 한 인간으로 위험을 무릅쓰고 밖으로 나가기 위해 어머니와의 관계와 어머니의 세계에서 벗어나는 것만 생각해왔다. 그러나 인간의 조건에 관한 실존주의적 관점을 통해서 우리는 완전히 개별적이고 독립적인 개인은 존재하지 않는다는 사실을 알 수 있다. 우리는 항상 개인이면서 사회적 존재이고, 자유로우면서 한정되어 있다. 그리고 인간 조건의 모호성을 정면으로 인정한다는 것은 절대로 일이 끝나지 않는다는 의미다. 그것은 항상 진행 중이다. 그래서 끊임없는 협상과 재협상이 포함되어 있다.

지금까지 살펴봤듯이 어머니 역할도 이와 마찬가지다. 어머니와 자녀 사이의 관계는 끝이 없다.[24] 어머니와 자녀 관계의 역학은 살아가면서 계속해서 재조정되고 변화한다. 어머니 자신과 마찬가지로 어머니 역할의 관계성은 늘 현재 진행형이라는 사실을 반드시 이해해야만 한다. 그러므로 싫건 좋건, 어머니의 일이란 끝이 없다.

주석

1 메리 후드 하트*Mary Hood Hart*, 「Everyday Graces: Lessons of Motherhood」, 《Southern Cross》 (San Diego), February 19, 2009.

2 안드레아스 오레일리*Andrea O' Reilly*, 『Feminist Mothering』 〈Maternal Theory: Essential Readings〉, ed. Andrea O' Reilly (Toronto: Demeter Press, 2007), p. 805.

3 사르트르의 희곡 〈출구가 없다*No Exit*〉에서 등장인물 가르신의 대사. 스튜어트 길버트 *Stuart Gilbert* 번역본 (New York: Alfred A. Knopf, 1948).

4 이 글에서는 보부아르의 『모호성의 윤리』를 주로 인용했고, 이따금씩 『제2의 성』을 참고하는 정도다. 하지만 인간의 조건에 대한 철학적 관점은 사르트르의 『존재와 무*Being and Nothingness*』에서 미완성의 형태로 찾아볼 수 있고, 이후 보다 발전되어 사회철학으로 성숙한 개념은 사르트르의 『변증법적 이성비판*Critique of Dialectical Reason*』에서 볼 수 있다.

5 보부아르, 『모호성의 윤리』, (Secaucus: Citadel Press, 1948), pp. 15, 24.

6 "돌멩이가 그냥 돌멩이인 것처럼"이라는 말은 사르트르가 인간의 정체성을 설명하면서 자주 썼던 표현이다. 『실존주의는 휴머니즘이다*Existentialism is a Humanism*』에서 사르트르는 콜리플라워가 그냥 콜리플라워인 것처럼 우리의 정체성을 규정지을 수는 없다고 주장하기도 했다.

7 이 용어는 키에르케고르*Kierkegaard*가 덴마크어로 쓴 'Angest' 이라는 표현과 나중에 나온 하이데거의 독일어 'Angst' 를 사르트르가 프랑스어 'angoisse' 로 옮긴 데서 나왔다. 영어로는 모두 불안이나 절망이라고 옮길 수 있는 말로서, 여기서는 우리의 자유가 결론이 없이 공허하다는 데서 오는 두려움을 가리킨다.

8 사르트르, 『실존주의는 휴머니즘이다』, 〈실존주의*Existentialism*〉에서 발췌, ed. Robert Solomon (Oxford: Oxford University Press, 2005), p. 211.

9 보부아르, 『모호성의 윤리』, p. 48.

10 같은 책, p. 45.

11 주디스 워너, 『모성 종교*The Motherhood Religion*』, 〈Maternal Theory: Essential Readings〉, Andrea O' Reilly (ed.) (Toronto: Demeter Press, 2007), p. 706.

12 안드레아스 오레일리, 『Feminist Mothering』 서문, ed. 안드레아스 오레일리 (Albany: State University of New York Press, 2008), p. 5.

13 에이드리언 리치, "Anger and Tenderness," 〈Maternal Theory: Essential Readings〉 Andrea O' Reilly (ed.) (Toronto: Demeter Press, 2007), p. 12.

14 보부아르, 『모호성의 윤리』, p. 52.

15 같은 책, p. 51.

16 같은 책, p. 49.

17 같은 책, p. 14.

18 안드레아스 오레일리, 『Feminist Mothering』, p. 804, 805.

19 같은 책, p. 11.

20 에이드리언 리치, “Anger and Tenderness,” p. 11–12; emphasis added.

21 같은 책, p. 22.

22 메리 후드 하트, 「Everyday Graces」

23 같은 기사.

24 나는 어머니와 아이 중 한 명이 사망한 뒤에도 남겨진 사람이 다른 이와 맺는 인간관계에 영향을 끼친다고 생각한다. 두 사람이 함께 상호작용을 나누거나 새로운 일을 경험할 수는 없게 되겠지만 과거에 경험했던 의미는 남아서 영향을 미치고, 다른 사람에 대한 이해심을 계속 신장시켜 줄 것이라 본다.

셰릴 터틀 로스 SHERYL TUTTLE ROSS

2

마음챙김하는 모성

페미니스트적 불교 수행, 미적 체험을 고양시키다

"고통은 피할 수 없다. 그러나 마음먹기에 달렸다." 이것은 불교의 주요 교리인 사성제 중 첫 번째 가르침이다. 엄마가 된 사람들은 누구라도 고통을 경험했다고 말한다. 그 고통은 출산의 고통일 수도 있고, 아이가 처음으로 사회에서 다른 친구들과 잘 어울리지 못하는 모습을 지켜보며 겪는 고통일 수도 있다. 이처럼 어머니의 역할을 하면서 경험하는 고통은 무궁무진하다. 자녀의 유년기가 눈 깜짝할 사이에 지나가버려서 겪게 되는 고통도 있다. 갓난아기는 쑥쑥 자라서 몇 번 입지도 않은 옷은 금방 작아진다. 유모차는 어느새 자동차 모양을 한 웨건 유모차로 대치되고, 그건 금방 또 자전거에 자리를 내주어야 한다. 그러다가 보면 어느새 아이가 주말에 자동차 좀 써도 되느냐고 물어온다. 아이가 자라면서 시기마다 걱정할 일도 다양하다. 또 시기마다 이랬으면 어땠을까, 저랬으면 좋았을 걸 하고 후회한다. 이런 모든 순간들은 미처 깨닫기도 전에 지나간다. 고통은 피할 수 없다. 우리는 종종 고통을 경험한다.

이 글에서는 현대 어머니의 관점에서 불교의 기본 교리 세 가지를 살펴보려 한다. ①고통은 피할 수 없다. ②고통은 갈망과 집착에서 나온다. ③괴로움을 그치게 하는 일은 가능하다. (측은지심과 자비로운 마음을 쌓아가면서 깨닫게 되는)깨달음의 길은 오랜 기간 동안 묵언 수행을 해온 성직자만 갈 수 있는 게 아니다. 어머니로서 일상을 살아가는 사람들도 가능하다. 나는 이런 교리를 통해 바라보면 세상의 아름다움을 볼 수 있게 될 것이라고 믿는다. 특히 모성 고유의 경험에 깃든 아름다움을 볼 수 있다.

임신과 첫 번째 가르침 : 고통은 피할 수 없다

고통은 피할 수 없다는 말은 우리 삶이 어렵고 고단하다는 의미다. 대부분의 고통은 우리가 원하는 세상과 실제 세상 사이에 간극이 생기면서 발생한다. 원하는 것을 얻어도 실망할 때가 있고, 절대 이루어질 수 없는 것을 원할 때도 있다. 무엇보다 우리는 간단하게 결정할 수 있게 되기를 바란다. 그렇지만 살아가면서 부닥치는 중요한 결정의 순간들은 절대 쉽지 않다.

나는 서른 살이 되는 해에 아이를 가질 것인지 말 것인지 결정해야 한다고 생각했다. 물론 결혼을 한 상태이므로 나 혼자 결정할 일은 아니었다. 사실 시아버지는 큰소리로 '네 발 달린 손자'(우리가 키우던 애완견)에 만족하고 지내야 하는지 모르겠다며 은근히 손자를 재촉하고 계셨다. 남편 마이클과 나는 아이를 가져야 하는 그럴싸한 이유를 찾아보기로 했다. 우리는 합리적인 결정을 내리고 싶었다.

그래서 아이가 있으면 좋은 점과 나쁜 점을 견주어 보았다. 일단 아이가 생기면 돈이 많이 들고, 시간도 뺏기고, 이런저런 걱정도 늘어날 것이다. 반면 아이가 있으면 재미있을 거란 생각을 했다. 우리는 부모가 되느냐 마느냐 하는, 인생이 걸린 중차대한 문제에 확실하고 분명한 답을 원했다. '네 혹은 아니오' 로 정리되는 양단간 답을 바랐다. 그러나 곧 우리는 인생이 걸린 이 큰 문제에 분명하고 정확한 답은 없다는 사실을 깨닫게 되었다. 결국 우리는 아이를 가져야 하는 합리적인 이유를 찾지 못했음에도 불구하고 한번 해보기로 했다. 고통은 피할 수 없다. 비록 명확하고 확신이 가는 논거를 찾지 못했지만, 우리는 일생일대의 결정을 내려야만 했다. 물론 힘든 결정을 한 후에도 괴로움과 고통은 계속 이어졌다.

고등학교에서 받았던 성교육은 두려움과 수치심으로 가득했다. 생물학적 사실만 가르쳐주면서도 모든 성적 접촉에는 위험이 수반된다는 점을 강조하는 내용이었다. 그때 임신의 위험성을 어찌나 강조하던지, 나는 임신이 아주 쉽게 되는 일이라고 생각했다. 우리 부부는 가정 시간에 '해서는 안 된다고 들었던 일' 을 하기만 하면 일이 일사천리로 풀릴 것이라 생각했다. 하지만 몇 달 후 나에게 남은 건, 음성 반응을 보인 임신 테스트기뿐이었다.

고통은 피할 수 없다. 이 세상은 내 욕망을 전부 충족시켜주지 않는다. 그럼에도 불구하고, 고통은 마음먹기에 달렸다. 양호 선생님이 모든 이야기를 다 해주신 게 아니라는 사실을 깨닫고 난 후, '간절한 이유' 없이 아이를 '간절히' 원했던 나는 그 '간절함'을 그냥 내려놓아 버렸다. 아이 없이 살아도 괜찮다고 결정했다. 또 입양 같은 방식으로 아이를 가질 수도 있다고 생각했다. 아이를 갖고 싶다는 욕망에 집중하다 보니 나는 물론이고 남편까지 불행해지고 있었다. 아이를 가지려 애를 쓰던 그때, 우리는 고통을 선택의 문제로 보기로 마음을 먹었다.

그게 무슨 뜻이냐고? 우리는 종종 갖고자 하는 것에 몰두하다가 다른 선택의 여지가 있다는 사실을 잊어버리곤 한다. 하지만 살아가면서 겪는 일 자체와 그 일을 어떻게 평가하는가는 전혀 다른 문제라는 사실을 깨닫고 나면, 우리의 평가가 고통의 원인이라는 사실이 보이기 시작한다. 사실 그렇게 살 필요는 없다. 살다 보면 맑은 날도 있고 비가 오는 날도 있다. 육체적, 감정적, 존재론적 고통을 안겨주는 일이 생길 수 있다. 인간으로 살아가면서 이런 고통은 불가피하다고 인정하면 고통을 줄이는 데 도움이 된다. 사실 심한 고통을 느낀다는 것은 우리가 인간이라는 걸 말해주는 것이다. 그래서 철저한 고통을 경험하는 일은 물론 즐겁지 않지만 실질적으로 도움이 될 수 있다.

하지만 그 고통에 저항하고 고통의 존재 자체를 부인하거나 상처 입지 않은 척하면, 그로 인해 더 큰 고통을 겪게 된다. 이런 주장은 윤리적 사유의 일반적인 경향에 역행한다. 제레미 벤담Jeremy Bentham은 인간은 본능적으로 쾌락을 신봉하고 고통은 회피한다고 주장했다. 그는 사람들은 쾌락을 최대화하고 고통은 최소화하는 동기를 갖고 있다고 생각했다. 그래서 인간은 고통을 싫어한다는 사실에 근거해서 전체 도덕 체계를 고안해야 한다고 했다. 벤담은 쾌락을 최대화하고 고통을 최소화하는 행위는 정당하지만, 쾌락보다 고통을 더 유발시키는 행위는 잘못된 것이라고 보았다.

그러나 불교는 이와는 다른 입장을 취한다. 그렇다고 불교 신자들이 인간이 실제로 고통을 좋아한다고 말하는 건 아니다. 다만 인간이라는 존재에게 고통은 피할 수 없는 것이고, 고통은 존재의 일부분이라고 믿을 뿐이다. 진정한 행복을 경험하려면 그 과정에서 불가피하게 겪게 될 고통에 대비하는 편이 좋다는 게 불교의 생각이다. 그렇다면 '고통을 어떻게 대해야 할까' 하는 문제는 고통이 어떻게 생겨났는지 파악하는 것에서부터 시작할 수 있다. 고통의 원인을 이해하고 고통을 겪게 되면, 자기 자신과 타인에 대한 측은지심이 싹트게 된다.

두 번째 가르침 : 고통은 갈망과 집착에서 나온다

두 번째 가르침은 상당히 곤란한 가르침이다. 모성의 본질(그러니까 만약 본질 같은 게 있다면 말이다)이 바로 '집착'이라고 생각하기 때문이다. 어머니들은 아이를 사랑하고 아이도 자신을 사랑해 주기를 원한다. 이런 사랑은 아이가 자라면서 인간관계를 맺어갈 때 중요한 요소로 작용한다. 우정을 가꾸거나 나중에 로맨틱한 관계를 맺게 될 때도 중요하다. 물론 집착과 갈망에서 모든 고통이 나온다고 보기는 어렵다. 가령 임신, 출산 그리고 갓난아기를 먹이고 돌보는 기본적인 일에서 겪게 되는 육체적인 고통을 생각해 보자. 욕망이나 갈망과 관련이 있다고 보기 어렵다. 오히려 적나라한 육체적 사실과 연관되어 있는 것 같다. 집착과 연관이 없어 보이는 고통의 예는 아이가 남 보기 부끄러울 정도로 떼를 쓰고 신경질을 부리는 상황에서 겪는 고통스러운 당혹감이나 같은 동화를 반복해서 계속 읽어야 하는 지루함이 주는 정신적 고통 또는 아무리 노력을 해봐도 부모로서 부족하다는 자책감을 꼽을 수 있다. 살아가면서 해야 할 일들이 감당하지 못할 정도의 짐으로 느껴질 수 있다. 지난여름 딸아이가 나에게 이런 말을 했다. "엄마, 가끔 엄마가 우리보다 일을 더 좋아하는 것 같아." 이 말은 정말 아프고 고통스러웠다.

집착에서 오는 고통 중에는 우리가 사랑하는 사람이 고통에서 벗어나기를 원하는 데서 오는 것이 있다. 특히 나로 인해 받는 고통을 덜어주고 싶다. 그렇지만 세상에 어떤 엄마도 아이가 원하는 모든 걸 항상 충족시켜줄 수는 없다. 설령 그런 일이 가능하다 하더라도 엄마나 아이 모두에게 득이 될 것이 없다. 집착은 고통을 일으킨다. 현재의 상태가 영원히 지속되기를 원할 때나 일이 내 생각에서 한 치도 벗어나지 않고 진행되어야 한다고 생각할 때, 집착이 생기고 그로 인해 고통을 겪게 된다. 생각은 완벽하지만 현실은 엉망이다.

딸아이는 내가 늘 자기 곁에 있어 주기를 바란다. 하지만 나는 논문을 쓰거나 강의를 하거나 회의를 해야 할 때가 있다. 고통을 일으키는 갈망도 역시 마찬가지다. 우리가 있는 그대로의 모습이 아닌 다른 것을 원하기 때문이다. 우리는 현재의 실체, 즉 있는 그대로의 현재를 받아들이고 싶어 하지 않는다.

우리 아이가 바닥에 벌렁 드러누워 비명을 질러대는 일이 없었으면 좋겠다. 동화책 『갈색 곰아, 갈색 곰아, 무얼 보고 있니』를 반복해서 읽고 싶지도 않다. 우리는 아이가 지금 당장 잠자리에 들기를 바란다. 장난감들이 마법처럼 저절로 정리되어지기를 바라기도 한다. 형제자매끼리 싸우는 일도 없었으면 좋겠고, 자녀의 여름방학은 어서 빨리 끝났으면 좋겠다. 우리는 바라고, 바라고, 또 바란다. 우리는 현재의 모습이 아닌 것을 바라고, 그것이 이루어지지 않으므로 고통스러워한다. 일이 이렇게 되는 건 우리가 모든 것은 근본적으로 끊임없이 변한다는 사실을 인정하지 않기 때문이거나 현실이 우리가 생각하는 이상적인 상황과는 완전히 다르기 때문이다.

세 번째 가르침 : 괴로움을 그치게 하는 일은 가능하다.

1단계 호흡하라

첫 번째로 할 일은 아주 간단해 보인다. 우리는 살기 위해서 당연히 호흡을 해야만 한다. 하지만 그냥 숨을 쉬는 것과 마음을 챙기며 호흡하는 것은 차이가 있다. 호흡에 주의를 기울이기 위해서는 방석을 괴고 앉아 허리를 꼿꼿이 펴고 두 눈을 감은 다음 호흡에 주의를 집중하는 정식 명상 수행을 할 수 있다. "호흡은 생명과 의식을 연결해주는 다리다. 호흡은 우리의 몸과 생각을 묶어준다. 마음이 흐트러질 때마다 호흡을 활용하여 마음을 다잡아라."[1] 하지만 호흡에 주의를 집중하기 위해 반드시 별도의 시간을 내야만 하는 건 아니다. 백화점 계산대에 줄을 서 있을 때도 호흡에 주의를 기울일 수 있고, 자동차를 운전하고 가다가 빨강 신호등에 멈췄을 때도 할 수 있다. 빨랫감을 구분할 때도 물론 할 수 있다.

호흡은 생명과 같다. 살아가는 동안 우리는 숨 쉬는 행위에 별다른 주의를 기울이지 않고 숨을 쉰다. 조금 더 크게 본다면, 우리는 살아가고 있다는 걸 의식하지 않은 채 살아가고 있다는 뜻이 된다. 습관적으로 우리 생명을 '자동 조정 장치' 에 맡기고 살아간다. 우리의 주의 집중은 기억에서 공상에 이르는 수많은 헛된 생각에 흩어지고, 확인해야 하는 할 일 목록에 묶여 있다. 그러나 호흡에 집중하는 순간, 우리는 지금 현재 이곳에서 살아 있는 존재가 된다. 현재를 붙들고 정념하면 제대로 사는 게 된다. 진정한 삶이 다른 곳에 있지 않기 때문이다. 틱낫한은 다음과 같이 말했다.

> 설거지를 하면서 끝내고 차를 마셔야겠다는 생각을 할 수 있다. 그러면 자리에 앉아 차를 마시려고 가능한 한 빨리 설거지를 해치우려 노력할 것이다. 하지만 그렇게 되면 설거지를 하는 동안의 삶은 제대로 살아내지 못하게 된다. 설거지를 할 때는 설거지가 내 인생에서 가장 중요한 일이어야 한다. 차를 마실 때는 차를 마시는 것이 인생에서 가장 중요한 일이어야 하는 것과 같은 이치다.[2)]

설거지를 하거나 기저귀를 갈 때, 물론 마음속으로 계획을 세울 수 있다. 절대 다음 계획을 세워서는 안 된다는 말이 아니다. 오히려 계획을 세워야 한다. 다만 마음을 챙기면서 하는 계획이 필요하다. 다시 말해, 우리가 계획을 세우고 있다는 걸 충분히 자각하고 해야 한다. 계획을 세우는 순간에 충실하면 계획을 실행하는 일에도 충실할 수 있다.

호흡은 변화를 보여준다. 우리는 아주 오랫동안 숨을 참지 못한다. 들이마신 숨은 반드시 내쉬어야만 한다. 들숨과 날숨을 쉴 때마다 우리의 호흡은 존재 안으로 들어왔다가 밖으로 나간다.[3] 호흡의 리듬에 주의를 기울이다 보면 이것 역시 지나가리란 걸 떠올릴 수 있다. 지나가고 없어질 것에는 우리도 포함된다. 우리가 덧없는 존재라는 사실을 상기할 수 있다. 많은 사람이 생각하는, 절대로 변하지 않을 황금 같은 자아는 없다. 우리는 계속 변화하는 존재다. 호흡이 우리 자신이고, 경험이 우리가 된다. 이런 무아無我, No-self의 개념을 생각하면 문득 두렵다는 생각을 할 수 있다. 이 두려움의 목소리는 이렇게 말한다. "잠깐, 저기에 '나'가 없다고? 여기에도 '나'는 없다고? '나는 생각한다. 그러므로 존재한다'라는 철학 명제를 말한 데카르트는 뭐야?" 불교의 무아 개념은 우리에게 육체나 생각, 감정, 경험이 존재하지 않는다고 말하는 게 아니다. 그보다는 그런 것들을 포함한 자아란 것이 늘 변한다는 의미다. 호흡이 미묘하게 변화하는 걸 깨달으면 우리 자신의 미묘한 변화를 더 잘 포착할 수 있게 된다.

어머니의 역할을 하면서 우리가 변화되는 건 분명한 사실이다. 일단 수면 부족으로 육체적 변화가 생긴다. 아이가 기쁨의 원천이 되고 모든 것의 중심이 되면서 우리의 생각도 달라진다. 우리 아들이 처음으로 라즈베리를 따러 갔다가 얼굴이 전부 보라색 범벅이 된 채 빈 그릇을 가지고 오던 일은 지금도 생각만 하면 얼굴에 미소를 짓게 된다. 어머니가 되었기에 우리가 선택한 경험이 달라진다. 그런 선택은 다시 우리 자신을 변화시킨다. 처음에 우리 호흡의 미묘한 변화를 알아차리게 되면, 그 순간 경험의 다른 측면도 감지할 수 있게 된다. 어머니로서 우리가 경험하는 것도 마찬가지다.

2단계 자각하자

그렇지만 모든 호흡에 주의를 집중하는 건 어려운 일이다. 처음에는 실망스러울 것이다. 이런 식의 명상을 시작하자마자 정신이 산란해질 가능성이 매우 높기 때문이다. 정석대로 명상하면서 두 눈을 감아도 우리 마음은 호흡으로 모이기는커녕 지금 가장 걱정되는 문제를 붙잡고 고민하거나, 최근에 친구와 나눈 대화를 곱씹거나, 아픈 손목이 영원히 낫지 않는 게 아닌가 걱정할 수 있다. 계산대 줄을 서서 명상을 하는 동안에 호흡에 정념하려다가 사탕 진열대나 최신 잡지에 정신이 흐트러질 수 있다. 명상을 계속할 수 있는 시간이 있다면 이런 정신적 방랑을 저지할 수 있다. 생각, 감정, 다른 감각에 주의가 흩어지는 것이 느껴지면, 그 사실을 인정하고 조심스럽게 서서히 마음을 호흡으로 다시 모아보자.

바로 지금 여기서 느껴지는 내 호흡의 실질적 수준에 대해 더 생각해 보도록 마음을 모아보자. 우리가 마음을 모아 호흡으로 이끌어갈 때 어떤 태도를 취하느냐는 대단히 중요하다. 처음 명상을 시작했을 때, 주의집중을 하지 못하는 순간들에 대해 나는 무척 비판적이었다. 혼자 있을 때 들려오는 그 내부의 목소리는 우리 아이에게 말하고 싶어 하는 그런 소리가 아니었다. 위파사나 명상법을 가르치고 있는 메어 채프먼Mare Chapman은 우리에게 자비롭고 자애로운 태도를 길러야 한다고 말했다. '메타' Metta라고 부르기도 하는 자애로움은 마음이 산란해진 순간에 우리 자신에게 보여줘야 할 태도일 뿐만 아니라, 사실 모든 순간에 갖춰야 할 마음가짐이기도 하다. 메타는 인간의 불완전함과 연약함에 대해 어머니의 심정으로 측은하게 여기는 것이라 설명할 수 있다.

이런 태도는 실제 명상에서도 활용할 수 있다. 그때는 명상의 성격이 달라진다. 생각, 감정, 감각을 인식하고 깨닫는 것이 포함된다. 먼저 호흡을 자각하면서 이완시켜주는 걸로 시작한다. 그런 다음에는 자각의 경지를 넓혀서 우리의 감각, 생각, 감정을 포함시켜 본다. 그리고 그런 경험에 생각, 두려움, 라디오에서 들려오는 노래 등의 이름을 붙여보라. 이렇게 하는 목적은 우리가 깨닫고 인식하는 것과 그것에 대한 우리의 판단 사이의 관계에 대해 호기심을 키우기 위해서다. 채프먼은 이렇게 말했다. "경험한 것들을 바꾸기 위해 애쓰거나 회피하거나 저항하거나 판단하고 있는 자신을 깨닫게 되거든 스스로를 자비롭고 자애로우며 부드럽게 대하라. 모든 일에 순응하고 따라가는 것을 수행하라. 지금 이 순간에 겪은 직접적인 경험을 받아들여라."[4] 우리의 호흡과 우리의 경험이 지시하는 바를 따라가는 행위는 '사방에 경계 없는 트임spaciousness'을 만들게 해준다. 채프먼은 이렇게 기술했다. "트임은 마음속의 광대함과 주의를 기울이는 사물을 둘러싼 정신세계를 내부를 향해 열어놓았음을 의미한다. 습관적으로 조건부로 마음을 주거나 함부로 판단하면 트임이 거의 없게 된다. 그래서 우리 마음은 매우 불안정하고 변덕스러워진다. 쉽게 균형감을 잃고 수많은 생각과 감정에 휩쓸려 버리게 된다."[5]

이런 트임을 경험하게 되면 마음을 열게 되고, 그것으로 인해 일상의 순수한 아름다움을 경험할 수 있다고 생각한다. 나는 아이가 매우 어렸을 적부터 이런 수행을 했다. 공원에서 마음챙김을 하면서 아들의 그네를 밀어주었던 기억은 지금도 생생하다. 샌들 아래로 조그만 돌멩이의 감촉을 느꼈다. 온화한

대기와 그네의 무게감, 햇빛의 질감이 모두 그대로 느껴졌다. 나의 자아와 아들이 연결되어 있는 순간을 마음에 담았다. 아이의 얼굴에 떠오른 미소와 그네가 흔들릴 때마다 까르르 웃으며 공기를 들이마시는 모양까지 다 담아냈다. 아들은 존재할 수밖에 없는 존재인 것 같았다. 어떤 것을 자각할지 선택해야만 하는 것이었지만, 주의를 집중하면서 내 앞에서 벌어지는 모든 일을 하나도 놓치지 않게 되었다. 아름다움을 체험하는 것은 그네를 밀어주는 것처럼 소위 말하는 즐거운 경험에만 국한되지는 않는다. 때로 나는 여덟 살 난 우리 아들이 오래 징징대는 소리나 투덜대며 떼를 쓰는 순간에도 모든 주의를 집중시키곤 한다. 트인 마음으로 주의를 집중하면 고통스러운 순간도 고통스럽지 않게 겪어낼 수 있다. 마치 우리 자신에게 이것 역시 삶의 한 부분이고, 역시 지나갈 것이라 말해주는 것 같다. 즐거움이나 고통스러움을 나의 것이라 생각하지 않으며, 그 경험이나 형태를 인지한다면 모든 것을 아름다운 경험으로 볼 수 있다고 생각한다. "내 몫이야"라고 생각하지 않으면 된다. 불교 신자들은 모든 생명은 소중하다는 생각과 함께 경험의 덧없음을 알고 있기에, 현재에 충실하고 마음을 모으는 일이 바로 아름다움을 깨닫는 것이라 주장한다.

이것은 우리가 살아가면서 겪는 경험을 관찰하기만 하고 영향력 발휘를 포기하라는 말이 아니다. 막힘 없이 트인 마음으로 직접 경험하는 것들을 마음에 담으면 우리는 어떤 상황이 닥쳐와도 일희일비하지 않게 된다. 외려 그 경험 자체에 적절한 책임을 질 수 있고, 그 경험을 통해 우리가 할 일을 책임감 있게 수행하게 된다. 그 책임감이 무엇인지 알아내기 위해서는 우리의 경험이 어떻게 조절되는지 알아내야 한다.

3단계 사회에서 제시한 모범답안과 조건이 우리가 여성으로 살아가는 데 어떤 역할을 하고 있는지 인식하라

앨리슨 피어슨Allison Pearson의 유명한 소설 『여자만세I Don't Know How She Does It』는 현대 어머니상에 내재된 모순을 잘 표현해냈다.6) 주인공 케이트는 밤늦게까지 가게에서 사온 페이스트paste에 설탕을 더 뿌려서 마치 집에서 직접 만든 것처럼 만들었다. 그러다가 '모성 법정'이라는 곳에 나가게 된다.

> 케이트는 법정에 나갔다. 직장에 나간 이유를 완벽하게 변론할 말들이 케이트의 혀끝에서 맴돌고 있었다. 그건 자신과 아이에게 도움이 되는 일이었다. 남자들은 아버지 역할과 경력을 함께 유지하는 방법에 대한 조언을 요청하는 법이 없다는 글로리아 스타이넘Gloria Steinem의 말을 인용해 결정타를 날릴 수도 있었다. 그렇지만 피고석에 올라서자마자 모든 변명은 입속에서 사그라져 버렸다.7)

집 밖에서 일하는 엄마들은 집안일도 완벽하게 하라는 비현실적인 요구를 충족시켜야 한다고 생각한다. 페미니스트들은 이를 '제2의 근무시간'이라 일컫는다. 집 밖에서 일하는 여성들에게도 계속해서 집안일을 다 맡으라고 요구하기 때문이다. 연구 결과에 의하면 이런 요구는 여성의 여가 시간을 감소시키고 스트레스를 증대시켰으며, 여성들로 하여금 자신의 팔자를 탓하며 불만스럽게 지내게 만든다.8) 이런 불만은 종종 죄의식으로 나타난다.

케이트는 법정에서 이렇게 고백했다. "좋아요, 진실을 알려드릴까요? 저는 유죄예요. 믿을 수 없을 정도로 엄청나게 유죄예요. 노이로제에 걸릴 정도로 병적으로 죄를 인정한다고요. 그래요, 미안해요. 하지만 저는 가야만 해요. 하느님 맙소사, 시계 좀 보라고요."[9])

케이트는 정말 유죄인지 모른다. 하지만 현대 사회가 제시한 모범답안 아래에서는 모든 엄마가 유죄다! 나도 내가 유죄라는 걸 너무나 잘 안다. 학교에 아이를 데리러 갈 때 늦은 적이 있다. 너무 피곤해서 아이들이 잠자리에 들기 전에 책을 읽어주지 않았다. 심지어(숨 한번 크게 쉬어주어야 한다. 훅!) 일 때문에 아이의 합창대회에 참석하지 못한 적도 있다. 우리 아이들이 때때로 서로에게 심하게 구는 걸 보면서 낙담한 적도 있다. 아이들이 그렇게 함부로 대하는 걸 통제한답시고 정작 내가 더 한심하게 굴었던 적도 있다. 이런 모범답안의 불합리함과 부조리를 인식하는 것은 마음챙김을 하는 어머니상에 크게 다가간 것이다. 이 한걸음을 '여권 신장'이라 말할 수도 있다. 죄의식이란 대개 규칙이나 합의를 깨트렸을 때 발생한다. 그런데 규칙이란 성문법도 있고 관습법도 있다. 합의는 사회적 관습에 의해 명백하게 규정되기도 하고 은연중에 암시되기도 한다. 현대 모성 규칙의 근본적인 문제는 도저히 지킬 수 없는 것이라는 점이다. 그래서 실제로는 아무 잘못이 없는 사람들이 죄의식을 갖게 한다.

이렇게 죄의식을 유발하는 비현실적인 기대치에 대처하는 첫 번째 단계는 그 요구의 본질을 정확히 파악하는 것이다. 그런 기대치에 주목하는 것이 시작이다. 그러나 말처럼 쉽지는 않다. 호흡에 주의를 기울이고 우리의 마음이 방황한다는 사실을 인지하고 흐트러진 생각을 자비로움과 트인 생각으로 감싸주는 방법을 활용하여 사회적으로 제시된 모범답안이 무엇인지 자각하면, 그것들이 우리의 경험을 멋대로 해석하는 것에서 벗어날 수 있다. 그렇게 하고 나서 케이트가 갔던 모성 법정을 다시 생각해 보면, 좋은 엄마란 모름지기 학교에서 자선 모금을 위해 판매할 빵을 집에서 직접 만들어 보내야만 하고, 매일 밤 아이들을 진정시키고 깨끗하게 목욕을 시켜줘야 한다는 기대치에 맞추어야만 한다면, 살림의 여왕 마사 스튜어트Martha Stewart도 감옥살이를 했을 것이란 사실을 깨달을 수 있을 것이다. 그러면서 우리는 스스로에게 약간의 여지를 줄 수 있다.

4단계 현명하고 다정하게 반응하자

우리는 모두 완벽하지 않고, 또 그렇게 될 수도 없다. 우리 대부분은 잘 알려져 있지 않은 미지의 바다에서 항해하고 있다. 대학원 재학 시절 나는 독자노선파였다. 대학원에서 만난 여성 멘토 중에는 아이를 둔 사람이 없었고, 동기 중 단 몇몇만이 아이 엄마였다. 나는 아이가 있다는 사실을 무척 기쁘게 생각했고 아이로 인해 내 삶이 더 풍요로워졌다고 믿었다. 아이들이 있어서 더 나은 철학자가 되었고 더 나은 사람이 되었다고 생각한다. 그래서 마음챙김을 하는 엄마로서 모든 경험에 책임을 지고, 늘 아이들에게 완벽한 환경을 제공해 주었다고 자신 있게 말할 수 있었으면 좋겠다고 생각한다. 하지만 슬프게도 나는 전혀 그렇지 못했다.

오히려 직업인이면서 엄마, 아내, 대가족의 구성원이어야 하는 나의 역할에 대한 회의에 빠진 적이 많았다. 이런 자기회의에 내가 덧바른 고약은 그 자기회의를 철저하게 허용하는 것이었다. 나는 회의적인 현재의 내 모습을 마음에 담아볼 필요가 있었다. 현재의 고통을 설명해줄 사회의 모범답안의 정체가 무엇인지 알아봐야 했다. 그러고 나니 선택은 내 몫이 되었다. 나는 내가 동의하는 부분과 동의하지 못하는 부분을 선택해서, 내가 선택한 가치체계에 맞게 행동할 수 있었다.

호흡을 활용하면서 마음을 모으면 된다. 사회에서 제시한 모범답안이 내 경험을 각색한다는 사실을 깨달은 나는, 지금 여기서 겪는 경험에 대해 더 많은 질문을 하게 되었다. 여기에 또 뭐가 있는 걸까? 마음챙김을 하기 위해서는 사회의 모범답안을 뛰어넘어, 자신이 경험하는 일상에 대해 의문을 품어야 한다. 궁극적으로 이런 마음챙김에는 현재를 자각하면서 고통을 줄여줄 자신만의 모범답안을 만들어내는 일이 포함된다.

어머니를 위한 명상

글의 마무리는 어머니들에게 적합한 명상 세 가지를 소개하는 것으로 하겠다. 첫째는 즐거운 경험을 할 때 하는 명상이고, 두 번째는 불쾌한 경우에 하는 명상이다. 마지막은 어머니들에게 어디서나 도움이 될 메타 명상이다.

나에게 즐거운 경험은 학교로 걸어가는 일이다. 아주 간단한 일이다. 너무나 당연해서 그 즐거움을 잊고 지내기 쉽다. 나는 매일 아이를 차에서 내려주고 유치원까지 데려다 주면서 걷거나, 집에서 아이들 초등학교까지 걸어가는 동안 명상을 한다. 아이들이 어릴 적에는 나란히 손을 잡고 걸었다. 나는 숨을 들이마시면서 내 손에 비하면 아이 손이 너무 작다는 사실을 깨달았다. 또 숨을 내쉬면서는 내 숨이 서늘해진 대기 중으로 퍼져나가는 모습을 쳐다보려 노력했다. 나는 태양빛의 본질을 깨달으려 노력하고 그늘을 드리우는 것도 주의 깊게 보았다. 나는 생각하고, 맛을 보고, 만져보고, 듣고, 보는 일에 몰두하곤 했다. 한번은 그 순간에 느껴지는 생생한 감각을 하나씩 확인해보기도 했다. 명상에는 스스로에게 자문하는 일도 포함된다. 지금 내가 보고 있는 것은 무엇인가? 지금 나는 무엇을 듣고 있는가? 지금 내 촉각은 어떻게 느끼고 있나? 바로 지금 이 순간 무슨 냄새가 나는가? 그 냄새와 지금 내가 맛보고 있는 것은 어떤 연관이 있는가? 나는 지금 무슨 생각을 하고 있는가? 그 생각은 진짜 내 진심인가?

불쾌한 경험으로는 의학적으로 '분노발작' 이라고 부르는 떼쓰기가 있다. 물론 아이가 떼를 쓰는 건 나이와 상관없이 계속 있을 수 있다. 하지만 아이가 자라면서 그 양상은 달라진다. 아이러니하게도 이런 명상에서 하는 자문도 아이의 손을 꼭 잡고 했던 명상과 같은 내용의 의문을 낳고, 같은 대답을 찾게 한다. 명상을 하면 아이의 분노발작이 친구인양 거기에 집중하게 된다. 하지만 그와 동시에 이런 의문을 품게 되기도 한다. 지금 여기에 또 다른 뭐가 있을까? 그러다 보면 아이 얼굴에 있는 독특한 주름을 보게 되고 아이의 어조를 의식하게 되고 벽 색깔이나 잔디 색깔을 자각하게 된다. 이런 명상은 자기 자신을 확인하게 해주어서 떼를 부리는 아이에게 짜증스러운 반응을 보이지 않게 해준다. 말은 쉽지만 어려운 일이다. 그렇지만 나는 아주 기본적인 육체적 경험부터 시작했다. 아이가 떼를 쓸 때 명상을 하면서 최근에 깨달은 건, 우리

아들이 짜증을 내면 콧잔등에 주름이 잡힌다는 사실과 콧구멍이 벌름거린다는 것이다. 자기 방으로 돌아가면서 엄청나게 큰 소리로 발을 구를 때는 믿을 수 없을 정도로 높이 무릎을 치켜들고 두 팔은 양쪽 벽에 대서 균형을 잡곤 한다는 사실도 알았다. 그리고 아이는 내가 자신이 화났다는 사실을 알아주는지 확인하기 위해 자주 뒤를 흘끔거렸다. 그런 다음 방문을 쿵하고 닫았다(이 문제는 아이에게 아무리 말해도 나아지지 않고 있다). 곧 가구를 재배열하는 소리가 들려온다. 마침내 기진맥진한 침묵이 내리고 아이는 잠시 쉬는 시간을 갖는다. 아이가 여봐란듯이 하는 일련의 행동을 지켜보면서 내 심장 박동에 주의를 기울이고 미소를 지을 수 있을지 아니면 능글맞은 웃음을 지을 수 있을지 생각했다. 나는 그 쉬는 시간을 이용해서 인간에게는 본능이 있다는 사실을 떠올린다. 인간에게는 도피 또는 투쟁의 본능도 있다는 걸 되새기면서 우리 아들이 자신의 투쟁 본능을 조정하는 연습을 하고 있다고 생각한다.

마지막 명상은 메타 명상, 즉 모든 사람의 행복을 비는 형태의 명상이다. 메타 명상은 정식 명상 과정의 일부로 볼 수 있지만 하루 종일 자신의 호흡에 집중하는 식으로 편하게 할 수 있다. 내가 제안하는 메타 명상은 다음과 같은 기원을 하는 것이다. "모든 어머니들이 무조건 자녀를 사랑하게 되기를 빕니다. 모든 어머니들이 인내와 넉넉한 마음챙김을 경험하게 되기를 빕니다. 모든 어머니들이 자녀와 세상의 아름다움을 알게 되기를 빕니다."

나는 이 모든 기원을 여러분을 위해 빈다.

주석

1 틱낫한, 『마음챙김의 기적*The Miracle of Mindfulness*』(Boston: Beacon Press, 1975), p. 39.

2 같은 책.

3 실비아 부어스타인, 『정수를 위한 정념*Pay Attention for Goodness' Sake: Practicing the Perfections of the Heart – The Buddhist Path of Kindness*』(New York: Ballantine Books, 2002).

4 메어 채프먼, 〈마음챙김을 통한 진정성 연마*Cultivating Authenticity through Mindfulness*〉, Vipassana Workshop Handout, Madison, Wisconsin, February 2002.

5 같은 책.

6 앨리슨 피어슨, 『여자만세*I Don't Know How She Does It*』(London: Anchor Books, 2003),(한국어판 김민희 옮김, 화니북스, 2004).

7 같은 책.

8 알리 러셀 혹실트, 『돈 잘 버는 여자 밥 잘 하는 남자*The Second Shift*』(New York: Penguin, 1989),(한국어판 백영미 옮김, 아침이슬, 2001).

9 앨리슨 피어슨, 『여자만세』.

글렌 파슨스 GLENN PARSONS

3

오직 엄마만 사랑할 수 있는 얼굴이라고?

아기 외모에 대한 엄마의 평가에 관한 고찰

아름다움과 사랑에 대한 개념은 사회에서 주요한 역할을 담당하고 있다. 하지만 그 둘의 관련성은 복잡하고 종종 애매하다. 그런 사실이 가장 극명하게 드러나는 관계가 바로 젖먹이와의 관계다. 젖먹이와 마주치면 다정함, 애착, 사랑 같은 감정이 자연히 우러나온다. 갓난아기를 만나면 저절로 입가에서 미학적인 관점에서 하는 말이 나온다. "정말 예쁘네요!" 하지만 그런 상황에서는 어떤 의미로 말을 한 건지 정확하지 않다. 사랑과 아름다움의 개념이 뒤섞인 이 기묘하고 강력한 현상을 어떻게 생각해야 할지도 애매모호하다.

이 글에서는 이러한 현상에 대해 조명해 보고자 한다. 어머니가 젖먹이의 아름다움을 체험하는 상황을 살펴보고, 특히 그런 경험에 사랑이 미치는 영향을 자세히 알아보도록 하자.

예쁜 아기에 대한 어머니의 생각

대부분의 어머니가 자신의 아기를 다른 아기보다 더 아름다운 존재라고 받아들이는 것은 당연하다고 할 사람들도 있을 것이다. 일반적으로 어머니들 눈에는 자기 아이가 더 예뻐 보이는 게 사실이다. "자기 어머니나 돼야 사랑할 수 있는 얼굴이다"라는 잔인한 영어 표현도 있는데, 사람들은 아름다운 구석이 하나도 없는 것을 사랑하기도 한다. 누구나 유난히 아끼는 낡은 청바지 같은 것이 있을 것이다. 넓은 의미에서 보면 어머니의 사랑도 이와 같은 것인지 모른다. 그런데 어머니 눈에 자기 아기가 더 예쁘게 보인다는 건 어떻게 알 수 있을까? 첫 번째 증거는 엄마들이 직접 그렇다고 말한다는 데서 찾을 수 있다. 실험을 통해서 밝혀진 바로는, 어머니가 자녀의 귀여운 정도에 등급을 매긴 것이 아이와 일면식이 없는 사람들이 평가한 것보다 더 높았다고 한다.[1)]

이 연구는 아이들의 귀여움에 등급을 매기는 것이었지 아름다움의 정도에 등급을 매긴 것은 아니었다. 그러므로 여기서 아름다움과 귀여움 사이의 관계에 대해 간단히 정리를 해야 한다. 지금껏 내가 사용한 '아름다움'이라는 말은 육체적인 외모가 매력적이라는 말이다. 흔히 '빼어난 외모'라고 하는 것이다. 그래서 어떤 사람에게 아름답다고 하면 그건 육체적 형태가 그 자체만으로 보기에 좋다는 말이다. 미학적 의미로 사용되는 '아름답다' 라는 말과 같은 의미다. 그런데 이 말에는 '뛰어난' 또는 '훌륭한' 이라는 부차적 의미가 내포되어 있다. 이웃을 위해 봉사를 열심히 한 분을 '삶을 아름답게 가꿨다' 고 표현한다면 이런 의미로 사용된 것이다. 이런 식으로 사용되는 '아름답다' 라는 말은 보는 것 자체로 즐거움을 주는 외모를 가리키지 않는다. '좋다' 라는 말을 하고 싶을 때 은유적으로 표현한 것에 불과하다. 이런 언어학적 문제 때문에 사람들이 미학적 의미에서 아름다운 것을 무엇이라 판단하는지 연구할 때 어려움이 생긴다. 어떤 사람이 X가 아름답다고 말했다 해도, 그게 겉보기가 좋다는 말인지 아니면 그냥 좋다고 생각한다는 의미인지 알 수 없다.

이런 이유로 아름다움에 관한 실증적 연구는 '아름답다' 라는 말 대신에 '귀엽다' 거나 '매력적이다' 라는 구체적인 표현을 차용하는 경향이 있다. 이런 말은 미학적 의미에서 사용되는 '아름다움' 과 대략 비슷한 개념을 표현할 때 전형적으로 사용되는 '빼어나다' 나 '잘생겼다' 와 같은 종류의 용어다. 즉 이런 말들은 그냥 보는 것만으로도 즐거움을 주는 겉모습을 지칭하는 특유의 말이다. '아름답다' 는 말과는 달리 이런 용어들은 보다 구체적이고 덜 애매하다. 따라서 빼어난 외모를 가진 사람은 또렷한 이목구비와 돋보이는 개성 덕분에 그 육체적 형태를 보는 것이 즐겁다는 뜻이고, 누군가가 귀엽다고 말하는 건 커다란 눈과 커다란 얼굴에 부드럽고 둥글둥글한 몸체 덕분에 그 육체적 외형을 보면 즐겁다는 말이다.[2]

후자에 말한 것은 물론 아기들의 특징이다. 젖먹이들은 대부분 이런 특징을 지녔다. 하지만 다른 아이들보다 이런 특징을 더 많이 가진 아기가 있다. 이런 아기들은 더 어려 보이고, 보면 더 즐거워진다. 따라서 우리는 귀여움을 일종의 아름다움, 즉 보면 즐거워지는 육체적 외모를 지칭하는 말로 특별히 아기들과 어린이들에게 적용되는 형용사라고 보면 된다. 그러므로 어머니가 자신의 아기가 다른 아기보다 더 귀엽다고 등급을 매겼다는 것은 어머니는 자신의 아기를 더 아름답게 인식한다는 가설을 입증해준다고 볼 수 있다.

그렇지만 단정 지을 순 없다. 어머니들이 자기 아이가 다른 아이보다 더 귀엽다고 말을 했지만 실제로는 그렇게 생각하고 있지 않을 수도 있다. 사람들은 여러 가지 이유로 거짓된 평가를 내리곤 한다. 말하고자 하는 것을 전하는 방법으로 거짓말을 내뱉는 경우도 있다. 열렬한 스포츠팬이라면 자신이 응원하는 팀이 꼴찌라고 해도 "우리 팀 최고!"라는 구호를 진심으로 외친다. 물론 팬들이 팀의 진짜 순위를 모를 리 없다(오히려 그 반대다). 그저 자신이 응원하는 팀에 대한 무한한 신뢰를 표현하고자 그 팀을 포함한 모든 사람들이 거짓이란 걸 알고 있는 말을 구호로 외쳐대는 것이다. 선의의 거짓말도 있다. 상대의 기분을 상하게 할 진실을 왜곡하거나 ("그 요리는 정말 맛있었어요!") 또 감사나 애정을 표하기 위해서나("이 세상에서 감독님이 최고예요!") 친구에게 기운을 내라고 격려할 때가 그렇다("피아노 연주 실력이 날로 향상되고 있구나!").

그러니 어머니들이 다른 아이보다 우리 아이가 더 귀엽다고 높은 등급을 준 것이 실제 어머니가 자기 아이의 외모에 대해 생각하는 것을 그대로 반영하지 않았을 수도 있다. 어쩌면 어머니들은 자신의 '사랑을 표현하기 위해'

진실을 왜곡한 것인지 모른다. 아니면 진짜 생각과 달리 높은 등급을 주었던 것이 무조건 아이를 지지하고 사랑해주는 부모로서 다른 사람들에게(가령 순위 결정을 지시한 조사자 같은 사람들에게) 인정받고 싶은 마음이 반영된 것일 수도 있다.[3] 그래서 우리가 세운 가설 외에도 이런 어머니의 행동에 대한 다른 해석을 해볼 여지는 많다. 무엇이 맞는 걸까?

지금까지의 실증적 증거로는 어떤 것이 맞는지 직접적인 평가를 할 수 없다. 심리학 실험이나 연구를 통해 이런 다양한 동기를 구분해 내는 것은 아마 어려울 것이다. 그러나 어머니들이 실제로는 자기 아이가 더 귀엽다고 생각하지 않는다는 관점을 뒷받침해줄 만한 실증적 증거가 조금 있다. 낯선 사람들이 젖먹이 자녀를 덜 귀엽다고 순위를 매겼을 때 어머니가 아이에게 덜 다정하게 대한다는 걸 보여주는 당혹스러운 연구 결과가 있다.[4] 물론 아이를 대하는 태도가 완전히 달라진 건 아니었다. 이 연구는 귀여움의 순위가 낮게 매겨졌던 아이라 해도 충분히 보살핌을 받는다고 말했다. 하지만 이런 아기에게 엄마는 눈을 덜 맞추고, 덜 안아주고, 말도 덜 걸었다고 한다. 이런 사실로 미루어 보아 어머니들이 말했던 것과는 달리 그들의 행동은 자신의 아이가 빼어난 외모를 갖고 있다고 생각하지 않는다는 걸 암시한다. 아이를 대하는 태도가 다른 사람이 아이의 외모에 순위를 매긴 것에 따라 달라졌기 때문이다.

그러나 이것만으로는 어머니들이 사실은 자기 아이가 더 귀엽다고 생각하지 않는다고 단정 지을 수 없다. 이 연구가 보여주는 것은 어머니들이 무의식적으로나 본능적으로 이런 생각과 맞지 않는 행동을 보였다는 사실뿐이다.

일반적으로 보면 우리는 무의식적으로나 본능적으로 생각과 다른 행동을 하기도 한다. 아주 흔한 이야기로, 내가 뒤로 넘어지면 잡아주겠다는 친구의 말을 믿는다고 해보자. 하지만 정말 그렇게 생각하고 있다고 해도(친구를 완전히 신뢰한다고 해도) 이상하게 뒤로 넘어지면서 움찔하거나 마지막 순간에 뒤를 돌아보게 된다. 이건 잡아준다는 말을 믿지 못해서가 아니라 굳어진 행동양식일 뿐이다. 말하자면 믿음과는 상관없이 반사적으로 움찔하는 반응을 보이게 된다. 어머니의 행동도 이와 비슷할 수 있다. 정말 자기 아이가 최고로 귀엽다고 생각하고 있지만, 본능적으로나 무의식적으로 그렇지 않은 듯 대할 수 있다.

지금까지는 질문의 답에 전혀 근접하지 못한 것 같다. 어머니들은 자신의 아기가 더 아름답다고(귀엽다고) 생각할까? 아니면 그냥 말만 그렇게 하는 걸까? 실증적 증거나 철학적인 논쟁으로 이 문제를 해결할 수 없다면, 우리의 개인적인 경험을 들어서 앞으로 나아갈 방안을 찾아보는 것도 괜찮을 것 같다. 이와 관련해 부모로서 겪었던 내 개인적인 경험은 전자의 관점과 일치한다. 내가 우리 젖먹이 딸을 보고 '아름답다' 고 말하거나 '정말 귀엽다' 고 말하는 건(자주 하는 말이다) 진심이라고 생각한다. 그 말을 하면서 이 말이 진심일까 아닐까 고민해 본 적은 없지만. 사실 경험은 흐릿한 등불 같다. 그리고 내 경험은 전형적인 행동양식이 아닐 수 있다.

이 문제에 관해서는 독자들이 스스로의 경험을 되짚어봐야 할 것이다. 하지만 다른 부모들을 만나 본 결과, 그 진심이 나만의 이야기는 아니었다. 다른 사람들도 모두 진심으로 자기 아이가 예쁘고 아름답다고 생각하고 있었다. 설령 실제로 자기 아이가 다른 아이보다 더 귀엽지 않다고 생각하는 어머니들이 있다고 하더라도, 아니 대다수가 그렇다고 하더라도, 몇 명이 진심으로 아이가 예쁘다고 생각했다면 우리의 목적은 이루어진 것이다. 어머니들 눈에는 자기 아이가 더 예쁘고 아름답게 보인다. 개인적인 경험은 그게 사실이라고 생각할 충분한 이유가 된다.

좋은 엄마지만 나쁜 비평가?

지금까지 우리가 말한 것이 맞는다면 적어도 몇 명의 어머니들은 자신의 아이를 보면서 다른 아이보다 더 아름답다고 진심으로 생각한다고 볼 수 있다. 자기 아이들에 관해서는 남들과 조금 다른 심미안을 가진 것 같다고 말할 수 있다. 하지만 여기서 우리는 되물어봐야 한다. 누구의 심미안이 더 나은가? 앞서 나는 어머니 눈에는 아이가 원래보다 더 아름답게 보인다고 말했다. 어머니는 심리학자들이 '긍정적 환상'이라 말하는 것을 아이의 외모에 대해 갖고 있다. 상황을 이렇게 설명하는 게 맞는다면, 어머니들의 심미안에는 하자가 있다고 봐야 한다.

하자가 있거나 열등하다는 말을 듣자마자 발끈하는 독자들도 있을 것이다. 이런 말을 할지도 모르겠다. "심미안이나 아름다움과 같은 개념은 주관적인 것이다. 사람의 기호나 취향은 더 좋다 나쁘다 평할 것이 아니다. 어머니가 자기 아이를 최고로 귀엽다고 생각하지만, 다른 사람들은 그저 평범하다고 보는 경우라고 해도 우리가 맞고 그 어머니가 틀렸다고 어떻게 말할 수 있단 말인가?"

이런 식의 사고방식은 근대적 개념의 평등과 맞물린다. 우리는 분명한 이유를 제시하지도 않은 채 누군가의 관점이나 가치관을 폄훼하는 걸 나쁘다고 생각한다. 추상적인 수준에서는 절대적으로 맞는 말이다. 하지만 구체적인 사례를 가지고 이야기해 보면, 이런 주장이 갖고 있는 직관적인 매력은 바로 상실된다. 18세기 스코틀랜드의 철학자 데이비드 흄David Hume은 이런 사실을 지적한 바 있다.

오길비OGILBY(1600~76, 영국의 출판인, 시인 겸 번역가)와 밀턴MILTON(1608~74, 영국의 시인, 『실락원』 저자) 또는 버니언BUNYAN(1628~88, 『천로 역정』의 저자)과 애디슨ADDISON(1672~1719: 영국의 수필가 · 시인 · 정치가)을 두고 그 천재성과 기품이 평등하다고 주장하는 사람은, 두더지가 파놓은 흙 두둑이 테네리프 산과 같은 높이라고 주장하거나 연못이 바다와 같이 광대하다고 우겨대는 것보다 훨씬 터무니없는 생각을 정당화하고 있다고 봐야 한다.

물론 전자에 언급된 작가들을 더 좋아하는 사람이 있을 수 있다. 하지만 그런 심미안은 사람들이 알아주지 않는다. 거리낌 없이 단언하건대 이런 자칭 비평가들의 생각은 어리석고 모순된다. 그러니 심미안은 원래부터 평등하다는 생각은 잊어버리자. 어느 정도 동등한 대상을 비교하는 경우에는 인정할 수 있지만, 전혀 어울리지 않는 대상의 경우 명백한 부조리이며 앞뒤가 맞지 않는 터무니없는 소리에 불과하다. 5)

흄이 사례로 들었던 작가들은 지금 시대에는 맞지 않지만, 현대의 사례를 들어서 그가 주장하는 바를 다시 확인할 수 있다. 다니엘 스틸Danielle Steel(세계적으로 유명한 베스트셀러 작가, 엄청난 판매부수를 자랑하며 로맨스 소설을 많이 썼고 마력의 작가라 불린다)의 소설이 셰익스피어의 희곡 못지않게 훌륭하다고 주장한다면 대부분의 사람들은 터무니없이 엉뚱한 주장이라 치부할 것이다. 모두 알다시피 셰익스피어보다 스틸을 더 좋아하는 사람들은 많다. 소설 판매부수로 미루어 보건대 아마 훨씬 많을 것이다. 하지만 우리 대부분은 그런 개인의 기호는 잘못된 판단으로 치부하고, 그들의 심미안이 모자라다고 여긴다.

이런 주장은 곰곰이 따져볼 필요가 있다. 셰익스피어보다 스틸을 더 좋아하는 사람들의 심미안이 모자라다는 내 말에 어이없어 하는 독자들이 있을 수 있다. 아마 이렇게 생각할 것이다. "나는 셰익스피어를 더 좋아하지만 그건 그냥 내 생각이다. 다니엘 스틸을 좋아하는 사람에게 미적 감각이 좋지 않다고 말할 수 없다. 모든 사람의 취향이나 심미안은 나름의 근거가 있는 것이다." 하지만 이런 생각을 하는 사람은 앞서 주장한 바가 암시하는 것까지 모두 살펴봐야 한다. 학교에서 영국 문학을 공부하는 시간에 셰익스피어의 희곡과 더불어 다니엘 스틸의 소설에 똑같은 시간을 할애한다고 해도 납득할 수 있겠는가? 특정 영화나 책을 싫어하는 사람에게 그것이 정말 좋은 것이라고 설득해본 적이 있는가? 우리 문명이 이루어 놓은 업적에 대해 미래의 후손들에게 전하고자 문학 작품 하나를 타임캡슐에 넣어 전해야 한다면 셰익스피어의 『맥베스』를 넣겠는가 아니면 스틸의 『열정의 계절』을 넣겠는가?

이런 질문 중 하나에라도 '그렇다' 고 답하는 사람은 무슨 말을 했든 상관없이 실제적으로는 각기 다른 심미안을 더 나은 것과 더 나쁜 것으로 구분한다고 봐야 한다. 흄이 주장하고자 하는 핵심은 이것이다. 모든 심미안은 나름의 근거가 있으므로 똑같다고 말하고 싶어도 구체적인 사례를 들어보면 실제로 그렇게 생각하고 있지 않다는 것이다. 그럼 심미안에도 더 나은 심미안이 있고 더 못한 심미안이 있다는 걸 기정사실로 인정한다면 남는 질문은 이것이 된다. "어머니가 자기 아기의 외모에 대해 갖고 있는 심미안은 어떤 종류일까? 흄의 심미안에 관한 논쟁은 이런 질문에 대한 답을 찾아가는 데 유용한 시발점이 되어준다. 흄은 더 좋은 심미안과 더 못한 심미안을 구분할 방법을 고민했다. 그래서 찾아낸 답은 어떤 '자질' 이 있다는 것이었다. 섬세한 심미안을 갖추어서 비슷한 것들 사이에서 차이점을 발견해 낼 수 있고, 사물의 장점을 판단하는 훈련을 해왔으며, 다른 것을 구분해 내는 경험이 있는지 봐야 한다고 말했다.

또한 편견으로부터 자유로워야 한다. 그렇게 되면 흄이 말한 '분별력' 또는 '견실한 이해력' 을 갖추게 된다. 분별력은 감상하려는 것을 이해하는 능력이다. 가령 역사화의 아름다움을 감상하고 있는 경우라면, 그 그림이 나타내는 바가 무엇인지 이해해야 하고, 표현하고자 했던 역사적 사건을 어떻게 그렸는지 등을 알아야 한다. 연극을 본다고 하면 줄거리를 잘 이해하고 등장인물들의 동기를 정확히 평가할 수 있어야 한다. 흄은 다섯 가지 자질을 갖춘 비평가를 '진정한 평론가' 라고 지칭했다. 어떤 평가나 소견이 좋은 심미안에서 나왔는지 알아보고 싶다면 우리는 그 다섯 가지 자질을 갖추었는지 보면 된다. "명쾌한 판단력에 섬세한 정서를 갖추고, 훈련을 통해 기량을 향상시키고, 비교를 통해 정보를 보충하고, 모든 편견을 배제하는 사람만이 비평가로서의 자격이 있다고 할 수 있다. 이 모든 것을 다 종합하여 내린 평결이라면 심미안과 아름다움의 진정한 기준이 된다."[6]

그럼 좋은 심미안과 나쁜 심미안을 구분할 수 있는 방법에 대한 흄의 설명을 참고하여 우리의 질문을 다시 고쳐보자. 어머니는 자기 아이의 외모를 평가할 때 진정한 평론가의 자질을 지니고 있을까? 자기 아이가 더 귀엽다고 한 어머니의 심미안이나 분별력의 섬세함이 부족하다고 생각할 이유가 없다. 또 아기 외모의 빼어남을 판단한 경험이나 아기들의 얼굴을 비교한 경험이 부족하다고 생각하는 것도 말이 안 된다. 오히려 그 반대다. 처음으로 아이를 갖게 된 부모들은 위의 두 가지 일을 아주 열심히 한다. 오히려 어머니에게 부족한 것은 흄이 바람직한 특징이라고 말한 것 중 네 번째 특질인 '편견이 없어야 한다' 는 점이다. 이 특질에 대해 흄은 다음과 같이 썼다.

> 작품에 대한 이야기를 공개적으로 할 때는 내가 그 작가와 친분이 있거나 원한이 있어도 그런 상황에서 벗어나야 한다. 가능한 한 나의 개인적 실체나 특정한 상황은 잊고 일반적인 입장이 되어야 한다. 편견의 영향을 받은 사람은 원래 자신의 입장을 완고하게 고수하며 평가에 필요한 관점을 지키지 않는다.

흄은 좋은 심미안을 가지려면 자신이 좋아하는 것과 연결된 개인적인 것들은 접어두어야 한다고 생각했다. 자신이 좋아하는 것에는 어느 정도 거리를 두어야 한다. 만약 어떤 책의 작가가 내 친구라면 친구에 관한 호감의 영향을 받지 않고 작품을 있는 그대로 보는 것이 어려울 수 있다. 이런 편견은 작품의 아름다움을 왜곡하게 인지하게 해서 그 가치를 과대평가하거나 결점을 무시하는 결과를 낳는다.

그러나 어머니와 아기와의 관계는 공평하고 객관적인 관계와는 거리가 멀다. 어머니가 아기를 볼 때는 개인적 실체나 특정한 상황을 잊지 못한다. 또한 '원래 자신의 입장' 을 저버리지도 않는다. 이 말은 자녀의 아름다움에 관한한 어머니들은 진정한 평론가가 아닌 형편없는 평론가로서 개인적 편견에 싸인 왜곡되고 뒤틀린 심미안을 가졌다는 의미다. 흄의 사례를 그대로 적용해보면 어머니들은 친구의 작품에서 실재보다 더한 아름다움을 보는 사람들이다. 즉 비평보다는 아름다움을 더 많이 이야기하고 편견에 묶여 윤색된 심미안을 갖고 있다는 걸 알 수 있다. 보다 더 유사한 사례를 들자면, 다른 사람의 예술작품을 감상한 경험이 있음에도 불구하고, 자기의 그림에 빠져 있는 자기중심적인 화가를 생각할 수 있다. 자기 그림의 장점만 보고, 그 장점의 중요성만 과대평가하면서 결점은 무시하는 것이다.

물론 어머니의 경우와 완전히 같은 이야기로 볼 수는 없다. 우리는 자기중심적 화가의 잘못된 심미안을 더 못마땅한 눈초리로 보는 경향이 있다. 그 화가의 편견은 오로지 자신만을 위한 것이기 때문이다. 반면 어머니의 편견은 자신을 매료시킨 젖먹이에게 대단히 유용하다. 어머니와 자녀 사이의 유대를 깊게 해주는 역할을 하기 때문이다. 하지만 순전히 미학적인 관점에서만 보면, 어머니와 자기중심적인 화가는 같은 수준이다. 둘 모두 자신이 사랑하는 대상에 대해서는 훌륭한 보디가드가 될 수 있겠지만 평론가로서는 엉망이라 할 수 있다. 하지만 정말 그럴까?

아름다움, 사랑, 편견

우리의 질문을 계속 이어나가기 위해서는 좋은 심미안이란 개념에 대해 조금 더 심도 있게 파헤쳐볼 필요가 있다. 특히 우리가 물어봐야 할 것은 다음과 같다. 그래서 좋은 심미안이 뭐가 좋다는 말인가? 일단 논의를 이어나가기 위해 다른 사람보다 심미안이 더 좋은 사람이 있다는 흄의 말이 맞는다고 해보자. 즉 무엇이 아름다운지 아닌지에 대한 판단을 다른 사람보다 더 잘 할 수 있는 사람이 있다고 보는 것이다. 또 다섯 가지 자질을 지닌 '진정한 평론가' 이야기도 맞는다고 해보자. 진정한 평론가는 실제적인 아름다움을 볼 수 있는 반면, 편견에 영향을 받은 다른 사람은 실제로 존재하지도 않는 아름다움을 보고 있다는 말이 맞는다고 하자. 그들은 거짓 아름다움을 보는 것이다.

자, 그렇다면 남는 문제가 있다. 심미안이 좋지 않다는 걸 당사자들이 신경 쓸 이유가 어디 있단 말인가? 진정한 평론가들은 진정으로 아름다운 것을 보면서 즐거움을 얻지만 편견이 있는 사람들은 자신들 생각에 아름답다는 것(거짓 아름다움)을 감상하면서 즐거움을 얻는다. 예를 들면 다니엘 스틸의 소설읽기 같은 일이다. 이런 식으로 얻은 즐거움이 진정한 평론가들이 얻은 즐거움과 양적으로 차이가 나지 않는다면, 결국 진정한 평론가인지 못난 평론가인지가 무슨 상관이 있겠는가? 이런 생각을 어머니의 경우에 적용해 보면, 젖먹이를 보면서 느끼는 아름다움이 비록 어느 정도는 환상이고 착각이라 할지라도 신경 쓸 이유가 없지 않겠는가? 18세기 조지프 스펜스Joseph Spence가 지적한 바에 따르면, 연인들은 다른 사람은 인정하지 못하는 아름다움을 서로에게서 본다. "연인들의 마음속에서는 그 '상상의 아름다움'이 실재 못지않게 충분히 아름답다."[7]

이 문제에 관한 논의를 하면서 메릴랜드대학 철학과 교수 제럴드 레빈슨Jerrold Levinson은 좋은 심미안을 갖지 못했다는 점에 신경을 써야 하는 이유와 심미안을 연마하려 노력해야만 하는 이유, 즉 편견에서 벗어나 진정한 평론가의 자질을 길러야만 하는 이유를 설명했다.[8] 여기서는 레빈슨이 말한 설명 중 주요 주장 두 가지만 알아보자.

첫 번째 이유는 우리 모두는 가능한 한 가치 있고 보람 있는 경험을 하고자 하는 욕망을 타고났기 때문이다. 그리고 두 번째 이유는 진정한 평론가들의 경험이 잘못된 아름다움에서 얻은 즐거움보다 더 가치 있고, 더욱 값비싸다고 믿을 이유가 충분히 있다는 데 있다. 이 두 가지 주장으로 우리는 진정한 평론가들이 선호하는 것에 집중하고, 그들의 자질에 필적하려고 애쓸 필요가 있다는 점을 알게 되었다. 그들의 섬세한 심미안, 편견 없음 등의 자질 말이다. 진정한 평론가들이 향유하는 아름다움은 보다 가치 있고 보람 있다. 우리가 그들의 심미안을 공유할 수 있다면, 우리 역시 보다 나은 아름다움을 경험하고 보람을 느끼게 될 것이다.

좋은 심미안이 뭐가 좋은지에 대한 이런 설명을 들었으니 이제 다시 젖먹이에 관한 어머니의 착각에 대해 생각해 보자. 하지만 그 전에 먼저 자기중심적인 화가 이야기를 다시 해보자. 자기중심적인 화가는 우리에게 이렇게 말할지도 모른다. "그래, 내가 좋지 않은 심미안을 가졌다고 칩시다. 그래서 뭐 어쩌라는 거요? 나는 진정한 평론가들이 렘브란트나 반 고흐의 작품을 보면서 얻는 즐거움 못지않은 즐거움을 나만의 걸작에서 얻고 있단 말이오. 굳이 이걸 바꿔야 하는 이유가 뭐란 말이오?" 레빈슨 교수에 의하면 우리는 다음과 같은 대답을 해야 한다.

"당신의 심미안을 고치고 편견을 버려야 하는 데는 충분한 이유가 있습니다. 진정한 평론가가 선호하는 예술작품은 당신이 자기 그림에서 얻는 즐거움보다 더 가치 있고 귀중한 즐거움을 제공해줍니다. 당신도 우리와 마찬가지로 가능한 한 가치 있고 귀중한 경험을 원하고 있을 테니 그 즐거움을 누리도록 노력해야 합니다." 흄의 말대로 자기중심적인 화가가 끝까지 완고하게 자신의 원래 입장을 고수한다면 그는 자신의 삶을 향상시킬 수 있는 기회를 놓치게 되는 것이다. 엉터리 비평가인 자기중심적 화가는 보다 나은 비평가가 되도록 노력해야 한다.

그럼 이런 이야기를 어머니가 아기의 아름다움에 대해 갖고 있는 심미안의 경우와 어떻게 맞추어 볼 수 있을까? 얼핏 보기에는 자기중심적 화가와 마찬가지로 어머니 역시 자신이 해낸 일에 대해서는 엉터리 평가를 내리는 사람 같다. 하지만 자기중심적인 화가와 달리 어머니가 그런 걸 신경 써야 할 이유가 있는지는 분명치 않다. 또 아기의 외모에 대한 심미안을 향상시키려 노력해야만 하는지도 알 수 없다. 인간의 아름다움을 평가할 수 있는 진정한 평론가들이 어머니가 젖먹이에게서 찾은 거짓 아름다움에서 얻는 즐거움보다 더 값지고 보람 있는 경험을 했다고 치자. 그리고 다른 모든 사람들과 마찬가지로 어머니 역시 가치 있고 귀중한 경험을 많이 하고자 한다고 하자. 그렇게 되면 어머니들은 자신의 부족한 심미안을 교정해야 할 이유가 충분히 있다는 결론을 내릴 수 있다. 심미안을 변화시켜야만 진정으로 아름다운 것들을 더 경험할 수 있다면 말이다.

그런데 이 지점이 젖먹이의 아름다움 평가에 관한 이야기와 레빈슨의 이야기가 맞지 않는 부분이다. 아니, 인간의 다양한 아름다움에 대한 평가 모두 해당되는 부분이다. 일단 이런 주장을 하기 위한 전제는 우리가 심미안을 향상시키고 나면, 아름답다고 생각되는 것을 자유롭게 바꿀 수 있다는 가정이다. 이는 예술작품을 대상으로 할 때는 잘 맞는다. 다니엘 스틸의 소설보다 셰익스피어의 작품을 더 좋아하도록 심미안을 교정하면, 전자보다 후자를 감상하는 데 더 많은 시간을 쓰게 될 것이다.

그림과 같은 시각적 예술 작품의 경우에는 심미안을 변화시키는 데 비용이 조금 더 들 수 있다. 하지만 박물관이나 우수한 작품 포스터로 이런 문제를 어느 정도는 극복할 수 있다. 하지만 인간을 감상하는 문제에서는 상황이 전혀 달라진다. 부모는 집에 있는 아기를 엉터리 소설책 버리듯 간단히 치워버릴 수 없다. 어머니로서의 편견을 힘들게 벗어버린 어머니가 더 귀여운 친구의 아기를 감상하는 데 시간을 더 많이 보내거나 육아 잡지에 실린 아기 사진을 더 보려고 노력할 수 있다. 하지만 젖먹이를 돌보는 데 얼마만큼의 시간이 드는지 아는 사람이라면 이런 노력이 얼마나 말도 안 되는지 금방 알 수 있다. 즉, 예술애호가와는 달리 어머니들은 부모의 사랑이라는 이름으로 심미안이 왜곡되어도 아무 문제 없이 지낼 수 있다. 예술애호가와 달리 어머니는 심미안을 교정해야 할 이유가 전혀 없다.

여기서 우리가 내린 결론의 설득력을 강조해야 할 것 같다. 앞서 살펴보았듯이 어머니들은 자신의 심미안이 왜곡되었다고 걱정할 '실질적인 이유' 가 전혀 없다. 어머니들의 건설적인 착각은 그것이 비록 왜곡된 심미안에서 비롯되었다 하더라도 아이와의 유대를 강화시켜줄 수 있다. 내가 이와 관련해 주장했던 바와 같이 실질적인 면을 고려하지 않고 미학적인 면만 제한해서 보아도, 어머니들이 사랑과 평가를 뒤섞었다는 사실을 유감스럽게 생각할 필요가 없다. 자기 아이의 외모에 관한 심미안을 향상시켜 본들 얻을 수 있는 게 없다.

사실 이렇게 이야기를 하다 보니 어머니의 심미안이 왜곡되었다거나 하자가 있다는 식으로 말하고, 어머니가 아이의 외모에 대해 주관적으로 판단한 것을 착각이나 환상이라고 부르는 게 과연 합당한 것인지도 의문이 든다. 어머니가 자신의 아이가 세상에서 가장 귀엽다고 상상하는 건 주어진 상황에서 가장 적절하게 심미안을 향상시킨 일이기 때문이다. 어머니에게 있어서 편견은 심미안을 제대로 사용하는 데 방해가 되는 게 아니라 오히려 도구가 된다. 이 말이 이상하다고 생각된다면 그건 아름다움과 심미안의 대상을 무생물인 예술작품에만 집중해 생각하기 때문일 것이다. 어머니들이 경험하는 아이의 아름다움은 어머니로서 행하는 다양한 활동의 일부로서 그 자체만으로도 매우 흥미롭다. 또한 우리에게 아름다움이란 복잡한 인간관계에서는 매우 다른 문제가 될 수 있다는 사실을 새삼스럽게 일깨워준다.

주석

1 캐서린 힐데브란트*Katherine A. Hildebrant*, 히람 피츠제럴드*Hiram E. Fitzgerald*, 「Mothers' Responses to Infant Physical Appearance」, 《Infant Mental Health Journal 2》 (1981): 56–61.

2 귀여움의 특징에 대해서는 다음의 글을 참고하라.
Konrad Lorenz, "Part and Parcel in Animal and Human Societies" 〈Studies in Animal and Human Behaviour〉, 2 vols., trans. Robert Martin(Cambridge, MA: Harvard University Press, 1970–1), Vol. 2, pp. 115–95.
아름다움과 귀여움의 관계에 관한 논의는 다음에서 참고하면 된다.
John Morreall "Cuteness," 〈British Journal of Aesthetics〉 31 (1991): 39–47.

3 힐데브란트, 피츠레럴드, 「Mothers' Responses to Infant Physical Appearance」, p. 60.

4 Judith H. Langlois, Jean M. Ritter, Rita J. Casey, Douglas B. Sawin, 「Infant Attractiveness Predicts Maternal Behaviors and Attitudes」, 〈Developmental Psychology〉 31 (1995): 464–72.

5 데이비드 흄, 「심미안의 기준에 대하여*Of the Standard of Taste*」, 〈Essays Moral, Political and Literary〉, ed. 유진 밀러*Eugene F. Miller* (Indianapolis: Liberty Fund, 1987), pp. 230–1.

6 같은 책, p. 241.

7 조지프 스펜스 (under the pseudonym Sir Harry Beaumont), 〈Crito: or, a Dialogue on Beauty〉 (Dublin: George Faulkner, 1752), p. 43.

8 제럴드 레빈슨, 「흄이 말한 심미안의 기준*Hume's Standard of Taste: The Real Problem*」, 〈Journal of Aesthetics and Art Criticism〉 60 (2003): 227–38.

로라 뉴하트 LAURA NEWHART

4

아들 캐빈을 입양하면서

이 글을 쓰려 책상에 앉아 있는 지금, 나는 훗날 17살이 된 네가 이 글을 읽는 장면을 머릿속에 그려보려 애를 쓰고 있단다. 오늘 너는 내 품에 안기며 이렇게 소리쳤지. "잡아봐." 그러고는 까르르 웃었지. 17살의 너는 어떨까? 10대의 냉소적인 웃음 아래 자부심을 숨기고 이 글을 읽을까? 아니면 거북하고 난처해할까? 아니, 이 글에 관심이나 가져줄까?

수 정

그 '연락'을 받았던 건 2007년 3월 2일이었다. 2006년 8월 국제입양기관에 입양 신청을 하고 엄청나게 많은 서류를 떼러 다닌 끝에 가까스로 필요한 서류를 다 제출한 후였다. 입양 담당자가 전화로 과테말라 출신의 어린 소년을 나에게 맡기겠다고 했다. 팻과 나는 직장에서 사람들과 즐거운 시간을 보내고 집으로 돌아와서 음성 사서함에 남겨진 담당자의 메시지를 들었다. 그녀는 매우 신 나고 즐거운 목소리로 말했다. 오후 5시가 다 되어가는 시각에 메시지를 확인했지만 나는 즉시 입양기관에 전화를 걸었다. 담당자가 제발 그때까지 사무실에 남아 있기를 간절히 바라면서. 그리고 이 메시지가 나에게 아이를 보내주겠다는 소식이기를 바랐다. 다행히도 그녀는 사무실에 남아 있었고, 내게 아이를 입양하게 해주겠다는 거였다.

"아이 이름은 캐빈 에스투아도랍니다. 2007년 1월 23일 태어났어요. 지금 아이 사진을 보고 있는데 귀엽고 깜찍한 노란색 스웨터를 입고 있네요. 한 쪽 팔을 늘어뜨린 채 잠을 자고 있는 모습이에요. 지금 당장 이메일로 사진을 보내드릴게요. 그리고 이번 주말에 실물 사진도 보낼게요."

그때 집에 있던 컴퓨터는 산 지 10년이 넘은 것이었다. 낡은 모니터로 아이 사진을 보니 어둠침침하고 흐릿하게 보였다. 새로 맞이하는 아들의 첫 모습은 가능한 한 좋은 모니터에서 보고 싶었던 우리 부부는 즉시 차를 몰아서 내가 교편을 잡고 있던 대학으로 달려갔고 사무실 모니터로 아이 사진을 보았다. 주차장에 차를 세우던 그 순간의 흥분과 감격은 지금도 생생하다. 나는 곧바로 그 순간의 역사적 중요성을 실감하며 일기를 썼다.

넌 내 아들이란다. 내 아들이야. 잘 자렴. 네 작은 머리로 무슨 생각을 하고 있니? 네 눈동자를 빨리 볼 수 있으면 좋을 텐데. 하지만 뭐 괜찮아. 잘 자렴. 우린 곧 함께 하게 될 거야.

임신

입양 담당자는 캐빈이 위탁 가정에서 다른 아이 한 명과 함께 지내고 있다고 알려주었다. 위탁 가정에는 40대의 엄마와 두 명의 10대 아들이 있다고 했다. 두 나라 정부기관 사이의 지루한 형식과 절차를 거치는 동안, 캐빈은 위탁 가족과 함께 머물렀다가 우리 집으로 와서 함께 살게 될 것이라고 했다. 담당자는 한 달에 한 번씩 캐빈의 사진을 이메일로 받아볼 수 있고, 그때마다 아이의 몸무게와 키, 머리 둘레도 같이 보내준다고 했다. 나는 아이의 성장과 발달에 대한 정보를 지속적으로 받아볼 수 있었다. 또 위탁 가정에 캐빈을 위한 생활용품을 보낼 수도 있었다. 나는 일회용 카메라를 보내서 위탁모가 캐빈의 사진을 찍어 주도록 했다.

입양 담당자는 소속기관의 도움을 받아 과테말라에서 아이를 입양한 부모들을 위한 온라인 친목회에 대해서도 알려주었다. 모임의 온라인 게시판은 매달 받아보는 아기 사진이 최고 화젯거리였다. 매달 사진이 올 때가 되면 예비 부모들은 게시판에 이런 질문을 올리곤 했다. "사진 받으신 분 있으세요?" 그러면 바로 이런 답글이 달렸다. "담당자에게 물어보니 다음 주 초는 돼야 올 거래요."

캐빈의 사진을 받을 때마다 나는 너무나 기뻤다. 사진을 바라보면서 혼자서 히죽 웃곤 했다. 사진을 받으면서 입양이 점점 실감났고, 캐빈과도 계속 연결되어 있다는 느낌을 갖게 되었다. 또 아이가 자라고 변화하는 모습을 볼 수 있었다. 캐빈은 위탁 가정에서 9개월을 보냈다. 나는 2007년 4월부터 9월까지 캐빈의 사진을 여섯 번 받아 보았는데, 보통 한 번에 대여섯 장의 사진을 받았다. 나는 이 사진들을 뚫어져라 세세하게 살펴봤다.

넌 지금 무슨 생각을 하고 있니? 어떤 기분이니? 주변에 있는 사람들이 어떻게 했기에 이런 표정이나 행동을 하게 된 거지? 이 사진을 찍을 때 기분이 좋았니? 피곤하거나 짜증이 났니? 몸 상태는 좋니? 너는 재미있는 아이니? 똑똑하니? 앞으로 얌전하게 굴 거니? 아니면 장난꾸러기가 될 거니? 활발하고 활동적이니 아니면 소극적이고 느긋한 편이니? 세상에, 네 손은 참 크구나!

모든 예비 부모들이 그렇듯이 나는 기대에 부풀어 있었다. 우리 아이가 천재이거나 엄청나게 예쁘기를 바라지는 않았다. 그저 성격 좋고, 용모단정하며(조금 이상하게 들릴 수도 있겠지만) 힘든 일도 주저하지 않는 사람이길 바랄 뿐이었다. 처음 사진을 받은 것은 4월이었는데, 그때 사진이 나는 제일 좋았다.

내가 마음속에서 그리던 이상적인 아기 모습 그대로구나. 너는 '운동선수' 처럼 보여. 3개월 된 아기가 '스타 운동선수star player' 라는 말이 적힌 셔츠를 입고 있는 아이러니라니. 이 사진에 설명글을 붙인다면 남자들이 겸손을 떨면서 쓰는 말투로

"제가 인기 있는 운동선수라고요? 그럴 리가요"라고 말하는 중이라고 쓰고 싶어.

5월에 받은 사진은 캐빈에 대해 갖고 있었던 기존의 인상을 바꿔주었다. 사진 속에서 캐빈은 마치 성가대 소년 같았다. 커다란 갈색 물웅덩이 같은 두 눈과 활 모양의 분홍 입술을 하고 두 손을 포갠 캐빈은 아주 귀엽고 순진해 보였다.

오, 천사 같은 우리 아가. 지금 내가 보고 있는 이 순진함을 보호하고 안전하게 지켜줘야만 하는 책임이 내 몫이 되겠구나. 어떻게 해야 너에게 어울리는 사람이 될 수 있을까?

이즈음 과테말라 입양 게시판에서 시에나라는 여자아이를 입양한 한 부부의 글을 읽었다. 이 부부는 입양할 딸을 데리고 있는 위탁모에 대한 질문을 했는데, 나는 바로 캐빈을 데리고 있는 위탁모와 같은 사람이란 걸 알게 되었다. 나는 댓글을 달았고 우리는 여러 가지 면에서 서로에게 도움이 되는 교류를 했다. 나는 과테말라에 있는 캐빈의 위탁모에게 연락을 거의 하지 않았다. 언어 장벽이 있을 거라고 생각했기 때문이다. 하지만 시에나의 양부모는 영어를 꽤 유창하게 구사하는 위탁모의 언니가 가끔씩 집에 온다는 사실을 알아내 그동안 연락을 해왔다고 한다.

나는 전화를 걸었고 위탁 가정에서 캐빈에 대한 이야기를 직접 들었다. 캐빈의 위탁모 언니는 캐빈이 무척 활달하다고 말해주었다. 밤에는 잘 자고 음악과 춤을 좋아한다고 했다. 또 지난번에 두어 번 한밤중에 깨어 운 적이 있는 데 다음에 의사가 왕진을 오면 물어보려 한다고도 말하며 아마 이가 나느라 그러는 게 아닌가 싶다고 덧붙였다.

6월에 시에나의 양부모는 아이를 직접 만나러 과테말라로 갔지만 나는 캐빈을 데리고 오기 전에는 과테말라에 가지 않기로 했다. 우선 과테말라로 두 번씩 다녀올 만큼 경제적 여유가 없었고, 또한 직접 캐빈을 만나고 며칠 동안 아이와 함께 있다가 아이만 남겨두고 떠나오는 게 더 힘들 것 같았기 때문이다. 시에나의 부모는 과테말라에서 돌아와 나에게 이메일을 보내왔다.

어젯밤에 위탁모와 그 언니를 저녁 식사에 초대했습니다. 그런데 세상에, 위탁모가 품에 너무 잘 생긴 총각 한 명을 안고 온 겁니다. 별명이 '왕자님' 이라고 하더군요. 늘 말씀하시던 바로 그 귀여운 캐빈이었어요! 캐빈 사진도 몇 장 찍었으니 정리가 되는 대로 보내드리겠습니다. 과테말라에서 많은 남자아이를 보았지만 저는 캐빈이 제일 귀여운 아이였다고 생각한답니다! 아주 활발한 성격에 건강하고 튼튼해 보이더군요. 캐빈은 무릎 위에서 다리를 폈다 구부렸다 하는 걸 좋아했습니다. 위탁모는 아이를 잘 돌보시더군요. 정말 인정이 많은 분이라 아이들을 진심으로 아껴준다는 걸 알 수 있었습니다. 시에나와 캐빈이 손을 맞잡고 낮잠을 자는 경우도 있다고 하더군요.

그리고 받은 사진으로 나는 캐빈에 대한 생각을 다시 하게 되었다. 그때까지 받은 사진 중 가장 뜻깊은 사진이었다. 입양기관에서 매달 보내주는 사진도 물론 감격스러웠지만, 직접 찍은 자연스러운 스냅 사진으로 보는 캐빈은 훨씬 더 현실감이 느껴졌다. 게다가 캐빈은 어딘가 달라 보였고, 더 편안해 보였다. 입양기관에서 찍은 사진 속 캐빈은 늘 혼자였다. 하지만 이 사진에서 캐빈은 가족이라고 알고 있는 사람들과 함께 일상 속 모습을 보여주고 있었다. 위탁모와 그 언니와 함께 찍은 사진도 있었고, 캐빈 혼자 찍은 사진도 있었다. 그 모든 사진 속에서 캐빈은 다양한 표정을 보여주었고, 매력적인 포즈를 취하고 있었다.

가냘픈 몸에 장난꾸러기 같은 얼굴과 커다란 손 그리고 사진마다 이도 없이 싱긋 웃고 있는 이 소년은 누굴까? 외식을 하고 모든 사람의 관심을 받고 무척 기분이 좋아 보이는구나. 시에나는 뭘 하고 있니? 위탁 가정에서 너무 편안하고 행복하게 잘 지내는 것 같아 보여. 앞으로의 삶에 커다란 변화가 닥쳐올 거라는 걸 너는 알고 있니? 지금처럼 우리와도 행복하게 지낼 수 있겠니?

마지막 사진은 2007년 9월에 받았다. 캐빈은 생후 8개월이 되었다. 나는 그 사진을 보고 어안이 벙벙했다. 그동안의 사진에 비해 캐빈이 훌쩍 커버린 것 같았기 때문이었다. 세상에, 앞머리가 자랐다. 청재킷을 입은 캐빈은 사진 속에서 피곤하고 슬퍼 보였다. 심지어 현관 앞 베란다에 나와 찍은 것 같은 사진에서도 그랬다.

집에 올 준비를 하고 우리를 기다리느라 많이 피곤해 보이는구나. 네가 주변 상황이나 환경을 의식하기 전에 어서 너를 데려와야 할 것 같구나. 이젠 때가 된 것 같아.

산고와 출산

2007년 8월 24일, 우리의 입양 신청이 당시 입양을 전담하고 있던 과테말라 중앙 기관인 PNG에서 드디어 승인을 얻었다. 과테말라에 있는 미국 대사관에서 할 최종 면담 일정이 10월 12일로 잡혔다. 그리고 2007년 10월 11일이면 드디어 캐빈을 내 품에 안아볼 수 있었다. 팻과 나는 드디어 여행 계획을 세웠다. 팻은 아이를 데리고 오는 이번 여행에 나와 동행하기에 딱 맞는 사람이었다. 원체 침착하고 든든한 사람이었을 뿐만 아니라 이전 결혼에서 두 명의 한국인 아이를 입양한 경험이 있기 때문이다.

과테말라에 도착해 보니 아주 혼란스러웠다. 원래 숙박하기로 한 호텔에서 공항으로 셔틀버스를 보내주기로 되어 있었다. 셔틀버스 기사는 우리를 말 그대로 낚아채듯 데려다 태웠고, 그 바람에 제대로 주변을 둘러볼 틈도 없었다. 호텔에 도착했지만 우리는 우리가 묵을 방이 아직 준비되어 있지 않다는 소식을 들었다. 나는 과테말라에 있는 입양기관 대표에게 전화를 걸어 우리가 도착했음을 알렸다. 몇 번의 혼란스러운 통화가 오고 간 후에 호텔 로비에서 대표와 위탁모 그리고 캐빈과 함께 만나기로 약속을 정했다.

다행히도 그전에 호텔 방이 급히 마련되었고, 호텔 직원들은 이동식 어린이 침대와 보온병을 가져다주었다. 나는 호텔 매니저가 너무 간단하게 아기 침대를 조립하는 모습을 주의 깊게 본 기억이 난다. 이제 팻과 내가 할 일이라곤 그저 기다리는 것뿐이었다. 3시가 넘었을 무렵 맥도날드로 걸어가서 뭔가를 좀 먹기로 했다. 그런데 맥도날드 앞에는 무장한 경비원이 서 있었다. 입양기관에서 과테말라시티를 돌아다닐 때는 주의해야 한다고 경고했던 것이 실감나기 시작했다. 그때 맥도날드에서 뭘 주문했었는지 잘 기억이 나지 않는다. 잘 모르겠지만 그때껏 한 번도 먹어보지 않았던 것을 시켰던 것 같다. 음식을 다 먹지도 못하고 곧바로 팻에게 그만 호텔로 돌아가야 하지 않겠느냐고 말했다. 내 인생에서 가장 중요한 약속에 늦고 싶지 않았다.

4시가 되기 전 호텔 로비에 도착했지만 아직 아무도 나와 있지 않았다. 4시 30분경 즈음에 선글라스를 낀 젊고 세련돼 보이는 여자가 아기를 데리고 들어와서 안내데스크에서 뭔가를 확인했다. 솔직히 말하면 위탁모라는 말을 처음 들었을 때 내가 생각한 모습은 뚱뚱하고 촌스럽지만 모성애가 가득한 나이 지긋한 여성이었다. 하지만 이 여성은 대단히 매력적이었다. 그녀는 우리에게 걸어와 자기소개를 했다. 여자의 품에 안긴 아기는 자고 있었다. 위탁모는 아이를 우리에게 건네줄 생각에 벌써 눈물을 글썽였다. 지난 9개월 동안 그녀는 캐빈의 어머니였다.

자리를 잡고 앉자 그녀는 영어를 모르고, 우리 역시 스페인어를 모른다는 사실이 분명히 드러났다. 우리는 입양기관 대표가 와서 통역해줄 때까지 제한된 대화만 간간히 나눴다. 나는 그녀의 품에 안긴 아기를 찬찬히 들여다 보았다. 때마침 아이가 잠에서 깼다. 담요로 감싸 놓은 아기는 조그만 천 모자를 쓰고, 반바지와 티셔츠를 입고 야구공 무늬가 있는 재킷을 입고 있었다. 그리고 발에는 검은색 운동화를 신었다. 나중에 보니 운동화 무늬에 불이 들어왔는데 나는 이를 보고 놀랐다. 나는 조심스러워서 냉큼 캐빈을 안아보겠다고 팔을 뻗지 못했다. 위탁모는 캐빈을 팻에게 건네주었다. 그래서 팻이 먼저 캐빈을 안았다. 내가 팻을 소개하자 그녀는 그야말로 안도의 한숨을 내쉬면서 말했다. "오, 캐빈의 아빠군요!" 우리는 캐빈과 같이 사진을 찍고서 대표가 오기를 기다렸다.

캐빈의 위탁모는 우리가 보내준 옷을 모두 챙겨서 왔다. 꼭 그럴 필요도 없었고, 기대하지 않았던 일이었다. 또한 여행 중에 사용할 기저귀도 넉넉히 챙겨주고 분유와 시리얼 등을 준비해 주었다. 그리고 몇 번이나 챙겨온 젖병 꼭지에 관해 뭔가를 설명하려 애썼지만 난 도무지 이해할 수가 없었다. 고등학교에서 2년 동안 스페인어를 배웠고, 영어와 스페인어로 된 유아용 책 몇 권을 읽기도 했지만, 사실 나는 스페인어를 제대로 하지 못했다. 캐빈의 위탁모는 젖꼭지의 맨 위를 가리키면서 스페인어로 '컵'이라는 말을 했다. 내가 읽었던 책에 나오는 단어라 알 수 있었지만 여전히 무슨 말인지 짐작도 할 수 없었다. 하지만 그날 한밤중에 호텔방에서 분유 먹이기에 수차례 실패한 끝에 그녀가 무슨 말을 하려 했는지 이해하게 되었다.

대표가 도착해서 통역을 해주었다. 할 말이 많을 것 같았지만 일은 상당히 빨리 진행되었다. 캐빈의 위탁모는 스페인어로 캐빈을 먹이고 재우는 시간에 대해 말했고 대표는 그 말을 영어로 바꿔서 말했다. "그리고 이따금씩 닭고기를 조금씩 주면 된답니다." 나는 이 말을 캐빈에게 고형 음식을 선택적으로 줄 수 있다는 뜻으로 알아들었다. 그리고 곧 위탁모와 대표는 자리에서 일어섰다. 위탁모는 우리가 미국으로 떠나기 전, 한 번 더 찾아와서 마지막으로 캐빈을 봐도 되겠느냐고 물었다. 우리는 마지막 날 아침 식사를 같이 하자고 초대했다.

그리고 우리는 캐빈과 함께 호텔방으로 돌아왔다. 당시 나는 여전히 충격 상태에 있었던 것 같다. 앞으로 평생을 같이 할 아들이 내 앞에 있다는 사실이 충분히 이해되지 않았다. 그런 걸 곰곰이 생각하지 않았던 것은 일종의 심리적 기제였던 것 같다. 나는 당장 캐빈이 계속 기쁘고 흡족하게 있도록 노력하기 시작했다. 나는 캐빈을 안아주었다. 팻도 캐빈을 안아주었다. 우리는 놀아주고, 꼭 껴안아주었다. 내가 오랫동안 시간을 같이 보냈던 아기는 조카가 유일했다. 당시 그 조카는 여덟 살이었는데, 그날 밤 나는 캐빈에게는 좀 어려운 놀이를 해주었던 것 같다. 우리는 기저귀도 갈아주었다. 그리고 이제는 아이를 재워야 한다고 생각했다. 하지만 캐빈은 잠을 자지 않았다. 나는 십 분 동안 아이를 안고 흔들어 주었다. 캐빈은 잠이 들었지만 딱 삼십 분뿐이었다.

지난 아홉 달 동안 자신을 돌보아주고 보호해주던 곳에서 갑자기 데려와서 낯선 두 사람과 호텔방에 있게 했으니 캐빈이 겁을 먹었을 거란 생각이 들었다. 그래서 나는 캐빈이 안전하고 편안하고 만족스럽고, 가능하면 행복하게 느끼도록 하기 위해 최선의 노력을 기울이기로 마음먹었다. 그날 밤은 아주 길었고, 이어 다른 호텔에서 보낸 다음 날도 마찬가지였다. 캐빈은 세 시간마다 한 번씩 먹여야 했다. 우리 중 한 명은 한밤중에 일어나서 분유를 탄 후 안락의자에 앉아 캐빈에게 분유를 먹이려 애썼지만 계속 실패했다. 이제는 캐빈이 잠을 좀 자겠지 생각하는 순간이면, 더 크게 더 오래 울었다. 두 번째 날 밤에 내가 초보 엄마라는 생각이 떠올랐고, 문득 젖병에 문제가 있을지도 모른다는 생각이 들었다. 분유와 이유식 분말을 섞다보니 젖꼭지로 빨아먹을 때 방해가 되는지 몰랐다. 나는 적당한 범위에서 막힌 젖꼭지를 뚫었고 캐빈을 먹이는 문제는 어느 정도 해결했다. 하지만 수면 문제는 계속 이어졌다.

집에서 매달 캐빈의 사진을 보고 있을 때는 어서 빨리 캐빈을 만나고 싶다는 생각뿐이었다. 하지만 그때 나는 비로소 진짜 캐빈을 알아가고 있다는 생각이 들었다. 하지만 그 며칠 밤으로 캐빈에 대해 확실히 알았다고 생각했다면 그건 완전히 오산이다. 호텔 객실에서 담요 위에 아이를 눕히고 주변에 장난감을 놔두었던 때가 기억이 난다. 캐빈이 마음대로 돌아다니게 해서 운동 능력, 협동 능력이 얼마나 되는지 보자는 생각이 들었다. 그 결과 아이는 우리가 생각했던 것 이상의 능력을 지니고 있었다. 캐빈은 정말 빨리 기었고 뭔가를 잡고 몸을 일으키기도 했으며, 화장실에 들어간 사람을 밖에서 기다리기도 했다. 아이가 하는 모든 일이 신기하고 놀랍기만 했다.

다음날 우리는 대사관에서 인터뷰를 했다. 어린이를 입양하러 미국에서 온 다른 부모들이 몇몇 더 있었다. 그중 몇몇에게 지난밤에 애를 먹었다고 말하고 다른 사람들은 어땠는지를 물었다. 그리고 당시 팻과 나는 캐빈이 그곳에서 가장 얌전한 아이처럼 보였기 때문에 우쭐했었다. 하지만 피곤해서 그랬던 모양이다. 대사관에서 얌전히 굴었던 걸 집으로 가는 비행기 안에서 만회해 버렸기 때문이다.

우리는 과테말라에서 6일을 지냈다. 그 기간 내내 방해되는 젖꼭지 부분을 해결했음에도 불구하고 아이를 먹이는 일은 시간이 점점 더 많이 걸렸고, 결과도 신통치 않았다. 캐빈은 때때로 까다롭게 굴었고, 밤에 잘 자지 않았다. 나는 1단계 고형식과 스폰지밥(스페인어로 밥 에스폰자라고 적혀 있었다) 그림이 그려져 있는 노란 공과 장난감 자동차를 사왔다. 호텔 선물 매장에서 이유식용으로 나온 조그만 숟가락을 사서 캐빈에게 이유식을 먹여 보았다. 캐빈은 이 숟가락을 아주 좋아했다. 상징적 의미에서든 실질적 의미에서든 캐빈은 음식을 해치워 버렸다. 그때 내 머릿속에는 이 불쌍한 어린 것이 그동안 굶고 있었다는 생각이 들었다. "이따금씩 닭고기를 조금씩 주면 된답니다"라는 말은 고형 음식을 선택적으로 주라는 말이 아니었던 것이다. 나는 캐빈에 대한 소중한 정보 하나를 더 알게 되었다.

우리는 밤에 캐빈을 재우려 별짓을 다 했고 번갈아 안아주었다. 아이를 살짝 흔들어 주기도 하고, 안고서 여기저기 돌아다니기도 했다. 우유를 먹이기도 하고 우리와 같은 침대에 눕혀 보기도 했지만 다 소용이 없었다. 그러다가 마지막 날 밤에 너무나 피곤한 나머지 우리는 캐빈이 울기 전까지 침대에 눕혀 놓기로 했다. 그런데 그만 캐빈은 잠이 들었고 밤새 푹 잘 잤다.

과테말라에서 보내는 마지막 날 아침 위탁모와 아침 식사를 함께 했다. 위탁모가 같이 있어서인지 캐빈은 우리와 있을 때보다 더 편안해 보였다. 그녀는 캐빈을 능숙하게 돌보았다. 스크램블 에그를 조금 떼어 아이 입에 넣어주기도 하고 아기 코를 지그시 눌러주면 '삐삐'라고 말했다. 캐빈은 웃었다. 우리는 캐빈이 자랐을 때 들려주기 위해서 위탁모의 메시지를 녹음했다. 위탁모는 우리에게 편지지 여섯 장을 앞뒤로 꽉 채워서 지금까지 아이가 자라며 겪었던 중요한 일들을 알려주었다. 편지 위에는 그녀의 18살짜리 아들이 프린세파(왕자)라는 말과 함께 푸른 장미를 그려주었다. 또 사진을 슬라이드로 연결해 음악을 입힌 다음에 캐빈이 앵무새를 보러 가는 것을 좋아한다든가 위탁모가 파스타 만드는 걸 도와주는 일이나 해적처럼 옷을 입고 기타 연주하는 걸 좋아한다는 걸 알려주었다. 사진 속의 캐빈은 행복해 보였다. 나는 캐빈이 지난 9개월을 행복한 시절로 회상하지 않기를 바랐다. 하지만, 이런 불안감과 상관없이 캐빈에게 더할 나위 없이 좋은 경험이었다는 생각이 들었다. 캐빈은 사랑받고 보살핌을 받았다. 행복하고 건강한 아이로 자라 우리에게 온 것이다.

아침식사를 한 후 우리는 공항으로 출발했다. 대사관에서 보여준 얌전한 모습은 딱 비행기 좌석에 앉기 전까지였다. 비행기에 자리를 잡고 앉자마자 캐빈은 비명을 지르며 울어대기 시작했다. 우리 둘은 아이를 달래지 못했다. 우리 옆자리에 있던 과테말라 출신 젊은이는 정말 인내심과 이해심이 깊었다. 과테말라시티에서 버지니아 주 샬럿까지 비행기로 6시간이 걸렸다. 캐빈은 이중 5시간을 울어댔다. 그러다가 갑자기 조용해졌고 우리는 안도의 한숨을 내쉬었다. 바로 그때 캐빈의 기저귀에서 냄새가 났다. 우리는 비행기가 착륙할 때까지 기다렸다가 기저귀를 가는 게 좋겠다고 생각했다. 하지만 냄새를 맡자 도저히 안 되겠다는 생각이 들었다. 나는 결국 캐빈을 데리고 비행기 화장실로 들어갔다. 팻과 나는 캐빈을 반듯이 안고 서 있는 채로 기저귀를 갈아야 했다. 그런 다음에 우리는 서로를 쳐다보았다. "이번에는 승객들에게 어떤 재미를 선사하게 될까?"

샬럿에 도착했을 때 캐빈의 머리에서 하얀 빛이 뿜어 나오는 것 같았다. 아이는 갑자기 기운을 되찾고 아주 행복하고 흥분된 듯한 표정을 지었다. 비좁은 비행기를 빠져나와서 그랬는지도 모른다. 하지만 나는 아이가 새로운 집에 도착했기 때문에 그랬다고 생각하고 싶다. 우리는 유모차를 밀었고 캐빈은 미소를 지으면서 자신을 바라보는 모든 사람들에게 손을 흔들어 주었다. 세관을 통과하는데 여직원이 풍선과 색종이 테이프로 간단한 축하 파티를 해주면서 크게 외쳐 주었다. "환영한다, 캐빈. 미국에 온 걸 환영해!"

집으로

입양을 한 부모로서 나는 '진짜'에 관한 질문이 염려스럽다. 철학자로서 나는 무엇이 진짜냐는 질문이 우리가 인간으로서 알 수 있는 것과 복잡하고 난해하게 얽혀 있다는 사실을 잘 알고 있다. 나는 사진을 통해 캐빈을 알아보려고 노력했지만 내 모든 해석은 불명확하고 불완전한 것으로 드러났다. 캐빈은 매우 역동적이어서 내가 사진에서 받았던 모든 특징을 다 드러내 보여주었다. 거기에 보너스로 매우 똑똑하고 잘생겼다(내가 편견을 갖고 있는지도 모르겠다).

이제 캐빈이 우리 집에 온 지 2년이 다 되어간다. 나는 추억과 경험으로 캐빈의 몽타주를 그릴 수 있게 되었다. 루이빌에 있는 박물관에 갔을 때 유모차에서 내려놓자 무릎을 땅에 대고 빙그르 돌고, 그 미끈한 바닥에서 즉석에서 기어가는 문워크를 선보였던 때가 기억난다. 그 후로 우리가 시키면 캐빈은 기어가는 댄스 안무를 짜내곤 했던 것도 기억난다. 또 정식 교육을 받지 않고도 다양한 요가 동작도 해냈다(캐빈이 가장 좋아하는 요가 동작은 아래를 내려다보는 개 동작이다). 지난 몇 달 동안 만화 영화 《카》의 감동적인 장면에서는 슬픈 음성으로 "슬래리, 마터"라고 말하는 걸 나는 기쁜 마음으로 지켜보았다. 또 우리가 보트를 타고 가면서 캐빈에게 혼자 서 있어 보라고 말했을 때, '절대 안 돼, 자기야!' 라는 말을 하는 걸 보고 정말 크게 웃기도 했었다. 캐빈은 승리의 고함인 양 "파랑이란 노렁이!"라고 소리치면서 사방을 뛰어다니곤 한다. 아직 색의 이름을 몰라도 된다고 말하자 캐빈은 자기가 색 이름을 안다는 걸 증명해 보이기 위해서 네 가지 사물을 정확히 가리키면서 '하얀색, 빨간색, 파란색, 검은색' 이라고 말했다.

그리고 캐빈은 닦고 문지르고 물건을 치워 놓는 걸 좋아한다. 또 자동차, 트럭, 기차 등 바퀴 달린 건 모두 좋아한다. 바퀴가 없어도 바퀴가 있는 척하면서 놀곤 한다. 캐빈에게는 두 살 위의 이복형제가 있는데, 형도 입양되어 지금은 인디애나 주에 있다. 나는 두 아이가 교류하는 모습을 지켜보며, 둘이 너무 닮았다는 점과 지난여름에서야 처음 만났는데도 서로를 알아보는 것이 참 놀라웠다.

하지만 나는 아직도 캐빈을 잘 모르는 것 같다. 캐빈 사진에 내 생각과 감정을 투사시켰던 것처럼 아이의 존재와 행동 하나하나에 얼마나 많은 것을 투사시키고 있는지 자문하곤 한다. 아이의 개성(행동방식이나 말투 같은 것)이 형성되는 데 내가 얼마나 영향을 끼쳤고, 원래 아이가 타고난 면은 얼마나 되는지 늘 궁금하다. 하지만 캐빈이 계속 자라고 있고 변화하고 있다는 건 분명한 사실이다. 아직도 캐빈을 정확히 모르겠는 건 아이가 어떻게 자라게 될지 분명히 정해진 게 없기 때문일까? 아니면 아이는 내가 상상하는 이미지를 넘어서 계속 자라가니, 내가 선입견이나 생각을 거기에 맞춰 계속 바꿔야 하는 걸까?

『국가론』에서 플라톤은 사물의 2차원적 이미지는 그 이미지를 3차원적 물리적 사물로 바꾸어 놓은 것의 존재감이나 진정성보다 열등하다고 말했다. 반면 3차원 사물은 그 사물의 개념이나 형이상학적 원형과 비교하면 열등해진다고 했다. 그러나 원형처럼 우리 영혼은 불멸하고 변화하지 않는 것에 속해 있다고 한다. 원형은 물리적 외형이나 이미지보다 더 진실하고 존재감이 있다. 불행히도 우리는 물리적 육체에 갇혀 있기 때문에 그 영혼 역시 제대로 알기 어렵다. 어쩌면 이것이 바로 인간의 조건 중 하나인지도 모른다. 생물학적 자녀이거나 입양한 자녀이든 아이든 부모든 친구든 낯선 사람이든, 우리는 실제로는 서로를 전혀 알지 못하는지도 모르겠다. 나는 절대로 진정한 캐빈을 알지 못할 수도 있다. 하지만 캐빈 역시 진정한 나를 모른다고 해도 괜찮다.

네가 나중에 17살이 되어 우리와 같이 찍은 사진을 보면서 이렇게 생각하게 되기를 바란다. "엄마다. 아주 젊어 보이네. 엄마는 저 때 무슨 생각을 하고 있었을까? 어떤 감정이었을까? 엄마 주변에 있는 사람들은 무얼 하고 있었을까?" 그러면서 너는 나를 정말로 잘 알지도 못하면서도 내 사진에 지금껏 한 번도 받아보지 못한 진지하고 점잖은 시선을 보내주겠지.

3

엄마의 윤리

자녀 키우기에 대한 윤리적 문제들

MOTHERHOOD

크리스 멀포드 CHRIS MULFORD [1]

1

젖먹이 수유의 윤리

인간의 아기는 생후 한 시간 이내에 엄마의 가슴 사이에 피부가 닿도록 해서 얹어 놓으면, '하드웨어에 내장되어 있는 대로' 젖꼭지를 찾아 스스로 빨기 시작한다. 스웨덴의 한 조산원에서는 1986년 이런 내용을 관찰해서 책을 펴냈고,[2] 1993년에는 비디오(〈모유수유, 아기의 선택〉)를 출시했다. 2007년 유투브에 올린 '젖가슴 찾아 기어가기Breast Crawl' 동영상은 전 세계에서 수많은 사람이 보기도 했다.[3]

나는 두 명의 자녀를 모유수유로 키웠다. 1980년대에는 교외에 있는 지역 자치단체가 운영하는 병원에서 간호사로 일하면서 수십여 건의 출산 현장에 참여했다. 내가 일하는 병원에서 출산한 어머니 중 모유수유를 선택한 경우는 매년 1,000명 정도였지만, 갓난아기가 엄마의 젖가슴을 찾아 기어

가는 모습을 직접 본 적은 한 번도 없다. 젖먹이 수유 이야기의 주인공은 엄마와 아기지만, 각본에 영향을 미치는 다른 사람들이나 세력 또한 분명히 있다.

우리는 다른 포유류 종에서 어머니 역할의 모범을 찾을 수 있다. 어미 쥐는 새끼를 맹렬히 보호하고 절대로 떨어지지 않으려 한다. 개는 수유 시 평상시에 소모하는 열량의 세 배를 새끼들에게 주느라 체중이 10퍼센트 이상 줄어든다.[4] 캥거루 같은 유대목이나 영장류 어미들은 새끼가 무리에 어울릴 수 있을 때까지 품고 다닌다. 인간의 어머니도 해부학적으로나 심리적, 호르몬적으로 다른 포유류와 비슷하다. 하지만 뛰어난 두뇌와 기민한 손이 있어서 어린 자식을 돌보는 일에 다른 선택의 여지를 만들어 놓았다. 이 글에서 나는 그런 선택을 철학적으로 어떻게 봐야 하는지 알아보려 한다.

그중에서도 특히 모유수유에 대해 생각해 보려 한다. 젖이 나오는 어머니의 육체가 아이의 몸과 계속해서 연결되면서, 젖이 나오지 않던 임신 이전과는 호르몬적으로 완연히 다른 존재가 된다. 신체적으로 구체화되어 나타나는 이런 역할은 자신과 자녀의 욕구 사이에 균형을 찾아가는 데 영향을 미칠 수 있다. 또한 나는 어머니를 제외한 다른 사람들(배우자, 육아에 도움을 줄 다른 가족들 그리고 보다 넓게는 정치적 의사 결정자와 상업주의를 포함하는 지역 공동체)이 모유수유를 장려하는 데 어떤 역할을 해야 하는지 알아보고자 한다.

젖먹이를 먹이는 일

포유류 동물이라면 젖을 먹이는 일은 영양공급의 과도기라 할 수 있다. 어머니의 혈관을 통해 직접 영양을 공급받던 태아기에서 더 이상 젖을 먹지 않고 어머니가 먹는 것과 같은 것을 먹을 수 있게 되는 시기에 이르는 중간에서 '가교 역할'을 하는 것이 바로 젖이다. 새끼에게 주는 먹이를 주변에서 얻는 것에 의존해야 하는 조류의 경우와 비교해 보자(물론 조류 중에도 예외는 있다. '비둘기 젖'을 검색해보면 알 수 있다). 흔히 아기에게 젖을 먹이는 걸 모유수유라고 부른다.

모유수유라는 표현은 어머니와 아기가 무슨 일을 해야 하는지 잘 나타내는 말이다. 이 한마디 말에는 이 행동의 상대 즉 아기가 보내는 신호로 시작되는 복잡한 피드백 체계가 내포되어 있다. 한쪽에서 신호를 보내면 다른 쪽은 젖먹일 준비를 하는 것으로 반응한다. 아이가 젖가슴에 접촉하기도 전에 물리적으로나 사회적으로 상호작용이 일어난다. 부모들은 인식과 감정, 행동에 영향을 미치는 호르몬의 급증을 경험한다. 아이가 젖꼭지를 빤다. 젖가슴은 젖을 분출한다. 아이는 수분과 영양분 그리고 초유 성분을 섭취한다. 아기가 젖을 빠는 패턴은 젖의 유량에 따라 달라진다. 젖의 유량 역시 아이가 젖을 빠는 패턴의 영향을 받는다. 젖가슴이 비어 있으면 다음에 먹일 젖을 만들 준비를 한다. 아이는 젖을 3분의 1 정도 남겨두고 잠이 들거나 주의를 둘러보며 논다. 정상적인 모유수유 기간 동안에 이런 상황은 수천 번 반복된다.

모유수유는 매우 특별한 관계형성이다. 상호작용을 하는 활동이면서도 비대칭적이다. 젖을 주는 엄마는 합리적인 이성을 소유하고 말을 할 수 있으며 자신의 맘대로 선택할 수 있는 성인이다. 몸도 마음도 이 일에 열중하게 된다. 젖을 빠는 아기는 처음에는 미성숙하고 말도 하지 못하고 그저 소리를 낼 뿐이다. 처음에는 엄마들이 아이의 언어를 익혀야만 한다. 그러다가 시간이 지나면서 아이가 엄마의 언어를 학습한다. 아기들은 젖가슴에서도 도덕 교육을 받는다. "엄마를 물지 마!" 가장 처음 받는 교육이다.

출산 직후 시작된 젖먹이 관계는 아이가 자라면서 계속 지속된다. 세계보건기구WHO는 완전 모유수유(100퍼센트 어머니 젖만 섭취하는 것)의 최적 기간을 생후 6개월이라고 보고 있다.[5] 그 후에는 보조적인 이유식과 함께 모유수유를 지속하다가(엄마 젖에는 포함되어 있지 않지만 성장에 필요한 영양분을 공급해줄 수 있는 음식을 먹어야 한다) 2세 이상이 되면 그만 두어야 한다고 말한다.[6] 문화인류학자인 캐시 데트윌러Kathy Dettwyler는 언제까지 수유를 해야 하는지 의문을 품었다. 그는 다른 영장류 새끼들의 이유기를 근거로, 모유수유 기간을 성인 몸무게의 3분의 1 정도 체중이 나가는 시점이나 처음으로 영구치가 나오는 시점을 기준으로 추정하여 2.5세에서 7세 사이의 기간까지가 적당하다고 보았다.[7]

하지만 인간은 영장류 이상의 존재다. 인간은 발명하고 소통한다. 우리 조상은 어미 없는 아기를 보면, 젖이 나오는 다른 여성이 대신 키우게 했다(젖을 먹이는 유모는 '세계에서 가장 오래된 직업' 자리를 두고 매춘부와 겨루어야 할 정도다). 젖이 나오는 여성이 없는 경우에는 다양한 용기에 여러 가지 혼합물을 담아

먹이려 했다. 이런 방법 대부분은 성공하지 못했다. 파스퇴르가 세균이 질병의 원인이라는 사실을 알아낸 19세기 후반이 되어서야 아기들은 손으로 주는 음식을 받아먹지 않고 생존할 수 있는 방법을 찾게 되었다. 발전하는 유리와 고무 산업이 살균된 젖병과 젖꼭지를 만들어냈고, 과학자들은 다른 포유류의 새끼들이 제 어미의 젖에서 얻는 단백질, 당분, 지방질의 균형 잡힌 영양분을 각각의 종에 맞춰 섭취한다는 사실을 깨달았다. 인공 젖을 연구하고 개선시키기 위해 소아학이 발전했다.

지금 갓난아기의 수유로 선택할 수 있는 방법은 무엇이 있을까? 세계보건기구에서 불가피한 경우 모유수유를 대신할 수 있는 방법으로 꼽은 것에는 어머니가 모유를 짜서 보관했다가 먹이는 방법, 건강한 젖먹이 유모나 모유 은행의 도움을 받는 방법 그리고 모유 대용품(분유)들이 있다. 이런 것들은 젖병과 젖꼭지를 이용하거나 컵으로 먹일 수 있다.[8] 이 책을 읽는 독자들이라면 아마 분유와 젖병을 안심하고 사용할 수 있다고 생각하는 국가의 사람들이 대부분일 것이다. 안전한 식수가 공급되고 하수처리 시설이 갖추어져 있으며 냉장고와 식량 분배 체계가 갖추어져 모유수유를 하지 않거나 2세 이전에 모유수유를 그만둔 가정에서 필요한 기반 시설을 갖춘 어린이 보건의료체계가 준비된 사회에서 사는 사람들일 것이다. 그러나 이런 환경에서도 모유수유를 하지 않는 아기들은 질병에 걸리거나 사망할 확률이 더 높아진다.

유축기의 사용은 최근에 추가된 모유수유의 대안이다. 젖을 먹이기는 하지만 아이에게 젖가슴을 대주지 않는 경우다. 직접적인 모유수유에 번번이 실패한 경우 유축기로 짠 젖을 젖병에 담아 먹이는 걸로 대신한다. 아기와 떨어져 있어서 모유수유를 하지 못하는 경우에도 모유를 짜두었다가 먹인다. 젖은 거의 한계 없이 생산된다. 시간과 공간의 제약을 받지 않고 아기와 떨어져 있는 어머니의 몸에서도 젖을 얻을 수 있다. 비행기 승무원인 어머니가 국제비행 중에 모유를 짜놓았다가 아기에게 먹였다든지 군인인 어머니가 아프가니스탄에 파병을 가서 현지에서 젖을 짜서 집에 있는 아기에게 보냈다는 이야기도 있을 정도다. 젖을 주는 유모도 최근에 다시 생겨나는 추세다. 미시간 주에서는 아내가 출산 직후 사고로 사망하자, 남편이 가족의 친구 중에서 젖이 나오는 두 명의 여성을 구했다. 두 여성은 6개월 동안 아기를 번갈아 가면서 젖을 먹였고 돌이 될 때까지 그렇게 할 계획이라고 한다.[9]

이런 식으로 선택의 여지가 많아지면서 영유아 수유는 복잡해졌다. 아기에게 젖을 먹일 때는 누군가 책임을 지고 선택을 해야만 한다. 생물학적 엄마가 아이를 직접 돌보는 상황이라면 아기를 위해 자신의 몸에서 자연스레 생산되는 젖을 사용할지 아니면 젖을 말리고 분유를 사용할지 결정하게 된다. 하지만 아기를 키우면서 수유에 관해 결정할 일이 이것만은 아니다. 어머니(그리고 다른 양육자들)는 매일 여러 가지 결정을 해야만 한다. 아이가 욕구를 표시할 때 어떤 반응을 해줘야 할지, 아니면 아예 반응을 하지 말아야 할지 생각해야 한다. 모유수유를 선택한 엄마라면 아이가 이유기가 되기 전까지는 계속 모유수유를 해야 한다. 실질적으로 보자면 모유수유를 할 것이냐 말 것이냐는 일회성 선택이 아니라 지속적으로 육아 기술을 유지할 것인가 말 것인가를 선택해야 하는 육아 방식의 문제다. 과연 철학이 이런 엄마들의 선택에 도움을 줄 수 있을까?

수유의 윤리적 문제

윤리체계란 행동을 분별해 주는 틀을 제공해 주는 이론이다. 어떤 행동이 옳은지 그른지 혹은 좋은지 나쁜지 또는 금지해야 하는 것인지 허용하거나 의무로 삼아야 하는 것인지를 결정하는 기준이 된다. 윤리체계는 행동의 가치와 인정을 얻는 방법도 된다. 윤리와 모유수유에 대해 생각하면서 나는 몇 가지 질문을 떠올렸다. 그중 주요 질문에 답을 찾아가면서 이 글을 전개해 가기로 했다. 유아 수유와 관련된 행동은 어떻게 분별해야 할까? 이런 행동에 책임을 져야 하는 건 누구일까?

질문 1 유아 수유와 관련하여 의무나 권리가 존재할 수 있을까?

의무는 자기 자신이나 다른 사람 또는 보다 높은 권력에게 책임을 다한다는 뜻이다. 어떤 희생을 치러서라도 반드시 해야만 하는 의무가 모두에게 있다. 가령 어린이를 위한 레크레이션 프로그램을 운영하는 사람에게는 가능한 한 아이들이 다치지 않게 보호할 의무가 있다. 그렇게 하기 위해 직원을 교육하고 훌륭한 인재를 선발하는 비용이 발생한다고 해도 반드시 그렇게 해야 한다. 인간이 만든 대부분의 윤리, 종교, 법체계 하에서 부모는 자녀를 돌볼 의무를 부여받는다.

의무는 권리와 함께 하기 마련이다. 가령 어떤 물건을 소유할 권리는 다른 사람이 그것을 훔쳐서는 안 될 의무와 연관된다. 20세기 여성과 아동을 포함한 인권은 UN 협정문을 통해 성문화되었다. UN 협정문을 비준한 국가는 정부가 시민들의 인권을 충족하고 보호하며 존중해야 하는 의무가 있다. '아동의 권리에 관한 협약' UN(CRC)10)에 의하면 정부는 부모가 자녀를 양육할 책임을 지도록 도와야 한다.

이 협약이 채택된 이후 한 국제단체에서는 유아의 영양 섭취에 관한 권리에 대한 합의문을 만들었다. 단체 회원 중에는 아기에게 모유수유의 권리가 있다고 말하는 회원도 있었다. 하지만 다른 이들은 아기에게 그런 권리가 있다고 주장하는 건 각각의 엄마가 가진 자기 결정의 권리를 지지하는 대신에 모유수유의 의무를 부과하는 것이라며 우려했다. 이 단체의 최종 입장은 어머니와 자녀가 다 함께 모유수유에 방해가 되는 것들로부터 보호받을 권리가 있다는 것이었다. 그래서 아동들에게 모유수유의 권리가 있다는 것은 그 누구도 자녀에게 모유수유를 하려는 어머니의 권리를 막을 수 없다는 뜻이다. 더 나아가 여성들은 모유수유를 하거나 모유를 아이에게 전달하는 데 있어서 유리한 사회, 경제, 보건 등의 다양한 조건을 누릴 권리가 있다. 모유수유에 대한 정확한 정보나 숙련된 보건 의료에의 접근성, 가족에 대한 지역의 지원, 직장에서의 모성 보호 등의 모유수유를 용이하게 하는 환경은 모유수유를 선택하지 않았거나 일찍 이유식을 시작하기로 결정한 어머니를 포함한 모든 어머니에게 도움이 된다. 11)

질문 2 특정한 수유 방법이 좋다는 건 어떻게 결정할 수 있을까?

식량이 모자라는 지금 식량을 생산한다는 건 좋은 일임이 분명하다. 하지만 모유는 텃밭에 토마토를 키우는 것과 같은 소규모 농업 정도의 대접도 받지 못하고 있다. 하지만 전체적으로 통계를 내보면 상당히 놀라운 결과를 알 수 있다. 경제학자들은 말리(아프리카에 있는 공화국)에서 인간의 모유를 (매우 낮은 가격인) 리터당 1달러로 계산하면 GDP가 5퍼센트 상승할 것이라 추정했다.[12] 내가 아이를 키우면서 모유수유를 할 때는 스스로 음식물을 생산해내고 있다는 생각을 하지 못했다. 하지만 두 아이를 오랫동안 키운 걸 생각하면 내가 생산한 젖이 아마 1톤은 될 것이다. 내가 미국 식량 생산에 기여하고 있던 시기에 사회보장 소득 기록은 0원이었다니, 참 '공평' 하기도 하다!

어머니에게는 자녀에 대한 의무뿐만 아니라 본인에 대한 의무도 있다. 자신의 건강을 잘 유지하고 그 잠재력을 키워 다른 사람들 즉 배우자나 자녀, 부모에게 도움을 주어야 한다. 수유를 권장하지 않는 사회에서는 모유수유를 가로막는 장벽이 높다. 미국에는 유급 모성 휴가나 가족 휴가 등이 부족해서 거의 아프리카 스와질란드나 파푸아뉴기니, 레소토와 비슷한 수준이다. 미국의 어머니는 직장으로 복귀했을 때 유급 단기 육아 휴가도 부족하다.[13] 직장 안이나 근처에 보육센터를 갖추고 있는 회사도 극소수에 불과하다. 직장에 다니는 미국 여성들은 어머니 역할을 하기 위해서 상당한 수준의 '소득 가산세' 를 부담하고 있다. 자녀가 어리기 때문에 일하는 시간을 줄이려고 했다가는 경력에 필요한 교육이나 훈련의 기회를 놓칠 수 있고, 승진에서 불이익을 당하기도 한다. 최근의 연구 결과에 의하면 6개월 동안 모유수유를 한 비흑인 직장 여성은 다른 여성에 비해 소득에서 상당한 손실을 입었고, 그 일이 아이의 출산 이후 10년 동안이나 계속 영향을 미친다고 한다.[14] 여성이 아무리 아이에게 젖을 물리고 싶어도 다른 인생의 목표를 이루기 위해 모유수유 대신 젖병을 선택해야만 하는 경우도 있다.

보건당국에서는 모유수유가 최선이라는 의견에 동의하지만, 현실을 살펴보면 도무지 그런 것 같지 않다. 어머니 대다수는 이에 동의하기 어렵다. 출산 이후 맞이하는 첫 주의 불편함은 가히 전설적이다. 자신의 가슴을 그 작은 아기에게 내주어야 한다는 사실이 감정적으로 편안하지 않은 여성들도 있다. 아무리 아기가 나를 몹시 사랑해주는 존재라고 해도 말이다. 처음으로 자녀를 낳은 호주 여성 25명을 대상으로 한 심층 설문조사를 통해 모유수유에 대한 다양한 반응을 엿볼 수 있다.[15] 설문에 참여한 여성들은 아이를 낳기 전에는 모두 모유수유에 적극적이었다. 그러나 모유수유의 경험이 아주 근사하고 아이와 강력한 유대감을 느끼게 해준다고 생각한 여성은 약 35퍼센트에 그쳤다. 나머지 40퍼센트의 여성들은 복잡한 감정을 느낀다고 말했고, 25퍼센트의 여성들은 기대에 어긋나서 실망스럽고 괴롭다고 말했다. 이 여성들은 아이 아빠와 안정적인 관계를 유지하고 있었고, 호주는 미국보다 모유수유에 더 적극적인 도움을 주는 나라였다. 그런데도 대부분은 그렇게 원했던 '모유수유의 열반'에 이르지 못했다(하지만 80퍼센트의 여성이 3개월 동안 모유수유를 했고, 설문 당시 6개월째 모유수유를 하고 있다는 여성 역시 72퍼센트에 달했다).

개발도상국보다 낮은 수준의 생활 환경에서는 모유수유가 생명을 살리는 길임을 명백히 보여주는 사례가 많지만, 선진국의 경우 모유수유를 한 아기가 자라서 보다 건강한 삶을 산다는 역학적 증거가 그리 많지는 않다.[16] 가끔은 모유수유에 대한 비판이 일어 모유수유를 보건 당국에서 권장하는 배경이 되는 과학에 의문을 제기하기도 한다.[17] 그러나 모유수유 만한 것이 아직 없는 것은 사실이다. 인간의 젖에는 면역 활성 요소와 살아 있는 세포들이 풍부하게 들어 있다.[18] 이러한 것들은 인공적으로 절대 만들 수 없는 것들이다. 젖을 유통시키는 시스템 역시 매우 독특하고 훌륭하다. 어머니와 자녀 한 쌍이 그들만의 수유 스타일을 만들어 가고, 아이가 자라나면서 그 스타일을 변화시킨다.

실질적인 측면에서 보면 아이가 엄마의 젖을 깨무는 순간마다 어머니들이 개인적인 결정을 내리게 된 수많은 이유가 있다. 어머니는 자신의 젖이 지닌 경제적 가치를 떠올리거나 유방암에 대한 통계나 어린 시절에 중이염에 걸리는 문제는 생각하지 않을 수 있다. 그저 하루를 지내면서 자신이 해야 할 일을 하는 것이다. 당장 눈앞에 닥친 일만 해치우고 있을 수 있다.

얼핏 보면 모유수유는 어머니만 열심히 일하고 아기는 혜택만 얻어가는 것처럼 보인다. 하지만 모유수유를 실제로 경험하게 되면 상생하는 협력이 끊임없이 이어진다는 걸 알 수 있다. 새끼 포유류와 조류는 성체 동물의 반응을 이끌어내려는 의도로 고음의 괴로워하는 소리를 낸다. 모유수유 전문가인 다이앤 위싱어Diane Wiessinger는 포유류 어미가 배고프다고 법석을 떨어대는 새끼에게 가슴을 내어주는 건 사실 자신을 위해서라고 말한다. 새끼가 시끄러운 소리를 내는 걸 그치게 하려는 의도라는 것이다. 새끼가 젖꼭지를 빨면 모성 호르몬이 분출되어 안정감과 소속감, 편안함을 느끼게 된다. 그래서 가슴을 내어주면서 어머니가 느끼는 쾌감도 있을 수 있다. 낮에는 잠시 기운을 회복시켜주는 순간이 되고, 밤에는 잠에서 깬 아기를 진정시키는 가장 쉬운 방법이 된다.

질문3 사람들은 저마다 유아 수유에 대해 다른 역할과 책임을 지고 있을까?

최근까지 철학을 주도한 사람은 모유수유를 경험하지 못했고 전통적으로 육아 역시 많이 담당하지 않았던 남자들이었다. 몇몇 페미니스트 작가들은 여성이 육아의 경험을 통해 감정이입을 배우게 된다고 주장한다. 이런 여성적 가치는 남성적 가치와 대조를 이룬다(보통 남성적 가치는 객관적이고, 감정에 치우치지 않고, 규칙에 따라 거래나 운영을 하는 능력으로 대변된다). 1940년대 초부터 심리학자 나일 뉴턴Niles Newton은 성교, 출산, 모유수유 같은 대인 관계의 행동에서 호르몬 옥시토신이 맡은 중점적인 역할이 무엇인지 연구했다.[19] 최근 연구에 의하면 사회적 상호작용에서 옥시토신이 맡은 주요 역할은 다른 사람을 보살펴주거나, 연인 사이의 유대감, 사회적 인식, 사회적 기억, 귀속감을 포함하는 내용이었다.[20] 출산과 모유수유 시 많이 분비되는 옥시토신에 노출되는 어머니들에게서 성차에 따른 심리적 설명을 찾아볼 수도 있다.

한 여성 비평가는 모유수유에 대해 이렇게 기술했다. "너무나 이기적인 것 같다. 남편과 친정 엄마는 그저 발을 까닥거리며 저편에 앉아서 사랑스러운 거머리처럼 내게 붙어 지내는 저 아름다운 아기를 거저 얻게 되기를 갈망하고 있다."[21] 또 다른 비평가는 친구의 말을 빌렸다. 그 친구가 젖병으로 수유하기로 결정한 이유는 모유수유가 불평등한 역관계를 만들기 때문이라고 했다.[22]

어떤 여성은 공적인 생활에서 남성과의 평등을 쟁취하기 위해 투쟁했으니 사적인 생활에서도 같은 길을 가겠노라고 말하기도 했다. 임신과 출산은 명백하게 불평등하다. 그 시간 동안 아기 아빠는 자기 일을 충실히 한다. 갓난아기가 원하는 것은 대부분 먹는 일이기 때문에 모유수유를 한다는 건 아빠가 할 일이 거의 없다는 뜻이다.

하지만 책임을 공유하는 것이 꼭 산술적으로 엄밀하게 일을 나눈다는 뜻은 아니다. 부모가 된다는 것은 경제에서의 재생산 과정처럼 비대칭적이고 호혜적인 협력관계다. 불평등할 수도 있지만 그것이 합리적인 것이지 한쪽을 일방적으로 착취하는 게 아니다. 갓난아기들은 먹여야 할 뿐만 아니라 안아주고, 놀아주고, 달래주어야 한다. 아기를 키우는 힘든 작업에는 모유수유를 포기하지 않고도 얼마든지 골고루 분배할 만큼 할 일이 많다.

'어린이는 우리의 미래' 라는 문구는 좀 진부하다. 생물학적으로 어린이들은 부모의 DNA를 타고났고 윤리적으로 부모는 자기 아이가 자신들의 가치관을 따라주기를 바란다. 어린이의 미래 생산성은 연장자들의 노후 연금보험이 된다. 국가는 미래의 시민이 될 어린이들의 교육과 건강에 지대한 관심을 갖고 있다. 모유수유가 건강하고 능력 있는 어린이를 키우는 데 이바지한다고 한다면, 우리 모두는 모유수유를 지지하는 문제에 이해관계를 가지고 있는 셈이다.

책임감과 의무를 나누는 것에 대한 결론

인간의 아기는 대단히 연약하고, 포유류 중 가장 의존 기간이 길다. 출생 이후 스스로 음식을 찾아 챙겨먹게 되기까지 몇 년의 시간이 필요하다. 아기의 생존은 먹는 것에 달려 있다. 인간으로서 온전하게 성장하려면 아기를 돌봐주는 사람이나 주변 사람들과 밀접한 애착관계를 형성해야 한다. 그 가운데 먹는 것은 중요한 위치를 차지한다. 그러니 유아나 아동에게 음식을 먹이는 것은 옳고 좋은 일이란 결론을 쉽게 내릴 수 있다. 정말 꼭 해야만 하는 의무라고도 볼 수 있겠다. 포유류인 우리에게 생리적으로 전형적인 행동 양식은 모유수유다. 가장 적절한 식이방법이자 관계형성의 방법이고 육아 방식이다. 하지만 살다 보면 예기치 못한 불행한 일이 일어나기 마련인지라 인간은 갓난아기를 먹이는 대안을 만들어냈다. 그리고 이 방법들은 협조적인 인프라가 구성되어 있다면 전혀 손색이 없다.

하지만 몇몇 역사적 추세가 모유수유를 위험한 지경으로 몰아넣었다. 산업혁명은 여성에게 다양한 직업 선택의 기회를 주었다. 여성 운동은 우리에게 평등한 권리와 기회에 관한 인식을 하게 해주었다. 출산과 유아 식이의 의료화는 전통적인 여성의 지혜를 과학이 대신하게 했다. 모유의 대용품과 젖병, 유축기의 발명은 엄마의 신체로부터 수유활동을 분리하도록 했고, 엄마의 일(역할)을 다른 양육자와 함께 나누어 할 수 있게 해주었다. 유아 전용 식이의 상업화와 다양한 식용 기기의 고부가가치성은 이런 용품을 공급하면 이익을 거둘 수 있다는 인식을 심어 주었다.

1960년대 미국은 산모 5명 중 1명꼴도 되지 않는 낮은 비율로 모유수유를 했다. 그로부터 40년이 흐른 뒤 모유수유를 하는 어머니들의 숫자는 75퍼센트까지 상승했다. 하지만 모유수유 기간은 여전히 짧다. 모유수유를 할 수 없을 때를 대비해 안전망의 개념으로 고안된 대안적 수유 방식이 전체를 장악하고, 생물학적으로 인간에게 정해져 있는 전형적인 행동양식을 밀어내려 하고 있다. 이런 일이 벌어지면서 돈을 버는 사람들이 생기니 상황은 더욱 악화되어가고 있다.

모유수유의 의무가 오로지 어머니에게만 부과되는 것은 아니다. 사실 우리 모두가 같이 감당해야 할 의무다. 개별적인 여성들은 자신에게 맞는 선택을 해야만 한다. 그러나 그녀가 선택을 할 때는 그녀의 생각에 영향을 주고 그녀의 방식에 장애가 되는 것을 제거해주고 적극적으로 도와줄 수 있는 방법으로 그 선택의 폭을 넓혀주거나 선택의 폭을 제한한 환경에서 벗어날 수 있게 해줘야 한다. 인공 수유에는 공중위생 설비와 식량 배급 체계가 갖춰져야 하는 것처럼 모유수유가 현대 사회에서 살아남기 위해서는 여성과 가족 구성원의 지원, 양성 평등, 공적 정보라는 인프라가 갖춰져야 한다.

천년 동안 인간의 재생산 활동은 쌍을 이루는 4단계로 이루어져 왔다. ①성교와 ②잉태 그리고 ③출산과 ④모유수유. 애착 형성, 어머니와 자녀의 발달, 단기적 · 장기적으로 건강에 미치는 영향, 식량 안정성, 절대적인 면역 형성 문제, 경제와 환경 그리고 미학적 관점에서의 가치 등 우리는 모유수유의 장점과 가치를 다양하게 인정하고 있다. 그렇다면, 모유수유를 직접 담당하지는 못하지만 곁에서 지켜보는 사람들도 공론을 일으키고, 정치적 결정이나 예산 안배, 직접적인 도움과 전체적인 분위기 조성이라는 역할을 담당해야 한다. 그렇게 함으로써 모유수유를 적극적으로 지원해야 한다.[23]

주석

1 집필을 하는 동안 날카로운 비평과 큰 도움을 주었던 나의 사위 비잔 파르시아와 자매 마가렛 로빈슨에게 감사를 전한다.

2 A. M. Widstrom et al., 『Gastric Suction in Healmy Newborn Infants: Effects on Circulation and Developing Feeding Behavior』, 〈Acta Pediatrica〉 76, 4 (1987): 566-72.

3 유투브에서 감상할 수 있다.

4 Gail Kuhlman, 〈Feeding the Gestating and Lactating Dog〉.

5 배타적인 모유수유의 정의에는 약물과 비타민, 미네랄 등의 문화적으로 결정된 관습적 식품도 포함된다.

6 WHO/UNICEF Global Strategy for Infant and Young Child Feeding(2003).

7 캐시 데트윌러, "A Natural Age of Weaning," 온라인 접속 www. kathydettwyler.org/detwean.html (accessed August 13, 2009).

8 세계보건기구에서는 젖병보다 컵에 먹이는 걸 더 권장하고 있다. 입구가 개방되어 있는 컵이 병보다 더 안전하다고 보기 때문이다. 씻고 닦기도 더 편하고, 박테리아가 증식할 수 있는 온도에서 오랫동안 우유를 담아 두지도 않기 때문이다.

9 K. Jahnke, "Two Dozen Nursing Moms Come to Aid of Baby Boy in Marquette," 〈Detroit Free Press〉,(www.freep.com/article/20090726/FEA).
TURES08/907260333&template=fullarticle (2009.8.13 접속)

10 UN 가입국 중에 미국과 소말리아만 아동의 권리에 관한 협약을 비준하지 않았다.

11 George Kent, "Child Feeding and Human Rights," International Breastfeeding Journal 1, 27 (2006), 온라인 접속 at www.internationalbreastfeeding journal.com/content/1/1/27 (2009.6.28 접속).

12 Anne Hatloy and Arne Oshaug, 〈Human Milk: An Invisible Food Resource〉, 〈Journal of Human Lactation〉 13, 4 (1997): 299-305.

13 약 70퍼센트의 나라들이 노동인구에게 최소한의 단기 육아 휴직을 제공하고 있다. 모두 유럽국가들이다. 다음을 참고하라.
(www.waba.org. my/whatwedo/womenandwork/mpstatus.htm.)

14 Phyllis Rippeyoung, Mary Noonan, "Is Breastfeeding Truly Free? The Economic Consequences of Breastfeeding for Women" (2009), 온라인 접속 (www.paa2009.princeton.edu-/download.aspx?submissionld=91391) (2009.8.14 접속).

15 Virginia Schmied, Lesley Barclay, "Connection and Pleasure, Disruption and Distress: Women's Experience of Breastfeeding," 〈Journal of Human Lactation〉 15 (1999): 325-34.

16 모유수유와 관련한 긍정적인 효과를 증명해낸 최근의 연구 결과에서는 그 영향력이 미미한 것도 두 개 정도 있다고 솔직하게 인정했다. 성인이 되어 고혈압, 콜레스테롤 수치, 과체중이나 비만의 정도, 제2형 당뇨병을 겪게 될 경우의 수가 적다거나 어린 경우에 중이염에 감염이 덜 되고, 설사나 호흡기 질환를 덜 겪으며 아토피 피부염이나 아동 천식, 아동 비만, 제1형, 제2형 당뇨병, 소아 백혈병, 결장염, 유아 돌연사 증후군도 더 적다고 했던 점 그리고 모유수유 여성이 제2형 당뇨병, 산후 우울증, 유방암과 난소암에 걸릴 확률이 더 적다고 했지만, 사실 그 차이는 미미하다고 했다. 관련해서 참고할 것은 다음과 같다.

Berndardo Horta et al. (2007) 〈Evidence on the Long-Term Effects of Breastfeeding: Systematic Review and Meta-Analyses〉 (Geneva: World Health Organization),

인터넷에서는 다음을 참고하라.

www. who. int/child_adolescent_health/documents/9 24159523 0/en/index. html; S. Ip et al. (2007) "Breastfeeding and Maternal and Infant Health Outcomes in Developed Countries," 〈Agency for Healthcare Research and Quality〉 (2007).

온라인 접속(www.ahrq.gov/downloads/pub/evidence/ pdf/brfout/brfout.pdf.).

17 Debra Dickerson, "We Over-Privileged Bitches Who Dare Not To Breastfeed," 〈Mother Jones〉 (March 15, 2009),

www.moth-erjones.com/blue-marble/2009/03/we-over-privileged-bitches-who-dare-not-breastfeed-0#comments (2009.3.17 접속); Hanna Rosin, "The Case Against Breastfeeding," 〈Atlantic〉 (April 2009).

www.theatlantic.com/doc/200904/case-against-breastfeeding/3(accessed August 14, 2009); Helen Rumbelow, "Benefits of Breastfeeding 'Being Oversold by the NHS'," 〈Timesonline〉 (July 20, 2009).
온라인(www.timesonline.co.uk/tol/life_and_style/health/article6719696.ece) (2009.8.3 접속).

18 M. H. Labbok et al., "Breastfeeding: Maintaining an Irreplaceable Imm-unological Resource," 〈Nature Reviews Immunology〉 4 (July 2004): 565-72.

19 나일 뉴턴, "The Role of the Oxytocin Reflexes in Three Interpersonal Reproductive Acts: Coitus, Birth and Breastfeeding," 〈Clinical Psycho-neuroendocrinology in Reproduction: Proceedings of the Serono Symposia〉,Vol. 22 (London: Academic Press, 1979), 2쇄 〈Newton on Breastfeeding〉 (Seattle: Birth & Life Bookstore, 1987), pp. 7-14.

20 Inga Neumann, "Brain Oxytocin Mediates Beneficial Consequences of Close Social Interactions: From Maternal Love and Sex," 〈Hormones and Social Behavior〉 (New York: Springer, 2008).

21 Dickerson, "We Over-Privileged Bitches Who Dare Not To Breastfeed."

22 Hanna Rosin, "Mother's Milk" (video),
온라인 접속 (www.theat lantic.com/doc/200904/case-against-breastfeeding) (2009.8.14 접속).

23 경제발달 모델 전문가인 제임스 아크레*James Akre*는 '국제 모유수유 지원 공동체*International Breastfeeding Support Collective*' 라는 이름의 막강한 단체를 조성해서 인터넷을 활용해 일할 수 있을 거라고 제안했다. 다음을 참고하라.
제임스 아크레, 〈The Problem with Breastfeeding〉 (Amarillo: Hale Publishing, 2007).
온라인 접속
(www.ibreastfeeding.com/catalog/producOnfo.phpPproductsjd^SS) (2009.8.14 접속).

모린 샌더-슈타우트 MAUREEN SANDER-STAUDT

2

공공장소에서의 모유수유에 관한 고찰

젖먹이 부르카와 우유 장수

페미니스트 저널리스트 글로리아 스타이넘Gloria Steinem은 '만약 남성들이 월경을 경험한다면 우리 문화가 어떻게 달라졌을까' 하는 의문을 품었다.[1)] 이와 비슷하게 남자들이 모유수유를 했다면 문화적으로 어떻게 달라졌을까 생각해 볼 수 있다. 분명 남자들은 자신들이 얼마나 많은 젖을 생산하는지 자랑을 하고 다닐 것이다. 텔레비전이 갖춰진 모유수유 부스가 있는 '젖분비 스포츠클럽'이 생길지도 모른다. '일하는 남성을 위한 젖먹이기 휴가'가 생기고 회사에서는 모유 유축기와 다리미를 모두 사용할 수 있는 체육관 회원권을 포함한 직원 복지제도를 마련할 수도 있다. 아마 젖이 흐르는 걸 막아주는 정장도 나올 것이다. 남성의 젖가슴 크기를 찬양하는 광고에서는 모유 분비를 늘려준다는 강장제를 판매하려 할 것이다. 무엇보다 모유수유는 성적인 의미를 암시하는 친밀한 행위에서 식당에서 식사를 하는 것처럼 평범한 일상으로 받아들이게 될 것이고, 배고픈 사람의 편의를 도모하는 일쯤으로 치부될 것이다. 모유수유를 위한 장소를 다양하게 마련하고, 젖을 먹이는 남자의 외양 때문에 스포츠 경기를 할 때 지금껏 윗옷을 벗은 팀과 그렇지 않은 팀으로 나누던 관습도 달라질 것이다.

물론 이런 상상은 억지스러운 면이 있다. 진화생물학은 여성을 인간의 젖을 공급하는 담당자로 지명하고 있는 것 같기 때문이다. 하지만 남성도 젖이 나온다. 호르몬 보조제의 힘을 빌려도 되지만, 그렇지 않은 경우에도 가능은 하다. 그렇다면 우리는 왜 남성은 이런 신체 기능이 발달되지 않았으며, 여성 혼자서 모유수유의 부담을 다 안고 지내게 되었는지 생각해 봐야 한다. 남성들에게서도 젖이 분비된다는 사실을 지적하면 남성들은 흔히 "왜 우리가 그래야 하는가?"라고 되묻는다. 대부분의 남자들은 이런 능력을 갖게 되는 걸 탐탁지 않아 하는 상황이라는 점을 감안하면, 이제부터 탐색해볼 문제는 '모성 평등이 모유수유의 공공 편의와 어떤 관련성을 갖고 있느냐' 이다. 하지만 그전에 남성이 모유수유의 부담을 나눠 가지면서 모성의 역할을 감당해야만 한다는 제안을 심각하게 생각해 봐야 한다.

모유수유는 외설적인 행동이 아니라 친밀하고 개인적인 자연스러운 기능이라는 것을 주장하기 위해 나는 페미니스트의 돌봄의 윤리(남녀 간의 근본적 차이점에 근거하여 감성과 여성성을 부각한 페미니즘 이론)를 활용할 것이다. 모유수유는 공공의 도움을 폭넓게 받아야만 하는 일이다. 여성에게 공적인 장소에서 젖을 먹이면서 철저하게 가려야 한다고 주장하는 건 젖먹이 부르카burka(회교도 여성들이 입는 옷으로 입과 눈만 내놓고 온몸을 가려준다-옮긴이)를 여성에게 강요하는 효과를 갖는다는 걸 이해해야 한다. 이야기를 전개하면서 나는 젖먹이 부르카를 모유수유의 개인적인 면과 잠정적 외설성, 모성의 부담, 모유수유에 대한 압박 등을 의미하는 것으로 사용하겠다. 모유수유의 생물학적 능력을 남성에게 발달시켜 주어서 젖먹이기를 상호 호혜적으로 촉진시킬 수 있는 방법도 모색해 볼 것이다.

젖먹이 부르카, 젖먹이의 부담

미국은 여성의 권리가 신장되어 있는 나라라고 스스로 자부하며, 여성의 신체를 지나치게 성적으로 보고 공공장소에서는 온몸을 가리는 부르카를 입고 집에서 혼자 지내야 한다고 주장하는 회교도(이슬람교도) 문화에 대해 경악을 금치 못한다. 그렇지만 미국에서 젖을 먹이는 여성들의 자유는 회교도 여성과 비슷한 수준의 제한을 받는다. 개인적인 공간에서만 수유할 것을 강요받고, 정숙함이라는 미명 아래 소위 말하는 젖먹이 부르카를 입게 된다. 실제 부르카는 다양한 종류라도 있지만(제한이 더 많은 옷도 있다), 젖먹이 부르카는 여성을 공공의 시야에서 가리기 위해 활용할 수 있는 옷이나 담요 등으로 위장되거나 아이에게 젖을 먹이는 동안 공적인 장소에서 격리되어 별도의 공간에 갇히도록 하는 방식으로 존재한다.

부르카와 비슷한 제약을 주는 젖먹이 부르카의 특징은 여성의 몸, 특히 젖가슴과 젖꼭지를 성석이고 은밀한 것으로만 이해한다는 데 있다. 그래서 극단적으로 보수적인 정숙한 행동양식을 강요해서 여성을 불편하게 한다. 여성주의 입장에서 볼 때, 회교도의 부르카나 히잡hijab(두건)의 사용이 온전한 자기 선택에 의한 것이라면, 성적 대상화를 피하려는 생각에서 나온 정당한 종교적 표현이 될 수 있다고 생각한다. 마찬가지로 여성주의 돌봄의 윤리에서는 아이에게 젖을 물리는 행동을 '개인적인 공간'에서 하는 것을 선호하는 여성이 '자유롭게' 선택한 경우라면 젖먹이 부르카에 대해 비판할 생각이 전혀 없다. 젖먹이 부르카에서 문제가 되는 점은 그 존재 자체가 아니다. 여성이 정숙하게 개인적인 공간에서 아이에게 모유수유를 할지는 얼마든지 선택할 수 있는 문제다. 오히려 문제는 이 젖먹이 부르카를 강요하고, 모유수유를 부담이 될 정도로 권유하는 데 있다.

일반적으로 유아를 돌보는 일은 상당히 어렵다. 출생 직후 몇 주 동안에는 두 시간 간격으로 젖을 물려야 하고, 이후 몇 개월 동안에는 서너 시간 간격으로 먹여야 하니 더더욱 그렇다. 그런데 젖먹이 부르카는 여성들에게 깨끗하고 여유로운 모유수유 시설을 공적으로 공급하지 않은 상태에서 일반적인 공적 생활을 희생하라고 요구하고 있다. 공적인 장소에서 모유수유를 하는 여성들은 정숙하지 못하다는 공격을 받을 수 있으므로 어머니 역할을 하면서 감당해야 하는 부담은 늘어간다. 일례를 들어보자.

2006년 10월 13일 에밀리 질레트Emily Gillette라는 여성은 몇 시간 동안 비행기 연착을 기다리다가 겨우 좌석에 앉자마자 딸아이에게 젖을 먹였다. 그녀가 탑승한 프리덤 항공기는 버몬트에 있는 벌링턴 국제공항을 떠날 차비를 하고 있었다. 에밀리는 거의 마지막 줄 창가 자리에 앉아 있었고, 남편이 그녀 옆 복도 쪽 좌석에 앉아 있었다. 따라서 모유수유 중인 그녀의 젖가슴이 전혀 노출되지 않았음에도 불구하고 승부원이 다가와 담요로 젖을 먹는 아기와 어머니를 가려 달라고 부탁했다. 에밀리는 승무원에게 비행기 실내가 더워서 그렇게 할 수 없다고 거절하며 자신에게는 모유수유의 권리가 있다고 말했다. 곧, 에밀리 가족은 비행기에서 쫓겨났다.

이 이야기는 식당이나 쇼핑몰, 영화관, 수영장 등 공공장소에서 젖먹이는 어머니가 쫓겨난 수많은 사례 중 하나에 불과하다. 공공장소에서의 모유수유는 미국 34개 주에서 합법화되어 있음에도 불구하고, 미국에 사는 여성들은 공공의 품위를 손상시켰다는 미명 아래 공공장소에서 모유수유를 했다고 공격을 받는다.[2] 공공장소에서의 모유수유가 외설적이라는 생각을 입증하는 듯, 최근 페이스북은 젖먹이는 어머니의 사진을 모두 삭제하면서 이런 사진들은 해당 사이트의 외설물에 관한 정책에 위배된다고 말했다.

정부 차원에서 모유수유를 강력히 권고함에도 불구하고 정부는 모유수유의 권리를 회사 차원까지 확장시키지 않고 있다. 기업에서 젖먹이는 어머니를 제재하는 규정까지 둔 경우도 있다. 일례를 들어보면, 오하이오 대법원에서는 최근 유축기를 사용하기 위해 독단적으로 화장실을 사용하면서 업무를 하지 않았다는 이유로 라니사 앨런을 해고한 회사(토테스이소토너 코퍼레이션)의 편을 들어준 판결을 차후에 추인(사실을 소급하여 추후에 인정함)했다.[3] 이의를 제기한 대법원 판사들은 하급 법원에서 앨런이 업무를 하지 않고 그 시간에 화장실에 있어야만 했던 이유가 다른 직원들과는 다른 경우(유축기 사용)라는 사실을 증명하지 못했다는 소수 의견을 내기는 했지만, 다수 의견은 그런 휴식 시간은 허락을 받지 않은 단독 행동이 맞으며, 그녀의 해고가 미국의 임신 차별 반대법에 위반되지 않는다는 판결을 내렸다.

그렇다면 모유수유를 위한 공공 편의시설은 임신 차별 반대법 위반으로 보지 않는 이유가 뭔지 따져봐야 한다. 여성들이 화장실에서 모유수유를 하거나 유축기 사용을 위해 모여 있다는 우려스러운 현실을 넘어, 앨런의 판례는 모유수유가 인간의 생명에 직결된 중요한 활동임에도 불구하고 그 활동에 대한 공적인 융화가 전반적으로 부족하다는 사실을 단적으로 보여준 것이라 하겠다.

가령 유아를 동반한 어머니들은 기저귀를 갈 곳이 부족해 불편을 겪는다(더욱이 시설이 갖춰져 있는 경우라 해도 여성용 화장실에만 이런 시설이 있지 남성용 화장실에는 없다!). 비행기에서 아이를 무릎 위에 앉히고 가면 별도의 좌석을 예약하지 않을 수 있다. 하지만 부모(대개는 엄마)가 기내식을 먹거나 음료를 마시거나 화장실을 가거나 떨어뜨린 물건을 집고자 하면 이는 대단히 힘든 일이 된다. 아이를 무릎 위에 앉히고 이런 일을 해내려면 주변에 앉은 다른 승객의 협조와 인내심이 필요하다.

『욕망이라는 이름의 전차』에 나오는 대사를 인용하자면, 어머니들은 늘 낯선 사람의 친절함에 의지한다. 유아를 데리고 있는 어머니들은 공적인 공간의 사용을 상당히 제한받기 때문에, 회의에 참석하거나 좌담회 등 공공 행사에 참석하기 어렵다. 특별히 가정 친화적인 행사가 아니면 아예 참석할 엄두도 낼 수 없다. 화장실 칸에서 수유를 하거나 유축기를 사용해야만 하는 상황 역시 불편함을 넘어, 어머니와 아이에게 모욕적인 경우가 될 수 있다. 화장실 칸은 기본적인 쾌적함이나 편안함을 기대할 수 없고 비좁고 답답하며 때로 냄새나고 더럽기까지 하다. 이런 공간의 문제로 인해서 기회의 평등과 시민으로서의 평등 문제가 내두된다. 이러한 점은 장애인의 권리를 지지하는 사람들의 주장과 같은 맥락이기도 하다.

젖가슴의 이미지를 성적인 이미지로 받아들인 것을 공공장소에서 꾸준히 볼 수 있는 사회에서 그 행동이 의미하는 아이러니를 비판하고 여성들이 보다 편리하게 모유수유를 하게 만들고자 하는 마음에서 랙티비스트(젖이나 우유를 의미하는 '랙[lact-]'과 '액티비스트[activist-사회운동가]'가 합쳐져, 엄마의 수유 권한을 요구하는 운동가를 지칭하는 신조어-옮긴이)는 공공장소에서의 수유를 지지하는 단체를 만들고 공공장소에서의 모유수유가 외설적이라는 생각에 이의를 제기하고 있다.

외설적이라고 생각되는 모유수유

아마 내가 대여섯 살 때였던 것 같다. 어떤 이웃이 나에게 남자아이들처럼 상의를 벗고 있으면 안 된다고 설명한 적이 있었다. 그분이 설명한 이유는 '여자아이들은 찌찌를 갖고 있어서 꼭 가려야 하고, 셔츠를 입지 않으면 체포당할 수 있기 때문'이었다. 당시에도 나는 이는 참으로 불공평하다고 생각했다. 당시 나는 남자아이들과 다름없는 신체를 갖고 있었기에 더더욱 그랬다. 하지만 그 최초의 사회적 정숙함에 관한 가르침은 내 안에 뿌리를 내렸고, 나는 엄마가 되어 모유수유의 의무를 감당하고 삶을 즐기게 되었으면서도 젖가슴이 드러나는 것을 막아보려 애를 쓰게 되었다. 물론 체포될까 걱정이 되어 그랬던 것은 아니고(그런 일도 가능하다는 생각이 없지는 않다), 우리 식구들을 포함한 많은 사람들이 젖가슴이 드러나는 것을 외설적이라고 생각한다는 걸 깨달았기 때문이다.

하지만 왜 공공장소에서 하는 모유수유를 외설적이라고 생각해야 할까? 말이 나온 김에 따져보자. 여성의 젖가슴이 노출되는 것을 모두 싸잡아 외설이라고 여기게 된 이유는 무엇일까? 역사적으로 여성의 젖가슴은 젖이 나오든 말든 상관없이 그 자체로 하나의 상징이었다. 현대의 다른 자유로운 사회와 비교해 보면, 미국만 유난히 여성의 젖가슴에 관해 고상한 척을 하고 있다. 자넷 잭슨이 2004년 슈퍼볼 경기 당시 하프타임쇼에서 노래를 부르다가 '의상에 문제가 발생해 생긴 노출 사건' 뒤에 스캔들이 이어진 것을 일례로 들 수 있다. 반면 유럽 전역에서는 여성들의 젖가슴은 공공장소에 게시된 광고판이나 해변에서 쉽게 볼 수 있지만(영국의 〈선〉 3면에는 '3면의 여성'이라 불리는 가슴을 드러낸 여성 사진이 매일 하나씩 게재된다) 크게 놀라는 사람은 없다. 물론 미국인 관광객들은 예외다. 공공장소에서 모유수유를 하다가 젖가슴을 노출하게 되면 미국에서는 몇몇 사람들이 불쾌하게 생각할 수도 있다고 하지만, 그렇다고 해도 외설적이라고까지 생각해야 하는 걸까?

공공장소에서의 모유수유가 외설이냐 아니냐를 결정할 수 있는 방법으로 '밀러 검사'가 있다. 예술 소재가 포르노인지 아닌지를 결정하는 데 사용되는 표준검사로, 미국 헌법의 대상이 된다. 밀러 검사는 1973년 밀러 대 캘리포니아주가 맞붙은 기념비적인 소송에서 따온 이름으로, 세 가지 기준을 제시해 이미

지나 행동이 거기에 부합되면 외설로 판정한다. 외설적인 관심에 호소하는 이미지인가, 명백히 불쾌한 감정을 유발할 만한가, 문학적 · 정치적 · 과학적 가치를 진지하게 선보이는 데 실패했는가. 이런 기준을 적용해 보면 공공장소에서 모유수유가 외설적이므로 사회적 제재를 가해야 할 정도라고 보이지 않는다. 페이스북의 경우만 해도 그렇다. 밀러 검사를 통하면 모유수유하는 여성의 사진 모두가 외설적이라는 사실을 증명할 수 없다. 성적 자극을 주려는 의도로 외설적인 관심에 호소한 사진이 하나도 없었고, 정체성과 신념을 표현함으로써 정치 · 사회적 가치를 제시했다. 그런 사진을 불쾌하게 여기는 사람이 물론 일부 있을 수 있지만, 그럼에도 그런 이유만으로 공공장소에서의 모유수유를 금지하는 걸 정당화할 수 없다. 인종이 다른 커플이나 동성 커플의 애정 행각을 공공장소에서 목격하는 것에 기분이 상해 하는 사람들도 있을 수 있다. 하지만 그런 이유로 법적으로 공개 자체를 금지하고 있지는 않다. 공개된 장소에서의 모유수유에 대해 사람들이 불쾌해하는 것 이면에 숨은 이유와 전제에 대해 살펴보는 것은 중요하다. 그래야 그런 불쾌감이 정당한 것인지 결정할 수 있다.

사실 공공장소에서의 모유수유에 대한 불쾌한 감정은 정당성이 부족하다. 육체를 악마시하는 태도는 위선적인 것으로 악의에 찬 성적 이중 잣대를 들어 재단한 결과인데다, 결점투성인 생물학적 환원주의에 근거를 두고 있는 것이기 때문이다. 공공장소에서의 모유수유를 보면 기분이 상한다는 건 위선적인 행동이다. 모유수유를 위해 젖가슴이 노출되는 정도는 대개 이브닝드레스나 비키니를 입은 경우보다 덜하다. 젖꼭지가 노출될 가능성이 있기는 하지만(사람들이 가장 신경을 곤두서는 점이다) 아주 잠깐뿐이어서 오랫동안 지켜보고 있어야만 제대로 볼 수 있을 정도다. 젖꼭지를 꼭 봐야겠다고 마음먹은 사람이나 볼 수 있다는 말이다. 더 나아가 여성들의 젖꼭지를 보는 것 자체를 대단히 성적인 것으로 생각해야만 하는지도 고민해 볼 문제다. 남성의 젖꼭지는 전혀 그렇게 생각하지 않는 것과 모순되지 않는가? 미국 남성들은 공공장소에서도 아무 문제없이 상의를 벗은 채 돌아다닌다. 하지만 여성이 젖가슴을 드러내는 건 본질적으로 성적인 것으로 여겨지고 금기시된다. 그러면서도 또 성적 구분의 기준으로는 쉽게 사용되고 있다. 남성의 젖가슴도 성욕을 자극하는 것으로 평가된다고 해도, 가슴이라 불리면서 성적 맥락에서만 평가되는 식의 제한을 받지는 않는다. 여성의 가슴은 원래 성적인 것이라는 관점은 생물학적 현상을 과잉 단순화하여, 여성 젖가슴의 다양한 기능을 똑바로 인식하지 못하게 막는다. 모니카 캐스퍼Monica Casper가 연구한 바에 의하면, 공공장소에서의 모유수유에 대해 역겹게 생각하는 태도는 수유 행위가 성적이지 않다는 사실과 관계있다고 봐야 한다. “포르노그래피와 여성의 해부학적 구조를 암시하는 광고의 엄청난 폭격에 시달리고 있는 현실을 감안하면, 모유수유에 대한 불편한 감정은 그 자체에 관한 것이라기보다는 맥락적인 면이 더 문제인 것 같다. 사람들이 모유수유를 불편해하는 것은 성적인 면이 전혀 없는 맥락에서 성적 환상의 보고를 보게 되기 때문이다.”[4]

여성들이 모유수유를 성적인 행위로 보지 않고 있다는 면에서는 캐스퍼의 주장이 맞지만, 모유수유에 성적인 면이 전혀 없다는 말은 정확하지 않은 것 같다. 공공장소에서의 모유수유를 걱정하는 일부 사람들은 근친상간의 암시를 주고 있다는 것도 문제로 삼고 있다. 하지만 캐스퍼의 연구에서 보다 흥미로운 점은 "그리고 뭔가 다른 일이 벌어지고 있기도 하다. 그것은 욕구다. 배고픈 아기는 자신의 욕구를 그대로 드러내는 존재다. 그래서 원시적 상태는 육아실로 옮겨져야 한다. 더러운 것과 구토와 응가를 방출시키는 건 수유실에서 처리해야만 할 일이라는 것이다." 그러므로 공공장소의 모유수유가 점잖지 못하다는 주장은 신체의 일부가 적나라하게 노출되어서라기보다는 인간의 원초적인 욕구를 상기시킨다는 점과 관련이 있는 것 같다. 사람들은 노골적인 욕구가 입증해주는 자신의 취약점에 대해 생각하지 않기를 바라고 있다.

아이가 어느 정도 크고 보다 독립적인 존재로 살아야 하는 시기가 되었을 때도 모유수유를 하는 경우에 사람들이 보이는 혐오감의 정도를 생각해 보면 이런 설명이 더욱 그럴듯해진다. 프리덤 항공에서 쫓겨났던 질레트는 공공장소인 비행기에서 모유수유를 했을 뿐만 아니라 당시 만 2세가 다 된 딸아이에게 모유수유를 했다는 점에 많은 사람들이 주목하고 있다. 모유수유를 해야만 하는 시기를 제한하는 게 합리적이기는 하지만, 사실 전문 의료진도 모유수유는 2세까지 할 것을 권하면서 이유식을 일찍 시작하고 독립성을 길러줘야 한다는 일반의 통념에 이의를 제기하고 있는 실정이다. 하지만 공공장소에서의 모유수유가 외설적이지 않다는 것이 문제가 아니라 그 은밀한 행위를 버젓이 드러내놓고 한다는 데서 다른 사람들이 불편해한다는 데 핵심이 있다.

모유수유의 은밀함

공공장소에서의 모유수유를 외설적이라고 하는 건 말이 되지 않는다고 하더라도, 모유수유는 개인적인 장소에서 하는 편이 더 이치에 맞는 은밀한 행위라고 주장할 수 있다. 젖을 먹이는 것은 인간 신체의 자연스러운 기능이므로 공공장소에서 해도 정당하다는 주장에 대해 코미디언 빌 마하Bill Mahr는 그렇다면 방뇨나 배변도 같은 논리로 말할 수 있다고 농담을 했다. 그러니까 공공장소에서의 모유수유가 외설적인 것은 아니라고 해도 여전히 불쾌한 것은 개인적인 공간에서 해야 하는 은밀한 행동이기 때문이라는 것이다.

하지만 신체적 기능을 수행하는 게 다 같다고 볼 수는 없다. 화장실 칸에서 식사를 하지는 않기 때문이다. 하지만 모유수유를 은밀한 행위로 보는 시각 뒤에 숨은 불편한 진실이 있다. 신체 접촉과 친밀한 인간관계와 체액의 교환이 이루어지는 행위로 보기 때문이다. 더 나아가 애정 행각을 공공장소에서 벌이는 것과 마찬가지로 모유수유는 옆에서 보는 사람이 거북해지는 일이라는 생각이다. 하지만 모든 은밀한 행위가 반드시 거북한 느낌을 일으키는 건 아니다. 이를테면 수술이나 치과 치료는 신체 접촉이 있고 체액이 교환되기도 하고 때로 친근한 인간관계가 포함되기도 하지만 그 누구도 개인적인 공간에서 벌어져야 한다고 생각하지 않는다. 이게 아니라도 도대체 무슨 근거로 모유수유를 공공장소에서 드러내놓고 하는 것이 불쾌한 이유가 그 행위의 은밀함과 비공식성에 있다고 말한단 말인가?

공공장소에서의 모유수유를 반대하는 데는 전혀 예기치 못했던 행위를 보는 거북함과 당혹스러움이 이유가 될 수 있다. 다른 사람들에게 미리 무슨 일을 할 것인지 알리지 못하고 그들이 행위를 목격하지 않으려면 어떻게 해야 할지 생각하지 못하는 데서 오는 감정이다. 관음증이 있는 사람이라면 공공장소에서 행해지는 은밀한 행위를 보는 걸 마다할 리 없지만 대부분 그런 행위를 목격하지 않는 편을 선호하며, 보다 격리된 공간에서 그런 일이 이루어져야 한다고 생각한다. 그렇지만 모유수유와 다른 육체적 욕구를 만족시키기 위한 은밀한 행위와는 분명히 구분해야 한다. 당장에 해결해야 하는 시급한 일이라는 점과 욕구를 느끼는 존재의 순진한 요구와 자유의사로 인해 어찌할 수 없는 일이라는 점을 같이 생각해야 한다. 게다가 모유수유는 영양 섭취와 관련된 일이다.

영양 섭취는 모든 생명체와 은밀한 연관을 맺고 이루어지는 행위다. 우리가 흔히 인식하지 못한 채 하고 있어서 그렇지 엄연한 사실이다. 채식주의자라고 해도 우리가 먹는 음식은 모두 유기체적 특징을 지니고 있어서 생물 사이의 생사와 연관이 있다. 저녁 식사는 축하할 자리라고 하면서, 음식을 준비하는 모습은 감추려고 노력을 한다. 그 과정에서 죽어가는 생물과 음식을 준비하는 사람들의 노고는 생각하지 않는다. 모유수유에 대한 불편한 감정은 아마도 우리의 동물적인 면을 생각나게 하고, 인간 역시 포유류의 하나로 새끼에게 젖을 물려야 한다는 사실을 상기시켜주기 때문인지도 모른다. '동물을 윤리적으로 대하는 사람들의 모임' PETA이 커피숍에서 사용하는 우유(소젖) 대신 모유(인간의 젖)를 사용할 것을 제안했을 때 많은 이들이 적대감을 드러냈던 사건도 이러한 점을 증명해준다. 하지만 왜 소의 젖을 마시는 것보다 인간의 젖을 마시는 게 더 역겹다고 생각하게 된 걸까? 소의 젖이든 인간의 젖이든 오염의 정도는 같고 영양적인 면에서는 인간의 젖이 훨씬 더 이로운데 말이다. 같은 생물 종 내의 의존성과 그에 따르는 은밀함을 생각하면서 인간에게서 젖을 짜낸다는 걸 불편하게 생각하는 게 아닐까? 포유류 동물이 먹는 모든 음식이 우리 인간이 먹어도 좋다고 보지는 않는다. 하지만 소, 양, 염소의 젖을 먹는 것은 이상하거나 뭔가 은밀하고 불의한 구석이 있다고 여기지 않는다.

그렇다면 공공장소에서의 모유수유가 불쾌한 것은 무의식의 작용인지도 모른다. 동족끼리 잡아먹어서 영양성분을 흡수하고 재생산을 해내는 것이라는 생각을 하면서 젖가슴을 경외시하거나 모성의 육체를 질시하는 결과를 낳았던 것이다. 이는 프로이트가 말한 남성 성기에 대한 질시의 페미니즘 버전이라고 할 수 있겠다. 이런 가능성에 확신을 주는 것에는 기독교의 성만찬이 있다. 공공장소에서 벌어지는 기독교의 성만찬은 영양분이 많은 예수의 몸과 체액을 나누어 주는 것을 중심으로 진행된다. 이는 여성의 영양성분이 가진 능력을 상징적으로 전이한 것이라 볼 수 있다. "받아 마셔라. 이것은 너희에게 주는 나의 피이니." 무엇보다 젖을 먹이는 마리아상은 종교적으로 기념하는 반면, 같은 장소에서 실제로 젖을 먹이는 여성을 보기가 어렵다는 데서 더 심한 모순이 있다. 많은 성당이나 교회에서는 젖먹이는 여성에게 별도의 공간을 확보함으로써 다른 성도들을 배려하고 있다. 이런 모순은 '모유가 최고'라는 사회적 합의가 주를 이루고 있음에도 존재한다. 대부분의 사람들이 모유수유를 최선이라고 받아들이고 있음에도 페미니즘 돌봄의 윤리는 모유수유의 장점에 대해 진지하게 다른 의견을 개진하고 있다.

모유가 최고야

지금까지 나는 공공장소에서의 모유수유가 타당한 이유 중 아이들의 기본적인 욕구를 해결해준다는 데 있어서 '모유가 최고'이기 때문이라고 주장했다. 하지만 이런 주장은 논쟁의 여지가 있다. 모유수유가 아이에게 좋다는 것을 넘어서 어머니와 아버지 그리고 다른 이들에게도 좋은가의 문제를 생각해 봐야 한다. 한나 로신Hanna Rosin은 모유수유를 중단할 생각이라고 말했다가 주위의 다른 어머니들로부터 무시당했던 경험과 함께, 모유수유의 장점이라고 알려진 대다수의 주장이 사실 우리가 생각하는 것만큼 분명하게 입증된 것은 아니라는 사실을 깨닫고 놀랐던 경험을 들려주었다.[5] 로신은 의료기관에서 발간한 안내지는 모유수유가 분유를 먹이는 것보다 상당히 좋다고 주장하지만(이를테면 모유를 먹은 아이의 평균 아이큐가 높고, 중이염 감염 정도도 덜하며, 알레르기나 소화기 장애에 걸릴 확률도 낮고, 비만이나 당뇨병 및 심장관련 질병 관련성도 적다. 또한 대변에서 버터밀크 향이 나고, 피부도 더 좋다고 말한다) 다른 유명한 논문이나 연구 보고서는 "모든 증거들이 완벽하지는 않다"고 말했다고 한다. 양측 간 주장이 다르다는 이야기다. 모유가 최고라는 생각이 널리 퍼져 있는 상황에서 유아에게 평생 동안 영향을 미치는 유독한 오염물질이 모유에 있다는 사실을 알게 되면 놀라지 않을 수 없다. 또 여성에게도 실질적인 어려움 때문에 그리 바람직하지 않다는 것도 놀랍다.[6] 직장에 다니면서 모유수유를 병행하는 어려움뿐만 아니라 육체적으로 겪는 고통과 모유량 부족, 비협조적인 사회 환경 등이 복합적으로 작용해 여성을 힘들게 한다. 반면 모유수유의 장점에는 유아에게 면역력을 길러주고 여성에게는 난소암 등 다른 질병의 발병률을 낮춰주고, 어머니와 유아 모두에게 엔도르핀을 생성시켜주며 분유에 비해 경제적 부담을 줄여준다.[7]

하지만 여기에 포함되지 않은 논쟁은 모유수유가 전적으로 어머니에게 전가되지 않는 방법에 관한 이야기다. 아기에게 젖을 먹여본 여성이라면 누구라도 알겠지만, 젖먹이기는 상당한 기술과 인내심, 협조가 필요하다. 지역사회의 다른 사람들이 협조하고 용기를 북돋아야만 한다. 또 아이의 협조가 없으면 수유를 할 수 없다. 그러므로 모유수유에 대한 공공의 편의시설을 주장하는 것은 모유가 최고라는 사실을 옹호하는 것만의 문제가 아니라, 관련된 주변 모든 사람들의 협조와 도움을 확보하는 문제다. 어머니의 의지에 따라 선택하고 능숙하게 할 수 있게 되면 모유수유는 어머니와 아이 그리고 지역 공동체의 업적으로 이해할 수 있다. 하지만 페미니스트적 돌봄의 윤리는 여성이 낙오자라는 느낌을 받지 않고도 모유수유를 하지 않겠다는 선택을 할 수 있는 권리가 있음을 지지한다. 모유수유가 전적으로 여성의 책임만은 아니기 때문이다.

이런 상호주의는 공적인 장소에서 모유수유를 하기 위한 편의시설을 마련해야 하는 근거로 적합한 개념이다. 캐럴 길리건Carol Gilligan(문화적 페미니즘의 대표적인 소설가)은 「두더지와 호저mole and the porcupine」라는 우화로 이 사실을 이야기한 바 있다.[8] 두더지 가족이 호저(몸에 길고 뻣뻣한 가시털이 덮여 있는 동물) 한 마리를 자신의 집으로 데리고 와서 혹독한 겨울을 편안히 날 수 있게 해주었다. 그러나 호저의 뻣뻣한 깃이 두더지 가족을 찔러대고 괴롭히면서 곤란한 결과가 생겼다는 이야기다. 길리건은 이 우화를 이용해 타당성의 논리와 돌봄의 논리의 차이를 설명했다. 타당성의 논리에 의하면, 두더지 가족은 호저를 집에서 당장 내쫓을 권리가 있다. 하지만 돌봄의 논리에 의하면 두더지와 호저는 상호 호혜적으로 서로의 편의를 봐주면서, 이를테면 호저가 담요를 쓰고 지내는 방법을 대안으로 사용할 수 있다. 길리건이 찾아낸 상호 호혜적인 편의 도모 방법은 공공장소에서의 모유수유 문제를 토의할 때 유용한 지침이 될 수 있다. 공공장소에서 모유수유를 하고자 하는 여성과 그런 행위가 불쾌하다고 생각하는 사람들이 서로 편의를 도모하면 된다. 그렇다고 반드시 모유수유를 하는 여성을 담요로 덮어씌워야 하는 것은 아니다. 돌봄의 윤리에서 주장하는 상호 호혜주의는 공공장소의 모유수유가 불쾌한 사람은 눈길을 다른 곳으로 돌리고, 젖먹이는 여성은 지나치게 불편하지만 않다면 어느 정도 정숙하게 젖을 먹이도록 노력을 하라고 제안한다.

젖 짜는 남자

페미니스트적 돌봄의 윤리에서는 남성이 생물학적으로 젖을 만들어 내는 생물학적 능력을 발달시키는 문제에 대해 심각하게 고려해 볼 것을 권한다. 대부분의 사람들이 잘 알지 못하는 이 능력은 소위 말하는 '젖 짜는 남자' 라는 랙티비스트 단체에서 지지하는 방법이다.[9] 약간의 노력과 사전 준비를 해놓으면 남성에게서도 젖이 나온다는 사실이 잘 알려져 있지 않은 것은, 육아는 남성의 육체가 아니라 반드시 여성의 육체와 연관지어야 한다는 엉터리 믿음을 반영한다. 하지만 실제로 남성들도 포유류가 갖추어야 할 모든 분비 기관을 갖고 있다. 그래서 모유수유 능력은 여성과 같은 수준으로 발달시킬 수 있다. 매일 20분 동안 유축기로 빨아주기를 몇 달 동안 계속하고 프롤락틴(생식기관 · 유선[乳腺] 등의 기능을 촉진하는 성호르몬-옮긴이)의 수치를 천천히 증가시키면, (이론상으로는) 가능한 일이다. 여성이 임신과 출산으로 자연스럽게 신체적 변화를 겪으면서 모유수유를 하게 되는 것에 비하면 남성의 모유수유를 위한 노력은 과잉인 것 같고 부자연스러우며 불필요하게 보일 수 있다. 여성의 젖가슴이 더 크기 때문에 아이가 잡기에도 남성보다 좋고, 젖도 더 많이 줄 수 있는 것처럼 보인다. 하지만 남자도 충분한 젖을 줄 수 있고, 젖먹이는 기술만 잘 익히면 여자만큼 아이에게 젖을 줄 수 있다. 아내가 죽은 후 배를 곯는 아기를 위해서거나 극심한 기아로 인한 부작용으로 모유수유 능력을 발달시킨 남자의 사례가 보고되기도 했다. 기술연구와 원치 않는 부작용을 억제하려는 노력으로 남성의 수유는 여성만큼이나 쉽사리 촉진될 수 있게 되었다. 젖의 분비를 시작하거나 그치게 하는 데 도움을 주고 젖의 양을 늘리거나 줄이는 보조제도 충분하다.

많은 여성들도 모유수유를 쉽게 하지 못하고 있다. 모유수유를 위해 의료적인 도움이나 기술적인 도움을 받고 여러 가지 계획을 세워야 하는 경우가 많다(감염에 저항하기 위해 항생물질을 복용해야 하거나 젖을 늘리기 위한 보조제를 사용하기도 하고, 직장에서 일하거나 다른 이유로 아이와 떨어져 있을 때는 유축기를 사용해야 하는 등의 노력이 필요한 것이 그 예다). 이런 경우 여성들이 모유수유를 하기 위해 기울이는 노력의 정도는 남성들이 젖을 분비하기 위해 하는 노력과 비슷하다. 대부분의 남성들이 모유수유 능력을 발달시키는 데 관심이 없거나 내켜하지 않을 것이다. 그것은 아마도 여성다움에 대한 금기와 그 힘든 노동을 나누어 감당하고 싶지 않다는 사실을 은폐하는 데 그 이유가 있을 것이다. 하지만 모유가 최고라는 말이 사실이고, 모든 유아들에게 인간의 젖을 충분히 공급해야겠다는 생각이 확고하다면 남성의 모유수유를 장려하는 교육 프로그램이야말로 장래성이 있는 선택이 아니겠는가.

또 다른 방법으로는 인간의 젖을 모아놓는 은행을 설립하는 것이다. 잠정적 모유 공급자가 늘어나게 되면서 남성의 모유 생산을 촉진시킬 수 있다는 제안이다. 이런 노력은 또한 남성의 육아 능력을 신장시켜 유아와 아버지 간 유대 관계를 쌓을 수 있게 해주니 일석이조의 효과를 얻을 수 있겠다.

결 론

공공장소에서의 모유수유는 아기의 기본적인 욕구를 충족시켜주는 행위라는 인식에서 시작하면 얼마든지 편의를 도모해줄 수 있다. 이런 행위를 지원해주는 것이야말로 여성의 사회적 평등권을 보장해주는 것이다. 공공장소에서의 모유수유는 전혀 외설적이지 않다. 또 몇몇 사람이 불쾌하게 여길 수 있다고 해서 개인적인 공간에서만 처리하도록 규제하는 것은 불평등한 처사이며 젖먹이 부르카를 어머니에게 강제로 입히는 꼴이다. 어머니로서의 역할을 보다 편안하게 감당하도록 하기 위해 공공장소에서의 모유수유는 환영받는 일이 되어야 한다. 학교나 교회, 공항, 백화점 등 어디서나 모유수유를 할 수 있어야 한다. 어머니와 유아의 안녕이야말로 사회적 효용가치가 높기 때문이다. 이런 편의 도모가 부족하기 때문에 아기를 돌보는 여성이 긴급히 필요한 일을 비위생적이고 품위 없는 방법으로 해결하게 된다.

젖을 먹일 수 있는 장소는 개인적인 공간과 공적인 공간 어디에나 있어야 한다. 여성이 아이를 돌보는 일은 사람들의 눈을 피해야만 한다는 암시를 주지 않기 위해서다. 젖이 나오는 여성들도 신중하게 행동해서 공공장소에서 수유할 때는 다른 사람의 기분이 상하는 일이 없도록 최대한 조심해야 한다. 또 모유수유가 불쾌한 사람들도 각자 시선을 피해야 한다. 마지막으로 남자들도 모유수유 능력을 발달시켜볼 필요가 있다. 유아에게도 도움이 되고 어머니의 부담을 경감시켜줄 수 있는 일이다. 남자가 젖을 먹일 수 있게 된다고 해서 공공장소에서의 모유수유가 사회적으로 수용되리란 보장은 없지만, 사회적 실험이 될 수는 있을 것이다.

주석

1 글로리아 스타이넘, 〈If Men Could Menstruate〉, 〈MS〉 Magazine, October 1978.

2 Melissa R.Vance, 〈Breastfeeding Legislation in the United States: A General Overview and Implications for Helping Mother〉, 〈LEAVEN〉 41, 3 (June–July 2005): 51.

3 연합뉴스 〈Ohio Court Backs Co. in Breast-Pumping〉 (July 2009), 온라인 접속 (www.news.yahoo.com/s/ap/20090828/ap_on_re_us/us_ breast_pumping) (2009.8.28 접속).

4 모니카 캐스퍼, 〈The Edible Parts〉, 〈Trivia:Voices of Feminism〉 7, 8 (September 2008), 온라인 접속.
www.triviavoices.net/archives/voices.html (2009.5.12 접속).

5 한나 로신, "The Case against Breastfeeding," 〈The Atlantic〉 (April 2009), 온라인 접속
www.theatlantic.com/doc/200904/case-against-breastfeeding (2009.4.15 접속).

6 Oskarsson, A., Hallen, I. P., and Sundberg, J., 〈Exposure to Toxic Elements via Breast Milk〉, 〈Analyst〉 120, 3 (1995): 765–70.

7 M. Picciano, 〈Nutrient Composition of Human Milk〉, 〈Pediatric Clinicians of North America〉 48, 1 (2001): 53–7.

8 캐럴 길리건, 『In A Different Voice』 (Cambridge, MA: Harvard University Press, 1982).

9 Laura Shanely, "Milkmen, Fathers who Breastfeed,"
온라인 접속(www.unassistedchildbirthcom/miscarticles/milkmen.html) (2009.8.29 접속).

케빈 엘리어트KEVIN C. ELLIOTT, 자넷 엘리어트JANET L. ELLIOTT [1]

3

'울게 내버려 두기'와 '같이 자기'에 관하여

아기가 체념하고 잠이 들게 놔두어 고통과 괴로움으로
상처 입도록 하는 건 무정한 일이다.
나로서는 생각도 할 수 없는 일이다.
나는 아이가 울다가 지쳐 잠이 들도록
혼자 내버려 두어야 한다는 말을 믿지 않는다.
엘리자베스 팬틀리 [2](육아 교육 전문가, 베터 비기닝스 대표)

종종 아기가 우는 걸 무시하는 편이다.
아기가 더 잘 잘 수 있게 도움을 주는 해법으로 선택한 것이다.
마크 웨이스블러스 [3]

우리가 알고 있는 가장 심각한 수면 장애 문제는
아기와 함께 자는 부모와 관련이 있다.
개리 에조, 로버트 부크남 [4](아동심리학자)

대부분의 수면 문제는 아이와 함께 잠을 자면서 완화시키거나 사전에 예방할 수 있다.
윌리엄 시어스 [5](소아의학 전문의)

부모는 무엇을 해야 하나

영유아의 수면을 돕는 일은 많은 부모들이 직면하고 있는 과업 중 가장 힘들고 혼란스러운 일로 꼽힌다. 수잔이라는 딸아이를 둔 한 엄마는 자신의 괴로움을 이렇게 토로했다.

> 지난여름 수잔은 밤에 자다가 깨어나는 일이 너무 잦아서 잠을 잤다기보다는 거의 깨어 있었다고 봐야 할 정도였어요. 그래서 우리 부부는 계속 일어나서 아이가 원하는 대로 해주고 안아서 흔들어주며 잠을 재워야 했죠. 이런 일은 밤중에 서너 번씩 있었고, 시간도 30분에서 60분 정도 걸렸어요. 말할 것도 없이 남편과 저는 완전히 기진맥진해졌고 심지어 아이를 원망하기 시작했죠. 잠자리에서 일어나서 아기 방으로 간 다음, 아기에게 소리를 지르고 나도 울기 시작하면서 문제가 심각하다는 생각을 했어요.[6]

이런 종류의 문제를 일으키지 않는 아이들도 있지만 기를 쓰고 잠을 자지 않으려는 아이들도 있다. 사실 거의 대부분의 아이들은 잠들기 어려워한다.

하지만 양육 전문가의 조언을 들으면 부모들은 더 혼란스러워지는 경향이 있다. 리차드 퍼버와 마크 웨이스블러스(『아이들의 잠, 일찍 재울수록 건강하고 똑똑하다』 저자) 같은 이들은 저서에서 부모들에게 3~6개월 사이의 영아들도 혼자서 잠들도록 가르치라고 부추긴다. 심지어 필요하다면 아이들이 한참 울도록 놔두라고 권한다.[7] 반면 윌리엄 시어스와 엘리자베스 팬틀리 같은 전문가는 아이들을 울게 내버려 두지 말고, 부모가 오랜 시간에 걸쳐서 아이들에게 잠드는 법을 가르치려 노력하는 편이 좋다고 말한다.

이 글에서 우리는 철학적 사고를 통해 부모들이 이런 논쟁 사이에서 길을 찾아 아이들이 잠을 잘 수 있도록 도울 수 있다는 걸 보여줄 것이다. 많은 경우 아이를 억지로 잠들게 하기 위해 울게 내버려 두는 방식을 거부하는 윤리적인 이유가 있다. 또 상당수 가족들에게 한 방에서 아이를 데리고 자는 일은 아이를 울게 내버려 두는 방식을 피하게 해주는 가장 그럴듯한 방법이다. 그럼에도 불구하고 울게 내버려 두는 방법과 같이 자는 것이 더 장점이 많다고 주장하는 것은 다양한 맥락적 요소를 고려하면 달라질 수 있다. 안전하게 같이 자는 가능성과 아기의 연령과 성격 그리고 다른 가족의 역학 관계를 고려해야 한다.

울게 내버려 두기

울게 내버려 두는 방식으로 수면 문제를 해결한다는 것이 무엇인지 정확히 설명하기 어렵다. 구체적인 실행 방법이 무척 다양하기 때문이다. 가령 리차드 퍼버는 아이가 울게 내버려 두는 시간을 조금씩 늘려가면서 점차적으로 혼자 잠드는 법을 익히도록 하라고 제안하지만, 이런 전략을 '울게 내버려 두기'라고 부르는 것은 거부한다. 이와 반대로 마크 웨이스블러스는 인정사정없는 방식을 권한다. 아이가 밤에 울면 한없이 내버려 둠으로써 아이가 지쳐 잠들게 하라는 방식이다. 어떤 방식이든 상당 기간 동안 아이를 혼자 울게 놔두어 잠들기를 가르치는 방식에는 '울게 내버려 두기' 라고 이름 붙일 수 있다. '상당한 시간' 이 얼마나 되느냐는 설명하기 간단하지 않다. 하지만 여기에서는 임의대로 15~20분 정도라고 생각하자. 하지만 유념할 것은 울게 내버려 두기 방식은 다양한 입장을 망라하고 있으므로, 여기서 강조하는 '우려' 가 더 도드라지는 경우도 있다는 점이다.

가령 울게 내버려 두기의 사례로 10개월 된 아레스의 이야기를 해보자. 아레스의 부모는 소아과 의사와 수면문제 전문가 마크 웨이스블러스를 찾아가 조언을 구했다.[8] 아레스는 밤에 2시간 이상 계속 자는 법이 없어서 엄마는 계속 아기의 침대로 가서 젖을 물려 잠들게 했다. 아레스의 엄마는 자신이 잠을 못 자는 건 괜찮다고 했지만 아기가 잠을 못 자고 괴로워하는 문제를 걱정하고 있었다. 이들은 웨이스블러스 박사의 조언에 따라 아레스를 평소 자신의 방식대로 달래서 저녁 8시에 침대에 눕혀 놓았다. 하지만 밤 10시에 아기가 깨서 울기 시작했을 때 아기 침대로 가지 않았다. 아레스는 무려 45분 동안이나 울었지만 그러고 나서는 밤새 푹 잤다. 몇 주 동안 아레스는 45분씩 울었지만 일단 잠이 들면 12시간씩 잤다. 결국 아레스는 울지 않고 잠을 자는 법을 터득했고, 이후로는 쭉 중간에 깨지 않고 밤새 잘 수 있게 되었다.

아레스의 엄마는 울게 내버려 두는 방식을 사용하는 게 어렵다는 걸 깨달았다. 아레스가 45분씩 운 것에 대해 이렇게 말했다. "정말 죽을 것 같았어요. 온 신경이 고장 나고 뒤틀어지는 기분이었죠. 저도 울었어요. 온몸이 뜨거워졌고, 떨리고 땀이 나고 심장은 두근거렸죠. 아레스가 버림받았다는 생각을 하지 않을까 걱정했어요. 다시는 나를 믿지 않을 거예요."[9] 울게 내버려 두는 방식을 지지하는 사람들은 이 방식에 대해 이런 우려를 하는 부모가 많다는 사실을 알고 있다. 그럼에도 불구하고 어린이들에게 영구적으로 심리적 영향을 미치는 일은 없다고 단호히 부인한다. 퍼버에 의하면 "아이가 잠을 잘 자는 법을 알도록 도와주는 동안 울게 내버려 두었다고 해서 심리적으로 해가 될 일은 절대 없다."[10] 웨이스블러스도 비슷한 주장을 폈다. 우리가 아이를 먹이고, 씻기고 입히는 동안의 생물학적 각성 두뇌와 이와 반대로 잠을 자러 갈 때 느끼는 생물학적 수면 두뇌 사이에는 큰 차이가 있다고 했다. 애착 관계를 잘 형성하는 문제는 '각성 두뇌'에만 관련이 있지 '수면 두뇌'와는 아무런 관련이 없다고 주장했다. "애착 관계가 불안정해질 것이라는 개념은 두뇌가 수면 영역으로 이동하면 아무 의미도 없는 것이 된다."[11]

하지만 아이를 울게 내버려 두는 일이 장기적으로 심리적 영향을 미치지 않는다는 확신을 가질 만한 충분한 증거가 있을까? 이는 분명하지 않다.[12] 그럼에도 불구하고 우리는 지금껏 주목을 받지 못하고 있는 다른 우려에 대해 생각해 보려고 한다. 즉 울게 내버려 두는 방식이 영유아에게 일으킬 수 있는 즉각적인 고통 말이다. 울게 내버려 두는 방식을 옹호하는 사람들은 이 우려에 대해서는 상대적으로 덜 주목한다. 영아와 유아의 인식 체계가 제한적이라는 건 분명한 사실이다. 당연히 외로움이나 버림받음의 감정을 제대로 설명할 수 없을 것이다. 그러나 침대에 혼자 남겨졌다는 생각에 울고 있을 때는 분명히 일종의 괴로움을 표현하는 것이다.

여기서는 5~10분 정도 아기가 혼자 울게 놔두는 정도를 걱정하는 게 아니다. 울게 내버려 두는 방식을 지지하는 사람들이 쓴 책에는 우는 아이를 몇 시간 동안 내버려 둔 부모의 사례가 수없이 많다. 대부분의 경우 아이가 우는 시간은 며칠이나 몇 주 안에 상당히 줄어든다. 그래서 부모들은 그 과정으로 얻게 된 결과에 대체적으로 만족한다. 하지만 그건 성공담이다. 덜 만족스러워하는 부모도 있다. 10개월 된 아이가 있는 에이미의 이야기를 들어보자.

크리스토프를 울도록 내버려 두었지만 아이는 일주일 내내 밤마다 2~3시간씩 울어댔어요. 그리고 아이는 하루 종일 무서워하고 신경질적이 되었죠. 이 끔찍한 방법을 그만두기로 하자, 우리 모두는 잠을 더 잘 수 있게 되었어요.[13)]

이번에는 민디라는 엄마의 이야기다.

웨이스블러스 박사가 설명한 그대로 울게 내버려 두기 방법을 우리 아들이 6개월이 되던 때 5일 연속으로 적용했었고, 10개월이 되었을 때도 사용했어요. 하지만 아이의 수면 버릇은 전혀 나아지지 않았죠. 두 번의 끔찍한 실험 끝에 오히려 상황은 악화되었고 두 번 다 일주일이 지날 무렵에는 아이가 감기에 걸리고 말았어요. 말 그대로 밤새도록 울어대서 그랬던 거라고 확신해요. 5일 동안 하루에 겨우 6시간 정도를 불규칙하게 잔 게 전부였으니까요.[14)]

이런 경우에는 철학에 의존해 보는 것도 도움이 될 수 있다. 현대의 주요 윤리 이론은 공리주의, 의무론, 덕 윤리(미덕virtue ethics) 세 가지다. 이 모두는 결정적인 이유 없이 다른 개인에게 그런 고통을 안겨주는 일은 잘못된 것이라 판단하고 있다. 공리주의는 우리의 행동에 영향을 받을 모든 사람들에게 (안녕과 행복이라는 측면에서) 최상의 결과를 가져다주어야 한다고 주장한다. 분명 이런 윤리 이론은 울고 있는 아기의 고통을 달래주는 데 더 큰 고통이 따르는 것이 아니라면 그 울음은 윤리적으로 문제가 있다고 판단할 것이 분명하다. 의무론적 윤리 이론은 우리가 다른 사람에게 지고 있는 의무의 영역에 초점을 맞추고 있는 것으로 우리의 의무는 결과에 의해 결정된다는 것을 부인한다. 이 이론은 우리가 최소한의 비용만으로도 할 수 있는 일이라면 다른 사람의 고통을 경감시켜줄 의무가 있다고 주장한다. 게다가 이런 윤리를 지지하는 사람들은 우리가 다른 사람을 도와야 하는 의무를 가장 제대로 발휘해야 할 때는 자녀와 같이 밀접한 관계를 맺고 있는 사람들과 관련이 있을 때라고 주장한다.

덕 윤리는 유아의 고통을 경감시켜주기 위한 보다 강력한 근거를 제시한다. 덕 윤리자들은 우리가 특정 상황에서 옳고 그름을 결정하거나 의무를 규정짓는 것보다 좋은 품성을 개발하고 찾아내는 데 초점을 맞춰야 한다고 생각한다. 다른 사람에 대한 연민, 특히 무력한 어린이에 대한 연민은 특별히 중요한 덕 윤리다. 이런 관점에서 상당한 시간 동안 아이를 울게 내버려 두는 일이 부모들에게는 대체적으로 매우 어려운 일이라는 걸 주목해야 한다. 퍼버와 웨이스블러스의 저서에서 설명한 부모들은 대부분 아기의 울음소리를 들었던 경험을 고통스러웠다고 한결같이 말한다. 앞서 보았던 아레스의 어머니도 마치 죽을 것 같고 온 신경이 고장 나고 뒤틀어지는 기분이었다고 밝혔다.

물론 덕 윤리에서도 아기의 울음에 반응하지 말라고 하는 상황은 있다. 아기는 많이, 또 자주 운다. 그런데 왜 우는지 원인이 분명하지 않은 경우가 많다. 게다가 기대한 것을 이루기 위해 측은한 마음을 억제해야 하는 경우도 있는 법이다. 울게 내버려 두는 방식을 사용했던 부모들이 말했듯이 아기가 밤에 숙면을 취할 필요가 절실하다는 사실을 알고 있기 때문에 혼자 우는 아기의 모습을 견딜 수 있었다. 이런 경고에도 불구하고 다른 두 가지 윤리 이론과 마찬가지로 덕 윤리는 분명히 울게 내버려 두는 방식의 정당성을 증명하는 부담은 그 방식을 옹호하는 사람들에게 전가한다. 괴로워하며 우는 아기를 측은하게 여기게 한다는 심각한 상황도 무시할 수 있는 적절한 이유가 있음을 증명해내야 한다.

울게 내버려 두는 방식을 옹호하는 측에서 상대적으로 그런 윤리적 문제에 주목하지 않는 이유는 뭘까? 아기가 아니라 나이가 있는 사람을 상당 시간 동안 울게 내버려 두고 아는 척도 하지 않으면 아마 심각한 학대로 간주할 것이다. 유아가 버림받았다든가 혼자 있게 내버려 두었다는 걸 성인처럼 알지 못한다고 해도 그런 이유로 유아가 받는 고통의 윤리적 문제가 덜해지지는 않는다. 이런 상황에서 유아가 겪는 고통에 무감각한 것은 우리의 문화적 상황의 독특함에서 나온 것 같다. 현대 서구 문화는 어린아이들이 부모와 떨어져 자는 걸 배워야 한다고 생각하는 경향이 있다. 이런 전제를 두고 아이가 울지 않고는 이런 목표를 이루기 힘들다는 사실을 생각하면(부모 입장에서도 한바탕 울 필요가 있다), 육아를 하면서 아이를 울리는 일은 피할 수 없는 것이고 허용해도 되는 것이라 합리화할 수 있는지 모른다.

울게 내버려 두는 방식에서 고통스러운 부분을 정당화하려는 사람들은 주로 세 가지 전략을 사용한다. 첫째, 제대로 하기만 하면 고통스러운 부분을 최대한 줄일 수 있다고 주장한다.[15] 둘째, 울게 내버려 두지 않고 다른 방법을 취하는 편이 아이에게 더 큰 해를 준다고 말한다. 수면 패턴이 더 나빠지거나 질식사의 위험과 같은 육체적 손상까지도 가능하다고 말한다.[16] 셋째, 명시적으로나 함축적으로 울게 내버려 두는 편이 부모의 불행과 고통을 막아주는 최선의 방법이라는 것이다.[17] 우리는 여기서는 첫 번째 입장에 대해 이야기하고, 두 번째와 세 번째에 대해서는 다음의 '아기와 같이 잠자기' 편에서 자세하게 논할 것이다.

울게 내버려 두는 방식이 초래하는 고통이 어느 정도인지 측정하는 건 다양한 변수가 있으므로 매우 어렵다. 게다가 실제 부모들이나 소아과 의사들이 적용하는 방식은 더 다양하다. 특히 웨이스블러스가 모범적 사례로 꼽은 미셸이라는 아기는 단 십 분 동안 울고 나서 혼자 자는 법을 터득하기도 했다.[18] 퍼버가 베시라는 이름의 여자 아기가 혼자 자도록 도와준 사례에서는 하룻밤에 무려 세 시간을 울어댔지만 다음날에는 우는 시간이 줄어 며칠 후에는 거의 울지 않고 잘 자게 되었다고 한다.[19] 퍼버는 베시의 부모가 아기의 방에 들어가 안아주지는 않지만 자주 위로해주는 것은 허용했다고 한다.

하지만 상당한 고통을 초래한 경우도 있다. 부모교육 전문가이자 저자로 활동 중인 엘리자베스 팬틀리는 다음과 같이 요약했다.

내가 조사한 바에 의하면 아이를 밤에 울게 내버려 두었더니 하루나 이틀 정도만 울고 난 다음에 혼자서 잘 자게 되었다는, 손쉬운 성공담을 경험한 부모들은 극소수였다. 상당수는 몇 주에 걸쳐 매일 밤마다 몇 시간 동안 아기가 울었다고 한다. 어떤 아기는 너무 격렬하게 우느라 심지어 토하기도 했다. 또 많은 경우 (이갈이, 질병, 낮잠을 자지 않는 일, 휴가 등의 이유로) 실패와 좌절로 밤중에 잠이 깨는 문제를 다시 겪게 되어 몇 번이고 반복해서 아이를 울게 내버려 두어야 했다고 말했다.[20]

아이가 우는 소리를 몇 시간 동안 들으면서 며칠 또는 몇 주 심지어 몇 달을 보내다가 마침내 아이가 밤에 혼자 자게 되었다는 무시무시한 이야기를 들어본 적이 있을 것이다. 심지어 아이의 울음소리를 듣지 않으려고 귀마개를 구입했다는 부모를 만나 본 적이 있을 정도다.

그러므로 아이를 울게 내버려 두는 방식 때문에 겪는 고통은 다양한 수준에서 논의할 수 있다. 부모가 구체적으로 어떻게 그 방식을 적용했는가와 아기의 성격이 어떠하냐에 따라 완전히 달라진다. 물론 고통을 거의 겪지 않는 경우도 있다. 하지만 아기가 심각한 고통과 괴로움에 시달리는 경우도 있다. 아이를 울게 내버려 두는 일이 고통을 초래한다는 걸 부인하려고 하는 사람은 이런 명백한 고통이 단순한 착각이라고 주장하기도 한다. 이를테면 퍼버는 자신이 제안한 점진적으로 울게 내버려 두는 방식은 냉혹한 방식보다 우위에 있다고 주장한다. 부모들이 방으로 들어가 정말 괴로워하고 있는 게 아닌지 살펴볼 수 있게 했기 때문이라는 것이다.[21] 하지만 이건 이상한 주장이다. 물론 울다가 잠들라고 혼자 내버려 둔 영유아의 경험이 더 큰 아이나 성인의 경우와는 어떤 면에서 다를 수 있다. 하지만 이런 영유아들이 보여주는 울음은 대개 심각한 고통을 겪고 있다는 표시다. 이는 윤리적으로 문제가 있는 일이다. 퍼버 자신도 이런 아이들의 경험에 대해 묘사하면서 애매한 표현을 사용했다. "처음에 아이들이 새로운 방식으로 잠드는 법을 배우려 하는 동안에는 불행할 수 있다. 하지만 아이가 버림받았다는 느낌을 갖게 해서는 안 된다." 퍼버는 이 문장 다음에 곧바로 다음과 같은 고백을 한다. "시간을 정해서 계속 아이를 위로해준다면, 아이는 자신이 버림받았다는 생각을 덜 하게 될 것이다."[22]

자신이 고안한 울게 내버려 두는 방식이 아이에게 미미한 고통을 준다는 퍼버의 주장의 근거에는 가능한 한 고통을 적게 할 수 있도록 했기 때문이라는 것이다. 최근에 개정되어 나온 그의 책에는, 특히 불필요한 울음을 최소화하기 위한 노력이 명시되어 있다.[23] 물론 울게 내버려 두는 방식을 유연하게 적용하면 아기의 괴로움과 고통이 적을 수 있다. 하지만 그건 아기가 우는 시간을 제한해서 가능한 일이었지, 울고 있을 때 괴롭지 않도록 한 것은 아니었다. 게다가 울게 내버려 두는 방식 때문에 겪게 되는 고통과 괴로움이 상대적으로 미미한 경우에는 다른 괜찮은 대안이 있다면 아예 그런 방식을 사용하지 않는 것이 좋다고 볼 수도 있다. 엘리자베스 팬틀리는 "많은 부모들이(모든 부모가 그런 것은 아니다) 아기를 울게 내버려 두는 데는 그 방법이 아이가 밤새 잠을 잘 자게 하는 유일한 방법이기 때문이다"[24]라고 말했다.

이제 우리는 '같이 잠자기' 라는 대안에 대해 살펴보려 한다. 많은 가정에서 아기를 울게 내버려 두는 것보다 더 선호하는 방법이 될 수 있을 것이다.

아기와 같이 잠자기

아기를 울게 내버려 두는 방식을 한마디로 정의 내리기 어려웠던 것만큼 '아기와 같이 잠자기' 라고 이름 붙일 수 있는 행위는 매우 다양하다.[25] 밤새도록 같은 침대에서 아기를 재우는 부모가 있는가 하면 부모의 방에 여분의 침대나 매트리스를 마련해 밤에 아이가 부모와 같이 자고 싶어 하거나 놀랐을 때 같이 자는 경우도 있다. 우리는 침구를 같이 쓰거나 품에 안고 자거나 상관없이 아이와 밤새 같이 잠을 자는 엄밀한 의미의 것만 다루겠다.[26] 이런 종류의 동숙同宿이 갖는 장점을 설명할 수 있다면 다른 변형된 형태의 같이 자기도 마찬가지로 정당하다고 인정받을 수 있을 것이다.

같이 자기의 장점을 평가하기에 앞서, 같이 자는 것은 인간의 역사상 가장 보편적이고 일반적인 수면 형태였다는 사실을 알아둘 필요가 있다. 그리고 현재도 (대개 산업화가 진행되지 않은)많은 사회에서 보편적인 수면 형태다. 1971년 90개 문화권에 대해 조사한 바에 의하면 12개월 미만의 영아와 어머니가 방을 따로 쓰는 경우는 전혀 없었다고 한다.[27] 물론 같이 자기가 역사적으로 널리 보급된 수면 행태라고 해서 현대 서구 문화권의 부모와 자녀들에게도 최선이라고 장담할 수는 없다. 다른 형태의 대안이 엄연히 존재하는 상태에서는 더더욱 그렇다. 그럼에도 불구하고 모유수유, 같이 자기와 같은 관행은 우리의 진화론적 역사에서 중요한 요소로 작용해 왔다. 그런 점을 감안하면 쉽게 무시할 수 있는 것은 아니다. 같이 자기는 인간의 역사에서 상당한 무게감을 지니고 있고 전통이 있을 뿐만 아니라 아기를 울게 내버려 두는 방식의 윤리적 문제를 해소할 수 있는 방편이 되기도 한다. 같이 자기는 영유아가 밤새 부모와 함께 있도록 해서, 혼자서 잠이 든다는 불안감을 느끼지 않게 해준다.

그러나 울게 내버려 두는 게 윤리적으로 더 좋다는 주장에는 두 가지 주요 전략이 있다. 하나는 울게 내버려 두는 편이 아이에게 해가 덜 된다는 주장이다. 또 다른 주장은 같이 자기와 같은 대안은 부모를 상당히 불편하게 한다는 것이다. 일단 아이에게 위험이 된다는 면에서 리차드 퍼버는 같이 자기가 심리적 손상을 줄 수 있다고 말한다. "(어린 영유아에게) 배우자와 자신 사이를 기어 다니게 허락하면, 어떤 의미에서 아이가 부모를 갈라놓는 셈이 된다. 그러면 아이는 자신이 엄청나게 큰 권력을 행사하고 있다고 해석하고 당황해 할 수 있다."[28] 이런 주장은 미심쩍은 면이 많고 주장 자체에 모순이 있다. 상당 기간 혼자 울게 내버려져서 아이가 상처를 입을 수 있다는 심리적 가정을 이와 비슷하게 할 수 있다는 사실을 망각한 것이다. 최근에 퍼버는 같이 자기가 심리적인 상처를 줄 수 있다는 개념을 포함한 기존의 반대 입장에서 한발 물러서고 있다.[29]

같이 자기로 인해 아이가 겪을 수 있는 위험에는 수면의 질이 떨어질 것이라는 지적이 있다. 이런 주장을 평가하는 일은 복잡하다. 퍼버는 자신의 저서(초판)에서 다음과 같이 주장했다. "침대에서 혼자 자야 잘 잔다는 건 모두 아는 사실이다. 연구 결과를 보아도 같은 침대에서 자는 사람이 움직이거나 자극을 주면 자꾸 깨면서 수면 단계가 변화한다."[30] 여기서 먼저 주의할 점은 같이 자는 사람 때문에 수면 패턴이 좋지 않게 된다는 말을 하면서도 배우자와 같이 자지 말아야 한다는 언급은 하지 않았다는 사실이다. 그리고 역사를 통틀어 살펴보면, 인간은 혼자 떨어져 자는 것보다 다른 사람들과 같이 자는 일이 더 많았다. 비록 오랜 세월 동안 지켜왔던 수면 방식이 차선이라고 해도 말이다.[31]

몇몇 연구 결과가 부모와 함께 자는 아이가 다른 아이에 비해 장차 수면 문제를 겪게 될 가능성이 있다고 지적한 경우가 있지만, 이런 상관관계의 원인이 명확히 드러난 것은 아니라는 점을 지적해야겠다. 마크 웨이스블러스도 아이가 밤에 자는 문제로 큰 어려움을 겪는 경우라면 같이 자기라는 방법을 사용할 수 있다고 했다.[32] 아이를 울게 내버려 두는 방식을 찬성하는 쪽이나 반대하는 쪽에서나 같이 자기로 수면에 문제가 생길지 아닐지에 대해서는 다양한 견해를 피력한다. 퍼버와 완전히 다른 입장을 취하는 윌리엄 시어스는 아기와 엄마는 함께 잘 때 더욱 잘 잔다고 주장한다.[33] 최근의 연구 결과를 봐도 대부분의 부모들이 같이 자기를 고려할 때 수면 문제가 심각해질지도 모른다는 우려는 하지 않아도 된다고 본다. 퍼버 자신도 "아이들은 놀랍도록 다양한 상황에서 잘 수 있다"라는 의견을 피력한 바 있다.[34]

하지만 같이 자기가 아기에게 다른 해를 입힐 것이라는 주장은 여전히 있다. 가장 우려하는 것은 부모가 자다가 몸을 뒤척여서 혹시나 아이를 누르거나 영유아가 침구와 얽혀서 질식할 수 있다는 점이다. 이런 우려가 널리 퍼지게 된 건 '미국 소비자제품 보호위원회'에서 1999년과 2002년 침대를 함께 사용하는 문제에 대해 우려하는 의견을 발표했기 때문이다.[35] 원칙적으로 이런 우려는 아기를 울게 내버려 두는 방식의 윤리적 문제를 무효화시키는 적절한 이유가 될 수 있다. 아이를 죽일 수 있는 방식을 택하느니 차라리 일시적으로 고통받게 하는 편이 더 나은 건 분명하다. 하지만 이런 주장이 힘을 얻으려면 같이 자기와 관련해 실질적인 위험이 존재한다는 사실을 명확히 밝혀내야만 한다.

그런데 여건만 잘 갖추면 같이 자기에 문제가 생길 염려는 거의 없다는 게 정설이다. 가령 미국소아과학회에서 2005년 영아돌연사증후군SIDS 예방을 위해 마련한 권고안에는 별도의 수면 공간을 보장한 상태에서 부모와 같은 방에서 자는 편이 영아에게 더 안전하다고 되어 있다.[36] 미국소아과학회는 아기가 부모와 같은 침대를 사용하라고 하지는 않았다. 어머니가 담배를 피거나 술을 마시는 경우를 포함하여 침대를 공유하는 일의 안정성에 영향을 미칠 다양한 요인들에 주목했다. 소아과학회에서 모든 식구들이 침대를 같이 사용하는 것을 권하지 않았다는 건 당연한 일이다. 하지만 다른 육아서의 저자들은 올바른 지침에 따르기만 하면 같은 침대를 사용하는 편이 아기 침대에서 재우는 것보다 더 안전하다고 주장하고 있다.[37] 퍼버는 저서(재판)에서 같이 자기를 안전하게 실행할 수도 있다고 말한다.[38] 합리적으로 같이 자는 게 어려운 부모들이 있을 수 있지만, 그렇다고 해도 같이 자기와 관련된 육체적 손상의 위험이 있다고 해서 아이를 울게 내버려 두는 방식을 옹호하는 건 설득력이 떨어진다.

아기를 울게 내버려 두면 과도한 고통을 유발한다는 지적을 방어하는 마지막 전략은 부모들이 다른 방식을 적용할 때보다 덜 괴롭고 힘들다는 주장이다. 이는 그럴듯한 생각처럼 보인다. 직장 업무와 가정 일을 모두 해내느라 지쳐 있는 어머니들을 생각하면 더욱 그렇다. 직장에 다니는 여성의 수는 날로 증가

하고 있지만, 직장에 다니는 어머니들은 여전히 집안일의 절반 정도를 감당하고 있다고 알려져 있다.[39] 배우자 없이 혼자서 아이를 키우는 경우도 있다. 이런 걸 생각하면 그렇지 않아도 힘든 일을 많이 하고, 이미 상당한 수면 부족을 겪으면서 괴로워하고 있는 부모에게 아기가 우는 걸 달래기 위해 한밤중에 자다가 벌떡 일어나라고 요구하는 건 너무 잔혹한 것 같다. 그러니 아이를 울게 내버려 두는 방식으로 인해 아기가 상당한 고통을 겪게 되더라도, 부모가 더 잘 수 있게 해주니 괜찮은 일 아니냐는 주장이 합당하게 들릴 수도 있다.

하지만 이런 주장이 힘을 얻으려면 부모들이 선택할 수 있는 다른 대안이 없어야 한다. 울게 내버려 두는 방식과 밤중에 두세 시간 간격으로 수유를 해야 하는 것 사이에서 하나만을 선택해야 하는 거라면 당연히 울게 내버려 두는 방식을 옹호해야 할 것이다. 하지만 아이와 같이 자기라는 대안을 사용한다면 울게 내버려 두는 방식의 장점은 빛이 바랜다. 아이와 같이 자는 많은 부모들은 잠에 방해를 덜 받으면서, 아이를 달래고 수유를 할 수 있었다고 보고하고 있다.[40] 그러므로 울게 내버려 두는 방식만이 부모를 쉬게 한다는 주장은 같이 자기라는 대안을 고려하면 힘을 잃는다.

같이 자기로 부모가 더 많이 잘 수 있다고 해도 다른 불편한 일이 있을 수 있다. 부부 사이의 관계에 미치는 영향에 대한 우려가 있다. 육체적 친밀함의 문제가 복잡해질 뿐만 아니라 부부가 아이와 같이 잠자리에 든다는 건 현대 서구 문화권에서는 심지어 불쾌한 일로 보일 수 있다. 같이 자기를 그만해도 될 나이가 되어서 아이를 따로 재우는 문제가 어려웠다는 부모도 있었다.[41] 하지만 다양한 가정 내 역학관계를 고려하면 이런 불편도 천차만별이다. 자녀와 함께 자는 경험에서 얻는 기쁨을 위해 다른 부수적인 어려움은 충분히 감내할 만하다는 부모도 많다.[42] 우리가 경험한 바에 의하면 자녀와 함께 자는 건 어찌할지 모르게 힘든 육아에서 가장 유용한 위안이 되었다. 또 환하게 웃는 아기가 부모의 배 위로 기어 올라오면서 전하는 인사로 아침을 시작하는 건 최고의 경험이었다. 같이 자기의 장점에 대해 부부가 충분히 인지하고 있다면, 그에 따르는 부수적인 어려움보다 장점이 많을 것이다.

결 론

아기를 울게 내버려 두어 혼자 자도록 하는 방법을 꺼려하는 데는 윤리적 이유가 있다. 여기서 논의했던 세 가지 윤리 이론에 따르면 아이를 상당 시간 동안 혼자 울게 내버려 두고 잠들게 하는 건 문제가 있다(최우선적으로 고려해야 할 사안을 무시했기 때문이다). 많은 가정에서 같이 자기는 아기를 울게 내버려 두는 방식의 윤리적 문제를 피하기 위한 좋은 대안이다. 다른 대안이 부모를 더 힘들게 하고, 아이에게 상처를 주거나 해를 입힐 수 있다는 개념을 기본으로 한 옹호론이 있지만, 그런 문제가 늘 심각하게 대두되는 건 아니다.

그럼에도 불구하고 지금껏 우리가 논의한 핵심에는 가정마다 상황이 다르고, 같은 가정에서도 아이에 따라 문제가 달라질 수 있다는 인식이다. 경우에 따라서는 같이 자기를 대안으로 삼는 것이 부적절할 수도 있다. 게다가 부모가 같이 자는 것에 관해 편안하게 느끼지 않으면 효과를 볼 수 없다. 아이의 수면 문제에 관한 만능 해결책을 찾는 일은 우리의 목표가 아니다. 그런 식의 육아 매뉴얼은 이미 충분히 소개된 바 있다. 대신 철학적 분석을 통해 부모가 생각해야 할 중요한 문제를 지적하고 싶다. 그렇게 해서 가정의 가치관, 관심사와 일치하는 결정을 내릴 수 있게 돕고 싶다.

주석

1 유익한 조언을 많이 해준 디온 오델과 이 글의 초고를 봐준 저스틴 바인베르크에게 감사한다.

2 엘리자베스 팬틀리, 〈The No–Cry Sleep Solution: Gentle Ways to Help Your Baby Sleep Through the Night〉 (New York: McGraw–Hill, 2002), pp. 5, 23.

3 마크 웨이스블러스, 〈Healthy Sleep Habits, Happy Child〉, 3rd edn. (New York: Ballantine Books, 2003), p. 103.

4 개리 에조, 로버트 부크남, 〈On Becoming Babywise〉 (Simi Valley: Parent–Wise Solutions, 1995), p. 58.

5 윌리엄 시어스, 〈Nighttime Parenting: How to GetYour Baby and Child to Sleep〉, revd. edn. (NewYork: Plume, 1999), p. 56.

6 웨이스블러스, 〈Healthy Sleep Habits〉, p. 56.

7 사례로 참고할 문헌은 다음과 같다. Ezzo, Bucknam, 〈On Becoming Babywise〉; 〈Weissbluth〉, 〈Healthy Sleep Habits〉; 〈Richard Ferber, SolveYour Child' s Sleep Problems〉 (New York: Simon and Schuster, 1985).

8 웨이스블러스, 〈Healthy Sleep Habits〉, pp. 212–13.

9 같은 책, p. 213

10 리차드 퍼버, 〈Solve Your Child' s Sleep Problems〉, p. 74.

11 웨이스블러스, 〈Healthy Sleep Habits〉.

12 윌리엄 시어스, 〈Nighttime Parenting〉.

13 재인용 엘리자베스 팬틀리, 〈The No–Cry Sleep Solution〉, p. 7.

14 민디(Mindy)가 웨이스블러스의 책을 읽고 블로그에 올린 글(2009.5.17), at www.amazon.com (2009.8.3 접속).

15 사례는 다음을 참고하라. Ferber, 〈Solve Your Child' s Sleep Problems〉, p. 64.

16 같은 책, pp. 38–9.

17 퍼버는 자녀가 잘 자지 않는 것이 부모에게 얼마나 어려운 일인지를 강조하면서 부모와 자녀의 같이 자기에 대한 회의적인 시각을 드러냈다. 그러면서 자신이 제시한 방법을 사용하면 대부분의 아이들이 잘 자게 된다고 생각했다.

18 웨이스블러스, 〈Healthy Sleep Habits〉, pp. 154-8.
19 퍼버, 〈Solve Your Child's Sleep Problems〉, pp. 63-4.
20 엘리자베스 팬틀리, 〈The No-Cry Sleep Solution〉, p. 4.
21 퍼버, 〈Solve Your Child's Sleep Problems〉, p. 64.
22 같은 책, p. 67.
23 퍼버, 〈Solve Your Child's Sleep Problems〉, revd. edn. (New York: Fireside, 2006), p. xviii.
24 팬틀리, 〈The No-Cry Sleep Solution〉, p. 4.
25 사례로 참고하라 J. McKenna, "Breastfeeding and Bedsharing: Still Useful (And Important) After All These Years," in P. O'Mara and J. McKenna (eds.) 〈Sleeping With Your Baby〉 (Mothering Magazine special edition), pp. 3-10.
26 다음을 참고하라 P. Donohue-Carey, "Solitary or Shared Sleep: What's Safe?" P. O'Mara, J. McKenna (eds.) 〈Sleeping With Your Baby〉 〈Mothering Magazine〉 special edition), pp. 11-14.
27 H. Barry and L. Paxson, "Infancy and Early Childhood: Cross-Cultural Codes 2," 〈Ethnology〉 10 (1971): 466-508.
28 퍼버, 〈Solve Your Child's Sleep Problems〉 (1985 edn.), p. 39.
29 퍼버, 〈Solve Your Child's Sleep Problems〉 (revd. edn.), p. 41.
30 퍼버, 〈Solve Your Child's Sleep Problems〉 (1985 edn.), p. 38.
31 가족이나 친구 또는 하인이나 낯선 사람과 한 침대에서 동침하는 것에 대한 논의는 다음을 참고하라. A. R. Ekirch, 〈At Day's Close: Night In Times Past〉 (New York: Norton, 2005), ch. 10.
32 웨이스블러스, 〈Healthy Sleep Habits〉, p. 78.
33 시어스, 〈Nighttime Parenting〉, p. 25-6.
34 퍼버, 〈SolveYour Child's Sleep Problems〉 (revd. edn.), p. 41.
35 보고서는 온라인에서 참고하라. (Release # 99-175 and Release # 02-153) www.spsc.gov (2009.6.14 접속).

36 American Academy of Pediatrics Policy Statement, "The Changing Concept of Sudden Infant Death Syndrome: Diagnostic Coding Shifts, Controversies Regarding the Sleeping Environment, and New Variables to Consider in Reducing Risk," 〈Pediatrics〉 116 (2005): 1245–55.

37 P. Donohue–Carey, "Solitary or Shared Sleep: What's Safe?" P. O'Mara and J. McKenna (eds.) 〈Sleeping With Your Baby〉 〈Mothering〉 Magazine special edition), p. 11–14; P. Donohue–Carey, "Sleep Environment Safety Checklist," P. O'Mara and J. McKenna (eds.) 〈Sleeping With Your Baby〉 〈Mothering〉 Magazine special edition), p. 15–16;T. Kimmel, "How the Stats Really Stack Up: Co–sleeping is Twice as Safe," P. O'Mara and J. McKenna (eds.) 〈Sleeping With Your Baby〉 〈Mothering〉 Magazine special edition), pp. 20–2; Sears, 〈Nighttime Parenting〉.

38 퍼버, 〈Solve Your Child's Sleep Problems〉 (revd. edn.), p. 45–6.

39 R. Morin, M. Rosenfeld, "With More Equity, More Sweat," 〈Washington Post〉 (March 22, 1998), p. Al.

40 J. McKenna, "Breastfeeding and Bedsharing"; Sears, 〈Nighttime Parenting〉.

41 퍼버, 〈SolveYour Child's Sleep Problems〉 (revd. edn.), p. 48–9.

42 시어스, 〈Nighttime Parenting〉.

젠 베이커 JEN BAKER

4

자연분만, 누구를 위한 것인가

캐럴 버넷은 출산의 고통을 설명하면서 이렇게 말했다.
"아랫입술을 잡아당겨서 머리 위로 씌워 보세요."
-빌 코스비 《Himself》 1993

출산은 그 고통을 감내하고 그저 받아들여야만 하는 것이라고 생각하는 몇 안 되는 생물학적 과정 중 하나다. 흔히 출산은 자연스럽게 하는 편이 더 낫다고 말한다. 치아를 뽑는 일이 자연스러운 일인지 아닌지는 그다지 따지지 않고 마취 없이 이를 뽑는 건 생각도 않으면서 말이다. 행위예술가 생트 오를랑Saint Orlan은 산통과 출산의 과정에서 산모에게 진통제를 사용하지 말라는 주장에 대해 다음과 같이 말했다. "말도 안 되는 소리다. 치과에 이를 뽑으러 가기 전에 이렇게 말하는 사람이 어디 있는가? '음, 마취 주사를 맞지 않고 이를 빼보는 건 어떨까 궁금하네. 그렇게 해보는 것도 좋은 경험이 될 거야. 흥미롭고 자연스러운 일이지!'"

진통제 사용 여부가 출산의 자연스러움을 결정하는 기준이 되고, 나아가 좋은 출산과 그렇지 않은 출산을 결정하는 건 왜일까? 물론 아기는 치아가 아니다. 하지만 여기서 요구하는 것은 출산의 고통이 중요하고 가치 있는 일이라는 것을 명확하게 표명해 보려는 것이다. 자연분만 옹호자들은 종종 분만 과정에서 겪게 되는 고통의 '자연스러움'을 제기한다. 그 자연스러움을 표방하기 위해 별명도 붙여 놓은 정도다. 하지만 자연분만은 이름처럼 자연분만이 아닌 경우가 있다. 출산 수순에 영향을 주는 간섭이 있기 때문이다. 자연분만과 자연분만이 아닌 분만의 차이는 종종 진통제의 사용 여부로 갈린다. 이는 참 이상해 보이는데, 자세히 알아볼 필요가 있다. 이 글에서는 이러한 현실을 조사하고 진통제의 도움 없는 출산이 진통을 조절한 분만보다 더 우위에 있다는 식의 일반적인 생각을 정당화할 수 있는지 살펴볼 것이다. 먼저 결론을 밝히면, 나는 자연분만이 결코 우위에 있지 않다고 생각한다. 분만에 있어서 더 적합하고 적절한 방법도 아니라고 생각한다. 또 육아에 대한 적절한 태도를 반영하는 것도 아니며 더 도덕적이고 윤리적인 결정도 아니라고 생각한다.

성차별적 행동에 불과한 건 아닐까

이런 이상한 생각은 성차별주의자들이 여성과 남성으로 하여금 분만에 수반되는 고통은 자연스럽고 적절한 과정의 일부라고 설득한 결과라고 보는 게 가장 단순한 설명이다. 꽤 그럴듯한 설명이다. 우리가 계승한 문화적 전통에는 여성이 고통을 당하는 게 좋은 일이라는 생각이 포함되어 있고, 특히 분만은 이런 생각을 뒷받침해주기 때문이다. 아이를 낳아본 여성이라면 통증을 최대화하는 게 세상을 창조한 절대자의 의도라면, 산통과 분만의 과정은 이런 의도를 가장 성공적으로 보여준 사례라는 데 누구나 동의할 것이다. 창조주의 이런 의도는 성서에서도 쉽게 찾아볼 수 있다. “내가 네게 잉태하는 고통을 크게 더하리니.”(창세기 3장 16절)

다들 알고 있듯이 전부터 머릿속에 박힌 고정관념을 지워버리는 건 쉬운 일이 아니다. 물론 성차별주의로 인해 다른 행동양식이 초래될 수 있고, 실제로 그랬을지도 모른다. 하지만 성차별주의가 언제 어떻게 작용했는지는 정확하지 않다. 성차별적인 행동이나 관행이 성적 불평등을 극복하려는 의도에서 시작된 경우도 있다. 이런 걸 분명히 보여주는 사례가 있다. 한때 출산하는 여성을 반마취 상태로 빠지게 하는 게 일반적인 관행이었던 때가 있다. 반마취 상태는 모르핀과 스코폴라민(진정제, 수면제)을 섞어서 반의식 상태가 되게 하는 일이었다. 이런 관행이 성차별주의나 여성혐오증에서 나온 것이 아니냐는 논쟁은 1950~60년대 의사들이 합류하면서 방향이 달라졌다.

당시 현직에서 일한 의료 전문가들은 반마취 상태를 유도한 것이 몇몇 비판가들이 주장하는 것처럼 성차별주의나 여성 혐오주의적 열망으로 번잡스러운 분만 과정을 통제하려고 한 일이 아니라 오히려 상당수 여성들이 통증을 완화시켜달라고 요청한 데 따른 것이라고 말했다(나도 경험한 바 있는 일이다. 그건 요청이라기보다는 애원이라고 해야 한다). 하지만 의사들은 이런 사실을 부인하고 여성이 겪는 고통을 무시하려 했다. 병상에서 보면 반마취 상태는 여성을 위한 커다란 의료적 발달이었다. 여성들에게 권한을 위임하고 고통을 줄여준 방법이었다. 성차별주의가 자연분만이라는 행동양식에 일부 기여한 바는 있지만 그것만으로는 충분한 설명이 되지 않는다.

얌전히 복종하지 마라

좀처럼 사라지지 않는 성차별주의에 더해서 환상적인 이미지나 이상주의도 자연분만을 칭송하게 만든 데 책임이 있을 수 있다. 출산과 죽음 사이에는 흥미로운 유사점이 있다. 임종을 돕는 사람들은 종종 말기 환자에게 진통제를 인색하게 사용하는 걸 매우 안타까워한다. 말기 환자의 통증 관리는 어떤 면에서 자연분만에 대한 태도와 비슷한 면이 있다. 두 경우 모두 우리가 흔히 하는 걱정보다 우위에 두는 고려사항이 있는 것 같기 때문이다. 말기 환자나 산모에 대해 우리가 가장 관심을 두는 것은 고통에서 벗어나게 해주겠다는 강렬한 욕망이다! 통증에 대한 치료를 받지 않고 죽어야만 한다는 생각의 이면에는(약을 먹지 않는 경우만 말하는 것은 아니다. 비통증성 완화제는 덜 문제 삼기 때문이다) 죽음에는 포함되어야 하는 것에 대한 설익은 개념이 있는 것 같다. 철학자들은 어떻게 죽어야 하는가에 대해 할 말이 많았다. 몽테뉴는 키케로가 철학과 죽는 방법의 학습을 동등하게 본 것을 그대로 받아들여서 끊임없이 그리고 직관적으로 죽음을 인식하고 있다고 말했다. "그래서 나는 습관적으로 죽음을 현실로 인지하고 있다. 머릿속에서만이 아니라 입술로도 그렇게 하고 있다." 이런 주장과 맥을 같이 하여 죽음이라는 사건의 중요성을 인식하면 제대로 된 죽음을 요구하게 된다고 볼 수 있다. 더 나아가 제대로 된 삶도 요구하게 된다. 죽음을 두려워할 것이냐 포용할 것이냐를 생각하면 우리는 죽음을 수동적으로 받아들여야 한다는 주장을 인정하는 꼴이 된다. 딜런 토마스는 다음과 같이 조언했다. "좋은 밤을 맞이하겠다고 얌전히 복종하지 마라. 늙은이들은 하루가 저무는 것에 분노하고 흥분해야 한다. 빛이 죽어가는 것에 분노하고 또 분노하라." 철학적인 가수 닐 영도 이런 말을 했다. "사라지느니 활활 불타 없어지겠다."

산통, 출산 그리고 죽음의 과정에서 느끼는 고통을 칭송하는 배경에서 가장 중요한 요소는 이런 사건들을 쉽고 편안하게 대처하는 방법을 찾는 것보다 엄숙하고 장중하게 맞이하는 게 더 옳다는 강한 확신이 있다. 하지만 왜 그래야 할까? 사람들이 쉽고 편안한 출산을 어렵게 받아들이고 불편해하는 이유는 무엇일까? '자연스럽다' 고 불리는 것의 규범적인 힘을 고려해보면 왜 그런지 알 수 있을지도 모른다.

자연을 칭송하는 게 당연하다고?
그렇다면 자연재해는?

자연분만이 좋다고 생각하는 이유는 단지 그게 '자연스럽다' 고 생각하는 데서 나오는 것이라 볼 수 있다. 그렇지만 '자연스럽다' 는 의미가 정확히 무엇인지 사실 분명하지 않다. 이 용어에 대하여 철학자들은 무척 다양한 의미를 제안했다. 자연스럽게 일어나는 일은 모두 다 자연스럽다고 볼 수 있다. 자연의 법칙을 거스르지 않았기 때문이다. 사실 자연의 법칙을 거스를 수 있는 일은 아무것도 없다. 기적이나 다른 비자연적인 일이나 초자연적인 일을 제외하고 말이다. 이런 의미의 자연을 생각하면 모든 분만은 그저 발생하게 되었다는 이유만으로 자연스러운 것이 된다. 이런 식으로 자연스러움을 규정하는 건 자연분만을 칭송하는 데 도움이 되지 않는다. 분만은 그 자연스러움의 정도에 따라 구별될 수 있다고 보기 때문이다.

'자연스럽다' 는 말을 또 다른 의미로 해석하는 건 인간 세상의 일이 아니라는 뜻이 된다. 이런 의미의 자연스러움은 자연분만이 어째서 정상이 아닌지 설명해준다. 분만은 인간이 아닌 동물의 세상에서 차용한 형태와 비슷하게 할 수 있는 몇 안 되는 일 중 하나다. 그렇지만 하반신 마취약과 같은 의료적 도움을 받아 분만하면 동물 세계의 분만과 달라진다. 그래서 경막외(하반신) 마취제는 나쁘다. 하지만 이런 의미의 자연스러움으로 '어떤 분만' 이 다른 분만보다 더 훌륭하다고 평가하는 걸 정당화할 수 있을까? 동물의 세계에서 일어나는 일이라고 해서 우리가 그대로 따라 해야 하는 도덕적 이유가 생기는 건 아니다. 이런 의미의 자연스러움이 항상 좋은 것은 아니기 때문이다. 자연 즉 동물의 세계 어미들이 하는 일이 다 옳고 좋은 것은 아니다. 가령 어떤 어미들은 갓 태어난 새끼를 소홀히 돌보거나 심지어 잡아먹기도 한다. 새끼가 직면하게 될 도전 과제를 제공해 주기 위해서 혹은 자신들의 생존 확률을 낮출 가능성이 있다는 이유로 이런 '잔인한' 행위를 하기도 한다. 이런 동물의 행위를 인간이 따라 할 필요는 전혀 없다.

게다가 인간이 아닌 동물의 번식 과정 중 마취약이 결핍된다는 하나의 특징에만 집중하는 것도 이상하다. 인간이 아닌 존재의 분만과 인간의 분만 사이에는 상당한 차이가 존재한다. 많은 동물들은 대개 둔부의 위치가 출산에 더 적합하므로 인간보다 훨씬 더 쉽게 분만한다. 출산 시 고통을 보자면, 우리는 동물과 완전히 다르다. 우리의 분만 과정과 동물의 분만 과정을 비교해서 동물 같은 자연 그대로의 상황을 따라 한다고 했을 때 얻을 수 있는 이점이 무엇인가 생각하는 것은 캥거루의 주머니를 흉내 내 아기를 캐리어에 넣고 다니니까 내가 좋은 엄마라고 말하는 것이나 진배없다. 게다가 자연분만은 현대 의학의 수많은 혜택 속에서 일어난다. 이런 식이라면 현대 의료 장비들은 분만의 자연스러움을 박탈하는 것이라 볼 수 있다. 그러므로 동물과 비슷한 것이 '자연스럽다' 는 설명은 재고할 가치가 없는 생각이다.

세 번째로 생각해 볼 수 있는 '자연스러움' 의 개념은 진화론적 역사 또는 우리가 이해하는 진화론(사실은 제대로 이해하고 있지 못한 경우가 많지만)과 조화를 이루는 행위를 일컫는 말이라는 것이다. 이런 의미에서 자연스러움을 주장하는 측에서는 동성애를 비도덕적이라 비난한다. 진화론에 위배되는 자연스럽지 못한 것이기 때문이다. 이런 '자연스러움' 은 아무리 봐도 최선의 결정이라 할 수 없다. 이런 생각 자체를 수용하는 것이야말로 대단히 비도덕적으로 보이기 때문이다. 이런 주장을 근거로 동의하기는 어렵다. 이런 식이라면 분만 과정에서 생명을 유지하기 위해 의학적 중재가 필요한 여성이 있어도 그냥 죽도로 내버려 두라는 주장이 가능하다. 의학적 치료가 필요한 갓난아기도 유전자 공급원에 손실을 주는 존재로 간주되어 치료 없이 그냥 죽게 하는 편이 낫다고 볼 수 있다. 이것은 경원시할 필요가 있는 사회적 다윈주의(사회진화론,

다윈의 진화론을 사회에 적용해 진화를 설명하려는 이론)의 일종이다. 도덕적으로 절대 권고할 수 없는 일이고, 절대 입에 올릴 수도 없다.

네 번째 자연스러움의 의미는 인간의 의도적 행위에 의한 모든 일은 자연스럽지 않다는 주장을 유도하는 것이다. 구상단계를 거쳐 생각해 낸 것은 자연스러운 일이 아니다. 계획을 가지고 있다면 자연스러운 일이 아니다. 이런 논리를 따르면 약을 투여하는 분만 역시 결점이 있는 것으로 볼 수 있다. 하지만 그렇게 보자면 오늘날 대부분의 분만은 자연스러운 것이 아니다. 출산예정일을 앞두고 대부분이 출산 계획표(출산할 때나 출산 후의 희망사항 등을 종이에 적어 의사나 조산사와 상담하는 것–옮긴이)를 작성하는 관례를 생각하면 그렇다. 진통제를 분만 중에 사용하는 것 역시 인간의 의도에 의한 일이다. 아스피린 같은 의약품의 천연성에 대해 독설을 하는 사람이 있지만, 버드나무 껍질에서 추출한 천연재료이고 마취약 역시 우리 조상들이 사용했던 것과 다르지 않다. 인간의 의도가 개입되지 않은 분만을 칭송해야 할 도덕적 이유가 있을까? 이 부분에 대한 글은 잠시 후 다시 이어가겠다.

그리고 마지막으로 살펴볼 다섯 번째 자연스러움의 의미는 명백히 윤리적이다. 자연과 조화를 이루는 과정을 찬양하는 것이기 때문이다. 이런 의미로 본다면 자연분만은 직관적으로 매력적이다. 자연분만이야말로 이상적인 조화를 이룬다는 걸 알 수 있다. 이런 방식의 분만은 집에서 편안하게 이루어진다. 기술적인 간섭을 제한하고 가족 구성원이 지켜보는 가운데 산파나 출산 보조원의 도움을 받으며 분만한다. 산파는 병원에서 낯선 의사가 아기를 받아 주는 것처럼 꼭 필요한 말만 하지는 않을 것이다.

산모는 보다 친숙한 공간과 가까운 사람들, 익숙한 소리, 친근한 냄새에 둘러싸여 있는 편이 더 편안하게 느껴질 수 있다. 아기는 앞으로 지내게 될 집에서 태어나고, 가족들은 자신들의 공간에 온 아기를 즉시 환영할 수 있다. 평화롭고 옳으며 적절한 일로 자연스럽게 보인다. 정말 그렇다. 나는 개인적으로 이런 장밋빛 그림과 반대되는 첫 출산을 경험했는데, 이와 너무나 다른 그 경험을 잘 기억하고 있다. 독자들을 위해, 나 또한 불필요한 고통이나 괴로움을 찬성하지 않기 때문에, 그 고통스러운 이야기를 자세히 언급하지는 않겠다. 하지만 자연분만의 옹호 이면에 존재하는 이론적 설명을 충분히 이해하기 위해서 그 고통과 괴로움에 주의를 기울여야만 할 것이다.

통증에 집중하자

가정에서의 분만을 생각하면서 머릿속에서 그리는 긍정적인 상상에도 불구하고 대부분의 자연분만은 병원에서 행해진다. 분만이 자연스러운가를 결정하는 주요한 요인이 마취제를 투여했느냐 여부와 직결되어 결정된다는 사실은 참 별난 일이다. 아무런 감시나 조취를 취하지 않는 가정 분만만을 자연분만이라고 지칭하지 않는 이유는 무엇일까? 또한 의사 없이 하는 분만만을 자연분만이라고 하지 않는 이유는? 통증은 자연분만과 아닌 것의 차이를 가르는 중요한 개념인 것 같다. 그렇다면 여기에서는 통증에 집중해보자.

의학적 도움 없이 진행되는 많은 분만은 아름답다. 마취 없이도 많은 여성들이 분만을 잘 해내고 있다. 막 출산을 마친 어머니 중에서는 엔도르핀 분출을 느끼게 되면서 산통이나 분만 과정을 의학적 도움 없이 수월하게 해내는 수도 있다. 어렵고 고통스러웠지만 통증은 참을 만했다고 말하기도 한다. 이런 주장의 논리적 오류를 지적하지 않더라도, 이런 분만 사례가 주요한 논점을 흐린다는 사실에 주목할 필요가 있다. 아무 어려움 없이 산통을 짧게 겪은 사람이 몇 시간 만에 분만을 해냈다고 해도, 통증의 문제가 덜 걱정스러운 것은 아니다. 말 그대로 통증이 덜했던 것뿐이기 때문이다. 마취제가 없으면 통증은 피할 수 없다. 일단 통증이 경미했던 사례는 논외로 하자. 모든 자연분만을 대변하는 것은 아니기 때문이다. 모든 자연분만이 그처럼 견딜 만한 것은 분명히 아니다.

다섯 번째로 생각했던 자연스러움의 의미를 회상해보면, 비자연 분만(통증이 관리된 분만)보다 자연분만(통증이 있는 분만)을 더 선호하는 이유는 분명해진다. 분만의 고통과 통증이 일종의 조화로운 경험이 된다고 생각하고, 분만하는 어머니를 보다 적절한 심적 상태 즉 경건해지고 겸손해지는 상태로 만들어준다고 여기는 것이다. 그렇다고 하면 통증은 분만의 경험을 보다 가치 있게 하는 게 된다. 보다 정확하게 말하자면 통증이 없다면 분만의 가치 즉 분만의 중요성과 의미를 적절하게 인식하지 못하게 된다는 뜻이다.

통증을 칭송할 대상으로 보고 다른 사람에게 권고할 생각을 한다는 사실은 참 놀라운 일이지만, 자연분만에서는 실제 이런 일이 일어나고 있다. 통증 자체를 잊게 할 만큼 대단히 높은 차원의 가치를 더해준다는 게 도대체 무슨 말일까? 분만을 알리는 통증이 일반적인 통증과는 전혀 다르다고 말하는 여성도 있다. 대개 우리는 통증을 느끼면 뭔가 잘못되어가고 있다는 신호로 여긴다. 하지만 분만 과정에서 통증은 다음에 어떻게 할지 알려주는 신호가 된다. 힘을 언제 주어야 하고, 언제 숨을 쉬어야 하고, 언제 휴식을 취할지 그리고 정말 힘껏 세게 힘을 줘야 할 때는 언제인지 알려준다. 반면 다른 통증은 우리 신체에 손상이 있음을 알려줄 뿐이다.

이런 주장이 유효하려면, 분만 시 느끼는 통증에 산통의 압박감만 포함되어야 한다. 하지만 실제로는 분만과정에서 살이 찢기는 통증도 느끼게 된다. 또 분만 시 느끼는 모든 통증이 생물학적 과정의 진행을 알려주는 것이어야만 한다. 하지만 이런 구분이 항상 가능한 것은 아니다. 가령 찢어지는 듯한 통증은 다른 종류일 수 있다. 보다 친숙한 타입의 통증으로 "누군가 살을 꿰매는 것 같아요!"라거나 "항생제를 주세요!" "도와줘요!"라는 반응을 이끌어내는 그런 것이다. 이런 통증은 종종 자연스러운 분만을 옹호하는 사람들이 칭송하는 이른바 '좋은' 종류의 통증과 뒤섞여 있다. 통증이 혼합되어 있다고 전제하면 이런 주장은 불안정해진다. 분만에 한 종류만의 통증이 있는 게 아니기 때문이다. 무엇을 언제 어떻게 해야 할지 알려준다는 신호로서의 통증은 이런 이유로 분명한 설명이 되지 않는다.

무엇보다 이런 논리는 분만 시 통증이 치명적인 원인에 의한 것이 아니냐의 여부에 따라 진의가 달라질 수 있다. 이 논리는 자연의 긍정적인 면에 대해서만 설명하고 있고 아이를 분만하는 사람으로서 자연과의 좋은 관계만 설명하지만, 바로 이 사실에 이의를 제기하고자 한다. 매년 '자연' 분만으로 사망에 이르는 여성의 수는 50만 명에 이른다. 미국에서만 한 해 600명의 여성이 목숨을 잃고 있다. 하지만 우리가 의논하고 있는 것이 자연분만 그 자체라면, 우리는 미국처럼 상당한 의료 수준 환경에서의 자연분만만 고려해서는 안 된다. 보다 가난한 나라에서는 과다출혈, 감염, 고혈압 폐쇄분만 등으로 자연분만 중 사망하는 여성이 매년 50만 명에 달하고 있다. 역사적으로 여성의 10퍼센트는 분만 중 사망했다고 한다. 이런 자료는 우리 집안의 가계도를 이해하는 데 도움이 된다. 우리 집안에는 재혼한 남자들이 많다. 안타깝게도 첫 아내 중 상당수가 첫아이를 낳다 20대 초반의 나이에 사망하고 만 것이다. 이런 사실은 어쩜 내게 주어진 유전적 운명이다. 나는 정신적 외상성 분만traumatic birth(트라우마 분만? 이건 공식적인 명칭이다!)을 하면서 멀지 않은 미래에 나 역시 고인이 된 전 부인이 되고, 내 아들에게 사진으로만 남겨진 존재가 될 것이란 상상을 하고 말았다. 나는 어쩜 선천적으로 좁은 산도와 커다란 태아를 지닌 운명이 아닌가 걱정했었다.

통증 권하는 사회

자연분만을 경험한 사람들이 진통제를 선택한 사람들보다 우위에 있다고 느끼는 건 놀랄 일이 아니다. 그러나 다른 사람보다 우위에 있다는 인식의 근거는 희박하다. 자기 지역에 연고를 둔 야구팀이 우승했다고 해서 자신이 우월하다고 느끼는 사람들이 있다. 다리가 길어서, 머릿결 때문에, 또는 부유한 배우자를 두어서 우월하다고 느끼는 경우도 있다. 하지만 허풍은 어디까지나

허풍일 뿐이다. 자연분만에 대한 칭송은 이런 것과는 사실 상관이 없다. 반면, 그랜드캐니언 래프팅을 완주해서 자부심을 느끼고 말하는 것과는 관계가 있다. "꼭 그랜드캐니언 래프팅을 해보세요." 자신은 이미 해본 일이고, 그 경험은 나의 정체성의 일부가 되어 있으므로 그 경험이 없는 자신을 생각할 수 없다. 게다가 그런 멋진 일을 해낸 스스로가 자랑스럽기까지 하다. 이렇게 되면 그 일을 진심으로 다른 사람에게 권할 수 있다. 이런 이야기는 하나도 이상할 것이 없다.

하지만 자연분만을 권하는 데는 이런 이유 외에도 독특한 이유가 더 있다. 바로 여기에 도덕적인 무게감이 더해진다. 사람들은 '한번 해볼 만한 일' 이 아니라 '반드시 해야 할 일' 이라고 권한다. 이는 물론 더 나은 어머니 역할을 할 수 있다는 점과 연관되어 있다. 래프팅 같은 모험과 달리, 모든 여성들이 관심을 갖고 참가하길 원하는 좋은 어머니 역할과 관련이 있다는 주장이다. 누군가 나에게 아직도 안데스 산맥을 안 가봤냐고 묻는다고 해도, 나는 신경 쓰지 않을 것이다. 하지만 산모가 자기 편하자고 아기에게 '마취' 라는 위험한 일을 무릅쓰게 했다니 믿을 수가 없다고 말한다면, 그건 싸움을 거는 것과 진배없다고 생각한다. 게다가 아이를 기르는 일은 상당히 복잡하고 힘들다는 걸 생각하면 아이 낳는 일을 가지고 유난을 떠는 건 사실 공감하기 어렵다. 이런 일에 무덤덤하게 대응하려면 아이가 가공식품을 먹을 수 있게 되거나 쉬는 시간에 다른 아이를 물어뜯거나 한 후에야 가능하다. 어쨌든 지루한 싸움이다. 속 좁은 사람들이나 할 싸움이니 아이가 충분히 자랄 때까지 기다려서 승자임을 증명할 때까지 참아야 한다.

여기서 재미있는 것은 자연분만이 매우 특별하다고 주장하는 이유다. 어떤 것(집에서 키운 유기농 채소처럼)이 조화롭고 적절하다는 칭송을 받는다면, 칭송에 대한 증거는 기쁨이어야 한다. 철학자들은 천년 동안 인류는 스스로를 위해 더 편안하고 쉽게 살아가려 노력하고 있음에도 불구하고 문화적 장치들이 삶을 더 불편하고, 괴롭고, 부담스럽게 한다고 지적했다. 부담이나 괴로움, 불편함을 일으키거나 그런 감정이 포함된 일이 있다면 대개 부정적으로 평가받게 마련이다. 치통이 생길 때 치과에 빨리 가는 것은 너무 아프기 때문이 아니다. 불편함을 감수하고라도 가라고 권하는 것이다. 자연분만의 경우에는 도덕적 경건함을 만들어 주는 것이 바로 그 '통증'이다. 그러나 통증을 유발하는 것에 대해 불편해하고 미심쩍어하는 게 보통이다. 그런데 희생양이 될 운명에 처한 어머니가 앞으로 겪을 고통에 대해 어떤 동정도 받지 못하는 것이나 자해를 하는 사람을 보고 움찔하는 우리의 반응을 생각해 보라.

물론 우리는 사고로 바위 사이에 끼었는데 스스로 팔을 자르고 벗어난 사람에게는 경외심을 품는다. 하지만 만약 그에게 고통 없이 벗어날 다른 선택의 여지가 있었다면, 우리는 그의 자해 행위를 납득하기 어려울 것이다.

그런데 분만의 경우에는 다른 선택의 여지가 있다! 두 경우가 다를 게 뭐란 말인가? 아기에게 해를 입힐 수도 있다는 말도 이유가 될 수 없다(다시 말하면 그 가능성은 정확히 측정된 것이 아니다). 하지만 이런 생각을 해본 적이 없는 사람들은 여전히 자연분만을 숭배한다. 게다가 앞서 살펴본 통계에 의하면, 자연분만은 절대로 아기를 안전하게 출산하게 해준다고 보장하지 않는다. 자연분만 옹호자들에게 통증이 수반된다는 것이 산통과 분만 과정을 보다 스릴 넘치게 해주는 것처럼 보일 수는 있다. 정말로 아프지 않다면, 그런 도전정신을 발휘할 데가 없지 않겠는가? 그런 승리감을 또 어디서 맛본단 말인가?

나는 개인적으로 이런 식의 사고방식은 개의치 않는다. 사람은 모름지기 자기가 중요하다고 생각되는 일을 하고, 거기서 기쁨을 찾는 법이다. 자연분만을 선택하고 그 어려움을 견뎌내겠다는 건 스릴 넘치는 일을 추구하는 사람들이 해볼 만한 일이라 할 수 있다. 하지만 다른 스릴 있는 일들과 마찬가지로 의료적 도움을 받지 않는 분만의 선택은 도덕의 문제가 아니라 임의로 선택한 행동의 범주로 분류해야 한다.

이제는 나의 이야기를 털어놓을까 한다. 며칠 동안 산통을 겪고 몇 시간 동안 힘을 준 끝에 나는 찢어지는 듯한 통증 단계에 이르렀다. 나는 논리라는 걸 활용할 수 있는 순간까지 조물주에 대한 욕을 해댔다. 평소에 나는 그런 사람이 전혀 아니었음에도 불구하고. 나는 통증으로 앞을 볼 수도 없었다. 말 그대로 아무런 생각도 할 수 없었다. 생각을 할 수 없을 지경이었기 때문에 두려움 없이 출산은 계속되었다. 지금 생각하면 당시 조금 더 논리정연하게 생각할 수 있었으면 좋았을 뻔했다. 나는 죽는 게 두렵지 않을 정도였다. 친정 엄마도 분만 과정을 겪으면서 그랬다고 한다.

사실 나는 이미 죽어 있었다. 통증의 세상에서 이미 끊임없는 죽음을 경험하고 있었다. 심하게 스트레스를 받으면 자기 새끼를 잡아먹는다는 동물들 이야기가 당시에는 전혀 이상할 게 없다고 생각될 정도였다. 나는 정말 제정신이 아니었다. 세상은 안전한 장소가 아니라는 생각이 들었다. 하지만 나는 고작 마취를 한 정도로 책임회피라는 비난을 받는 우리 현실에서, 그런 대안이 어떤 결과를 초래할지 알고 있다. 온갖 욕지거리와 요란한 비명을 질러댔던지라(기네스 기록 중에 연속으로 욕을 가장 오래한 종목도 있는지 궁금하다. 아니면 기억을 마비시키는 데 도움을 줄 기네스 생맥주라도 있으면 좋겠다) 나는 도무지 자랑할 일이 없다. 나는 정말 엉망이었다.

진료실에 있던 의료진들은 나로 인해 심각한 트라우마를 겪었을 것이라 생각한다. 나는 간호사에게 토하고 간호사의 블라우스로 내 얼굴을 닦았다. 정말 그랬다. 나중에는 미안한 마음에 사과를 거듭했다. 하지만 얼마 후에 나는 너무나 끔찍한 상황에서 계속 사과를 받았다. 내가 4시간 동안 힘을 쓰고 있을 때 아기의 한쪽 어깨가 끼어 있었다는 걸 아무도 깨닫지 못했던 것이다. 하지만 나는 '감사합니다' 라는 말만 했다. 살아 있는 것만 해도 행복했다(내 혈압이 심각해서 걱정을 하고 있던 참이었다). 나는 왜 세 번의 마취도 소용이 없었는지 궁금했다. 하지만 그에 대한 설명은 들을 수 없었다(그냥 그런 거예요). 나를 담당한 의사는 내가 '나는 여자다. 내 고함을 들어라' 스타일로 출산을 했다고 말했다. 난 정말, 선택의 여지가 없었다.

겸손한 엄마

앞에서 우리는 인생에서 가장 훌륭하며 자신을 겸손하게 낮추게 되는 순간, 겸손함을 알려주는 것이 고통이라는 가능성에 대해 알아보았다. 이것은 부자연스러운 과정을 인간이 고안해냈다는 생각과 연관이 있는 주장이다. 인간의 오만함을 경원시하는 건 도덕적으로 중요하다. 분만의 고통이 자연스럽고 좋은 것으로 생각할 수 있는 건 어머니가 분만에 관한 전권을 갖고 있다고 생각하는 게 옳지 않기 때문이다. 많은 철학자들은 겸손이 우리가 자연에 대해 가져야 할 태도라는 데 동의했다. 어떤 맥락에서도 이런 도덕적 이상의 예외는 없다. 생화학자나 독수리 훈련가 또는 도시계획가의 겸손은 필요하다. 현대 의학에 의한 분만을 비평하는 사람들이 제왕절개 비율이 높아진다는 사실에 우려를 표명하는 것도 이해가 간다. 그런 여성들과 의사들이 자연스러운 생물학적 과정에 앞서 무모한 행동을 보이고 정당한 제어권을 인식하게 될까봐 두려운 것이다.

불행히도 여성의 분만을 편안하게 해주자는 생각은 정직하지 못한 술책이라고 보는 것 같다. 이런 식으로 아기를 갖는 여성들에 대해 이기적이고 삶에서 무엇이 가치 있는 일인지 그 우선순위를 인식하는 능력이 모자라다는 식으로 비난이 이어진다. 이렇게 만들어진 이미지는 자기도취증에 빠져 허황되고 이기적이며 좋은 점이라고는 하나도 없는 사람의 모습이 된다. 이런 이미지의 사람이 과연 있을까 싶을 정도로 엉망인 모습으로 그려진다. 실제 현실에서 살아가는 진짜 사람들을 지나치게 단순화해서 희화화시키는 건 유치하고 진지하게 대할 일이 아니다. 마취를 했다고 이런 식의 단죄를 받아야 하는 건 아니다. 이런 평가가 그리 심한 것 같지 않아 보여도, 재미있게도 대개는 스스로 초래한 경우가 많다.

고통을 이기지 못하고 마취를 한 것에 대해 나쁘게 생각하는 여성도 있다. 그래서 가끔은 의사가 강요했다고 탓하기도 한다. 하지만 고통을 참을 수 없다는 걸 미리 알았거나 그 사실을 산통이 최고조에 달했을 때 분명히 깨달았다고 말한다. 또 여성들은 제왕절개를 한 것에 대해서도 기분 나빠한다. 두 가지 모두 자연스러운 이치에 자신을 기꺼이 맡기지 못했다는 자책이 포함되어 있다. 분만의 경우에는 고통도 수반된다. 그러나 자연분만이 자연과 조화를 이룰 수 있고 자연의 의도에 겸손히 순종하게 하는 일이라고 해도 우리는 상당한 모순을 발견하게 된다. '자녀계획(출산계획)'이라는 것이 분만의 자연성을 훼손하기 때문이다. 출산계획은 오늘날 거의 모든 사람들이 하는 일이다. 특히 사전에 계획된 자연분만의 경우도 많다. 하지만 이런 계획은 통증을 고쳐볼 수 있다는 오만함과 비슷한 일이다. 여담으로 말하자면 의학적 진료는 대단한 권한을 갖고 행해진다. 부모들은 룸서비스를 주문하듯 마취 주사를 요청하지 못한다. 사실 의료화된 분만을 비판하는 사람들은 의료기술이 어머니들에게 권한을 위임하지 못함을 지적하는 형국이다. 그렇다고 하면 그런 분만에 오만불손함이 포함되거나 이후 육아에 오만불손한 태도가 나타나지 않을 것은 명백해진다.

자연분만이 조화롭다고 하는 근거는 진통제를 사용하지 않은 분만에서 느끼는 승리의 스릴감이라고 볼 수 있다. 진통제를 복용한 어머니들은 현대 의학에 의해 속임수를 당해서 할 수 있는 일을 할 수 없는 것으로 생각했다고 볼 수 있다. 그렇다면 오만 대신 그들은 지나치게 겸손했고 지나치게 두려워했다고 볼 수 있다. 도움 없이 아이를 분만할 능력이 자신의 신체에 없다고 생각해서 진통제 없이 아이를 가질 수 있다는 걸 몰랐을 수 있다. 많은 여성들이 의료적인 도움이 없는 분만을 참아낼 수 있다. 하지만 그런 걸 여성이 깨달아야 한다고 사람들이 걱정하는 이유가 뭘까? 고통을 감내하는 게 도덕적 문제일까? 이런 가능성을 검토하면서 결론을 내려보자.

엄마를 칭송하라

윤리학이라고 해서 분만을 어머니의 공이라 여기는 건 아니다. 하지만 덕 윤리에서는 할 수 있다. 덕 윤리의 접근방법으로 분만의 과정을 살펴보고, 그 과정에서 어머니가 내린 선택에 대한 도덕적 찬사를 줄 수 있다. 어머니가 통증에 반응한 방법은 고통의 강도와 상관없이(덕 윤리는 이런 면에서는 융통성이 있다) 평가될 수 있다. 어머니가 의식이 분명했고 자신에 대한 권한이 있다면 어떤 행동이든지 평가할 수 있다. 진통제를 복용하겠다는 선택은 평가를 받을 수 있는 많은 행동 중 하나다. 하지만 덕 윤리는 분만의 한 형태를 다른 형태보다 낫다고 단정 짓지 않는다.

덕에 관한 가장 보편적인 설명에 의하면, 덕에는 지적이고 기질적이며 정서적인 요소가 있다. 이런 요소들이 개별적으로 설명될 때 덕은 추상적이고 이론적인 것처럼 보인다. 하지만 간단한 사례를 통해 이런 요소들을 결합했을 때 그 영향력을 인지할 수 있다. 덕의 지적인 요소는 분만의 위험 정도를 아는 문제다. 서구 국가에서는 그리 위험하지 않지만 다른 곳에서는 상당한 수준의 위험 요소가 많다. 덕 윤리에서는 이런 자료와 관련된 생물학적 사실 관계를 알지 못하는 어머니는 마치 무지한 채 일하는 사람으로 간주할 것이다. 도덕적 신망을 얻기 위해서 이해해야 할 것은 갓 태어난 아기가 얼마나 많은 보살핌을 요구할 것인가에 대한 정보도 포함된다. 덕 윤리는 부모가 아이를 낳는다는 것이 얼마나 큰 책임감을 가져야 하는 일인지 분명히 알고 있을 것을 요구한다. 모든 아이들이 열여덟 살이 되면 독립할 수 있고, 일곱 살이 되면 혼자 음식을 먹을 수 있는 것은 아니다. 이런 경우는 자연분만 옹호자들과 관련된 확신은 오히려 불리할 수 있다. 분만은 상당한 도덕적 심각성을 지닌 일이다. 칭송받는 분만의 대다수는 덕 윤리에서 무지라고 부르는 것에서 나온 일이다.

덕의 기질적 요소는 성향이 제2의 천성이 되는 문제다. 가령 여성 특유의 기질이 분만 시 무의식적으로 작동되는 때가 있다. 분만 시 여성의 행동을 두고 이렇게 말할 사람도 있다. "오, 정말 캐롤답군." 덕의 정서적 요소는 보장된 쾌락을 포기하는 가운데 자기도 모르게 옳은 일을 하는 문제다. 가령 덕이 있는 사람은 지금 돈이 더 많이 있었으면 좋겠다고 생각하더라도, 과거에 돈을 훔치지 않았던 것을 후회하지 않는다. 덕을 추구한다는 것은 많이 알고 있다는 의미다. 덕이 있는 사람을 통제하는 쾌락의 능력을 약하게 하는 데 도움이 되기 때문이다. 여기서 우리는 자연분만의 통증에 덕을 적용시켜볼 수 있다. 덕이 있는 사람은 그 통증을 맥락상 살펴보고, 그 실제적 의미가 무엇인지 이해하고, 왜 가치 있는 일인지 생각한다. 그리고 정말 가치 있는 일이라면 가치 있다고 여긴다.

그런데 덕 윤리의 전통학파인 스토아학파는 고통에 대해 정확하게 설명하는 게 중요하다는 점을 강조한 것으로 유명하다. 그들은 고통이 대단치 않은 일이라고 주장한다. 대단히 도발적인 주장이다. 고대 비평가들은 스토아학파에게 물건을 던져서 그들이 그 대단치 않은 경험이 주는 충격에 어떻게 반응하는지 보려고 했었다. 하지만 스토아학파의 관점은 이 소론에서 내가 결론내리고자 하는 것을 입증해주는 근거가 된다. 고통은 작용의 일부가 아니다. 고통은 도덕적 가치가 있는 것도 아니다. 고통이 특정한 상황에서 사람의 행동을 결정지을 수 있는 것도 아니다. 스토아학파라면 어머니에게 가장 고통스러운 과정을 거치도록 독려하지 않고, 고통이 도덕적 당위가 있다는 생각을 비웃었을 것이다. 고통은 우리의 도덕적 행동에 비하면 하찮은 것이다. 그렇다고 스토아학파가 우리가 마취제를 맞느냐 마느냐 하는 문제에 신경을 썼다는 건 아니다. 하지만 그들은 마취제 사용에 찬성했을 것이라는 게 내 결론이다.

덕 윤리에 의하면, 도덕적 신망을 얻기 위한 최종 기준은 도덕적 행동이 '전적으로 나의 책임' 아래 있는가 하는 점이다. 고통이 너무나 심해서(나의 경우처럼) 사람이 도덕적 기능을 제대로 할 수 없는 상태에서 생각하거나 보거나 집중하는 일이 불가능해진다면, 그 사람의 행동은 도덕적이지도 않고, 비도덕적이지도 않다. 다시 우리는 '자연분만을 선택한 것이 도덕과 관계가 없는 일' 이라는 데로 돌아왔다. 덕 윤리는 도덕 평가를 자원하는 것이 더 좋은 일이라고 말하지 않는다. 그러니 고통으로 정신이 마비되는 위험을 감수하겠다고 해도 직접적인 도덕적 결과는 없다. 하지만 덕 윤리에 의하면 마취제 덕분에 제정신을 유지하고 있다는 건 분만 시 자신의 힘을 유지할 수 있는 방법이 된다. 나는 아들을 낳으면서 했던 그 온갖 욕지거리에 대해 책임을 지지 못했는지도 모른다. 하지만 이후 두 번의 분만(이때는 의료적 도움을 받았다)에서는 꾹 참을 수 있었고, 점잖고 우아하며 즐거운 산모가 되었다. 그렇게 하지 않으면 내 성격적 결함이 드러났을 것이다.

물론 분만은 매번 놀라운 경험이었다. 처음에는 정신적 외상성 분만으로 인해 자연의 진정한 섭리를 통찰할 수 있었다. 하지만 나를 완전히 녹초가 되게 했던 스트레스 상황에서는 내가 살아남았다는 사실이나 그 경험 자체에서 도덕적 교훈을 찾을 수 없었다. 모든 것이 도덕의 문제는 아니다. 나는 겸손하게 분만이 도덕의 영역 밖에 있다는 데 순종하게 되었다.

4

엄마가 된다는 것이 당신이 생각한 것과 같은가

현실과 환상의 만남

MOTHERHOOD

사라 괴링 SARA GOERING

1

우리 아이 일시 정지 버튼

사고실험과 아이 통제를 통한 깨달음

모두가 공감하는 공상 하나

우리 아이들은 나에게 기쁨과 즐거움을 주는 귀여운 존재다. 나는 우리 아이들을 무한히 사랑한다. 하지만 나는 아이들이 하고 있는 일을 그만두게 만들고 싶은 순간이 너무나 많다. 이를테면 울기, 투덜대기, 잠투정하기, 3분 간격으로 100번 넘게 같은 일 반복하기, '나 좀 봐!' 라고 계속 말하기 등의 일을 멈추게 하면 좋겠다고 생각한다. 이렇게 힘들 때 나는 아이들을 꺼버리는(?) 공상에 빠진다(부모가 아닌 사람들은 아이의 전원 버튼을 끄고 잠시 쉴 수 있는 시간이 아이가 낮잠을 자는 시간이 아닌지 궁금할 것이다. 하지만 대부분의 부모들은 '아이처럼 곤히 잔다' 는 표현이 완전히 잘못된 것이라는 점을 이해할 것이다). 사실 그리 오랫동안 아이들의 전원 버튼을 꺼놓을 필요는 없다. 내가 필요한 만큼의 평화를 누릴 정도면 충분하다. 방해를 받지 않고 신문을 읽을 정도의 시간이나 친구들과 잠시 밖에서 커피 한 잔을 나눌 정도의 시간이면 된다. 나는 육아의 많은 부담을 지고 있는 엄마에게 '일시 정지 버튼'(혹은 '전원 차단 버튼')이 정말로 있다면, 이는 정말 놀라운 기능이란 생각이 든다. 다른 어머니들과 이야기를 나눠보니 이런 상상을 하는 게 비단 나만은 아니라는 걸 알게 되었다. 사실 거의 모든 어머니들(육아를 주로 담당하는 사람들)은 이런 판타지를 갖고 있을 거라 생각한다. 아이들이 아무리 얌전하다고 해도 나는 항상 한계점에 이르게 된다. 엄마에게도 엄마만의 생활이 있고, 아이들도 약간의 평화로움을 필요로 할 때가 있지 않을까? 그러니 아이들을 위한 전원 차단 버튼을 발명할 수 있다면 어떨까? 값이 비싸지 않고 의료적으로 간단하게 설치할 수 있어서 육체적으로 힘든 점이나 부작용이 없었으면 좋겠다. 거기에 리모컨도 함께 있으면 더 좋겠다.

아이들을 꺼놓는다는 건 일종의 정지 상태에 빠지게 하는 것과 같다. 아이는 자신이 멈추고 있었다는 걸 기억하지 못하고 다만 쉬고 있다가 그저 눈을 뜨게 되는 식이면 좋겠다. 그러니까 아이는 귀찮은 행동을 계속하지 않을 뿐만 아니라(소리를 계속 치지 않을 뿐만 아니라) 정신을 차린 다음에 자기가 하고 싶은 일을 다시 새롭게 생각하게 되는 것이다. 아이에게는 발작성 수면 같은 느낌이 될 거라 생각한다. 공상의 나래를 마음껏 펼쳐보면 그 전원 차단 버튼은 아이의 생명 유지를 위해 필요한 시간 동안 작동할 수도 있다. 2주 정도의 휴가를 사용하려면 별도의 급수와 급식 체계가 필요할 것이다. 하지만 대부분의 경우에는 그럴 필요가 없다. 우리는 때때로 짧게는 5분에서 길게는 몇 시간 정도가 필요할 뿐이다. 우리의 생산성, 마음의 평화, 성생활, 사고력은 모두 향상될 수 있다. 보육 기관 종사자들도 필요한 휴식을 즐길 수 있게 될 것이다. 육아 부담을 나누고 있는 할머니, 할아버지들도 쉴 수 있을 것이다. 세상의 모든 어머니들은 잠시 동안 두 발을 쭉 펴고 쉴 수 있게 된다. 우리는 우리 삶을 자의로 통제할 수 있는 권리를 되찾을 수 있다.

공상을 공감하는 것에 대해

너무 잔인한 상상이라 할 수 있지만 육아에 지친 엄마들에게는 참 매력적인 이야기다. 물론 금방 이런 기술 발달이 이루어지지는 않을 것이다. 어쨌든 어머니들의 바람이 전달되어, 정말 관련 연구와 개발이 시작된다면 실현 가능성이 있지는 않을까? 가능성을 상상해 보는 것만으로도 재미있다. 철학자들은 이런 공상을 '사고실험' thought experiment이라고 부른다. 동물이나 어린이들을 데리고 실제 실험을 수행하지 않고 생각만으로 이런 일이 벌어지면 어떻게 될 것인지 신중하고 곰곰이 생각해 보는 것이다. 즉 우리의 직관을 실험해보고 이론을 세우는 데 상상력을 활용하여, 지금과는 사뭇 다른 세상을 떠올려 볼 수 있다.

플라톤은 만약 우리의 모습을 보이지 않게 만들어 주는 반지(기게스의 반지, 『국가론』에 나오는 가공의 마법 반지)가 있다면, 무엇을 할 것인지 상상해 보라고 했다. 그렇다면 우리는 도덕적으로 행동할 것인가 아니면 처벌이 두려워 도덕성을 굳건히 지킬까? 물론 그런 놀라운 반지는 실제로 없다. 하지만 이런 반지를 상상해 보면, 우리가 들키지 않는다는 사실이 확실할 때 과연 어떻게 행동할 것인지 생각해 보는 데 도움이 된다. 이와 비슷하게 현대 철학자들은 인간 정체성의 본질이 무엇인지 생각하면서 기억을 다른 사람의 두뇌에 복사할 수 있다면 어떻게 될 것인지 상상해 보라고 요구했다. 심지어 나와 똑같은 모습의 복제인간에게 내 기억을 복사시키게 된다면 어떨까 상상해 보라는 것이다. 우리의 기억이 다른 곳으로 옮겨가고 몸만 계속 남아 있다면, 진짜 그 사람은 누구일까? 또 진짜라고 규정할 수 있는 이유는 무엇일까? 만약 우리에게 몸이 없고 통에 담긴 두뇌만 남아서 외부 세계에 존재하는 인상을 우리에게 주는 감각 기관의 입력 정보만 있다면 어떨까? '우리'가 '우리'가 아니라는 걸, '우리'는 알 수 있을까? 우리 자신이나 주변 세상에 대해 알고 있는 능력은 뭐라고 해야 할까? 고민할 질문은 계속 쏟아진다. 우리는 이런 사고실험으로 우리가 직관적으로 생각하고 있던 것들을 시험해 보고, 개인의 정체성에서 가장 중요한 것이 무엇인지 결론을 낼 것이다.

철학적 사고실험은 흔히 소설이나 영화의 훌륭한 소재가 된다. 해리 포터는 투명 망토를 갖고 있었고, 영화 《멀티플리시티》에서 마이클 키튼은 몇 번이나 복제되었다. 키아누 리브스는 《매트릭스》에서 이 세상은 환영에 불과하다는 걸 발견한다. 마찬가지로 전원 차단 버튼에 관한 사고실험을 기반으로 하는 영화도 언젠가 만들어질 수 있다. 아마 디스토피아적 공상과학영화가 될 확률이 높다. 정말로 꺼짐과 켜짐 버튼이 있을 수 있다고 생각해 보면, 그 버튼을 남용해서 온갖 종류의 부정적인 결과를 초래할 수 있단 생각이 먼저 떠오른다. 또 무엇보다 어린아이를 발달 단계에 있는 주체적 존재로서 존중하는 것과 정반대되는 통제 기제란 사실을 알 수 있다.

일단 우리는 그 버튼을 자주 사용하게 될 것이다. 도저히 참을 수 없이 화가 나거나 넌더리가 날 정도로 고약한 상황이거나 뭔가를 반드시 해야만 할 때만 가끔씩 그 버튼을 사용하는 척하겠지만, 그 편의성은 대단히 매력적이다. 가령 아들이 오후 낮잠을 잘 때까지 기다렸다가 마감이 닥친 논문이나 리포트 작성을 시작할 수 있지만 조금 일찍 아이의 전원 버튼을 눌러 버릴 수 있다. 그렇다면 굳이 억지로 아이를 재우는 고생을 하겠는가? 이런 식의 생각은 커피 한 잔을 마시거나 샤워를 하거나 일을 시작할 때도 마찬가지로 작용할 수 있다. 아이 때문에 시간을 낭비하거나 방해를 받느라 일에 지장을 받을 이유는 어디에도 없다. 꺼짐 버튼은 모든 엄마에게 유용할 것이다. 직장에 나가 일하는 엄마나 하루 종일 아이와 집에 있는 엄마 모두 편리하게 사용할 수 있다. 아이를 통제할 수 있는 간편한 방법을 제공해 준다는 데 거절할 경우는 드물다.

생각보다 이 버튼을 많이 사용하는 것뿐만 아니라 원래 계획보다 더 오랜 시간 동안 꺼짐 상태로 있게 할 것이라 예상된다. 커피 한 잔을 다 마시고 신문을 처음부터 끝까지 다 읽을 수도 있는데, 딱 한 모금만 마시거나 신문 기사 제목만 훑어보고 말 이유가 어디 있겠는가? 처음에는 단시간의 잠깐 멈춤으로 사용하던 것이 시간이 지나면서 점차 2시간짜리 낮잠으로 늘어나게 되거나 보육비를 아끼기 위해 사용될 수도 있다. 어머니 역할을 하면 흔히 일을 짬

짬이 해야만 한다. 여기서 5분 저기서 10분 같은 식으로 간간이 할 수 있는 일이 아니라면 제대로 하지 못할 가능성이 높다. 버지니아 울프가 여성만의 방이 필요하다고 주장했던 것을 떠올려 보라. 그런데 꺼짐 버튼이 있으면 다른 현실을 보게 된다. 뭔가에 집중하려면 짧은 낮잠시간만 이용해야 했던 어머니들이 그 이상의 시간을 누리며 느낄 안도감을 생각해 보라. 솔직히 아이들을 사랑하기는 하지만, 다른 할 일도 많고 하고 싶은 일도 많은 게 사실이다. 또 잠시 쉬고 나면 아이들을 더 사랑하게 될 것 같다는 생각이 드는 것도 사실이다. 꺼짐 버튼을 사용하면 아이들에게 더 잘 해줄 수도 있고(건강한 식단으로 음식을 준비하거나 빨래를 하거나 잠자리에서 들려줄 재미있는 이야기를 생각해 볼 수 있다) 곁들여 우리의 욕구나 흥미, 의무를 충족시킬 시간도 가질 수 있다. 오로지 자녀를 위해 헌신하는 어머니상이 칭송받고 있지만, 엄마들도 욕구라는 게 있는 사람이지 않느냔 말이다!

물론 우리가 평화로운 순간을 잘 활용하느라 분주한 사이에 아이들에게 돌아가는 혜택이 없을 수 있다. 하지만 오랫동안 멈춤 상태에 있으면서 푹 쉴 수도 있다. 그러나 그게 잠자리에 좋을 리 없다. 그러면 우리는 또 그 버튼을 필요로 한다. 결국 우리는 그 버튼을 멋대로 언제 어디서나 사용할 수 있다. 어머니와 아이 간 융화가 제일 잘 될 수 있는 때나 장소에서도(예를 들면 도넛 가게나 잠들기 전 동화책을 읽어줄 시간 같은 경우) 이 버튼을 얼마나 자주 오랫동안 사용하게 될지 생각해 보라. 또 그 버튼의 사용으로 혜택을 받는 건 과연 누구일지 생각해 보라. 그러면 이 작은 공상이 우리가 이따금씩 여기저기서 겪는 소소한 짜증에서 나온 것만은 아니란 건 알 수 있다. 오히려 자신을 되찾고 스스로에 대한 통제권을 절박하게 주장하는 하나의 개인으로서 존재하고자 하는 의미로 그것을 사용해보자는 생각이 나왔다. 더 나아가 어머니들이 감당하고 있는 정신없는 과중한 일상의 진상을 명백히 보여주는 일이라 하겠다.

주디스 워너는 저서 『엄마는 미친 짓이다』에서 이런 상황을 '난장판' 이라고 말했다.[1] 이런 난장판이 벌어지게 된 이유로는 개인의 완벽주의와 아이를 위한 완벽한 자기희생을 기대하는 어머니 역할에 대한 이데올로기, 그리고 믿을 만한 보육기관에 자녀를 맡기거나 업무 시간을 조정하면서 일하는 것을 어렵게 만드는 시장경제 규범을 꼽을 수 있다. 난장판의 핵심은 개인의 책임을 지나치게 강조한 나머지 불안감과 좌절감을 높임으로써, 육아 문제에 대한 구조적 변화와 어머니 역할에 대한 우리의 사고방식 변화로 대부분의 문제를 완화시킬 수 있다는 사실을 무시하게 만든다는 점이다.

이러한 버튼을 과도하게 사용하는 것 이상으로 중요한 것은 아이들에 대한 생각이 달라진다는 점이다. 한창 발달 중에 있는 어린이가 아니라(우리와 마찬가지로 결점도 있고, 짜증나는 습관도 갖고 있는 존재) 우리가 통제할 대상이자 우리에게 기쁨을 줘야 하는 존재로 보게 되는 것이다. 우리가 자녀를 두는 이유는 여러 가지다. 그 이유에는 아이들이 독립적으로 살게 되기를 바라는 마음보다는 삶을 보다 만족스럽게 살고자 하는 부모의 생각을 크게 강조한다. 하지만 일단 아이들이 태어나면 부모들이 이기적인 마음을 지속하기란 어렵다.

하지만 꺼짐 단추가 있다면, 우리는 아이를 자유자재로 통제할 수 있다. 아이들의 동의 없이 단추를 켰다 껐다 하는 건 아이들을 대상화시키는 것에 지나지 않고, 부모와 아이들 사이의 권력 관계는 불균형을 이루게 될 것이다. 물론 어린아이들은 도덕적 행위자 즉 인간으로 성장하는 중이다. 그러니 성인과는 다른 방식으로 통제받을 수 있다. 어떤 면에서 자녀를 통제하지 못하는 부모는 아이에게 해를 입힌다고 볼 수 있다. 하지만 별도 공간에서 반성의 시간을 갖도록 하거나 좋아하는 걸 빼앗거나 나중에 혼난다고 협박을 하거나 뇌물을 주는 식의 전통적인 통제 방식에서는 아이들이 부모의 반응을 살피고 그에 맞게 대응한다. 그러나 꺼짐 단추가 있으면 우리는 지금보다 훨씬 더 강력한 힘을 가지고 아이들을 통제하게 된다. 버릇없이 군 아이는 반성을 하라고 자기 방으로 들여보내는 게 아니라 말 그대로 우리가 정한 시간 동안 '정신을 잃고 있어야' 하는 것이다. 잠시 또 공상을 해보면, 다른 모든 일도 버튼을 달아 이런 식으로 해결할 수 있다. 하지만 버튼의 존재는 아이와 어머니의 관계를 완전히 달라지게 만든다.

게다가 이 버튼은 아이들이 자라고 학습할 수 있는 기회 같은 유용한 일을 못하게 만들 수 있다. 아이들이 이 버튼의 위력을 알게 되면(아이들은 당연히 버튼에 대해 알게 될 것이다. 다른 아이의 경우를 보거나 정신을 차리고 보면 몇 시간이 그냥 지나가버린 것과 리모컨 조종기를 연관해 생각할 수 있다) 지금보다 훨씬 더 부모를 두려워할 것이다. 아이들이 엉뚱하게 굴거나 건방지게 나오는 건 경계를 시험해보기 위함이다. 그런 행동으로 아이들은 자신의 힘이 어느 정도인지 알아보고 어떤 행동이 가능한지 알아낸다. 아이들의 일탈에 대한 우리의 반응으로 아이들은 자신이 일탈을 했다는 걸 알게 되고 또한 적절하지 않은 행동이라고 받아들여지는 이유를 알게 된다. 그리고 아이들은 우리가 아이들의 비행

정도를 판단하는 모습을 본다. 그런데 만약 아이가 부모를 화나게 했다거나 버릇없이 굴었다고 해서 계속 전원 버튼을 꺼버렸다가, 마음을 가라앉히고 진정한 다음 아이가 돌아오게 한다면 학습의 기회는 사라지게 된다. 아이들은 어른들에게 벌을 받거나 혼자 남겨져 울면서 그 원인에 대해 생각하고 스스로 위로하는 법을 배우기도 한다.

우리 집은 작아서 딸아이를 방으로 들여보내고 반성하라고 말해도 아이가 계속 우는 소리나 '불공평해, 억울해!' 라고 혼자 큰소리로 외치는 소리가 밖에서도 들린다. 그런데 꺼짐 버튼을 누르면 아이가 울면서 불평하는 소리를 듣지 않고 당장 아이의 입을 다물게 할 수는 있다. 아이가 반성하는 시간을 갖는 게 당연하고 공평하다는 생각을 하더라도 아이가 우는 소리를 듣는 건 힘들다. 하지만 나와 남편 모두 그렇게 하면서 많은 것을 배운다. 언제 방으로 들어가 화해를 해야 할지, 또 언제까지 기다리면서 아이가 혼자 중얼거리는, 가끔은 웃긴 소리를 들어야 하는지 알 수 있게 되었다. "엄마는 내 생일파티에 못 오게 할 거야. 내 생일 케이크는 만들게 해줄 거지만, 파티에는 못 오게 해야지." "나중에 우리 애들은 사탕이랑 과자를 마음껏 먹게 할 거야." 벌을 받으면서 아이는 혼자 화를 내고, 생각하고, 혼잣말을 중얼거릴 시간을 갖는다.

물론 부모 입장에서도 놓치게 되는 일이 생길 것이다. 부모로서 푸념할 일이나 불만스러운 일이 많지만 육아의 압박 중에도 좋은 점은 있다. 가장 힘든 순간에도 얻는 것이 있다. 이런 이득은 눈에 잘 보이지 않고, 주름살과 흰머리, 근심 걱정과 함께 오지만 존재하는 건 사실이다. 남편이 해외로 출장을 간 사이 딸아이가 밤중에 깨서 갑자기 한 시간마다 토를 한 적이 있다. 나는 동시에 아픈 딸과 갓난아기까지 보살펴야 했다. 갓난아기는 한 시간마다 들리는 딸의 울부짖는 소리에 반응하며 울었다. 정말 긴 밤이었고 너무나 힘든 시간이었다. 하지만 지금 돌아보면 내가 많은 일을 해낼 수 있다는 사실을 깨달았던 시간이었다(끊임없이 쏟아지는 엄청난 토사물의 역겨움을 참아내고 계속해서 닦아낼 수 있었고, 울부짖는 두 명의 아이들을 하나씩 재웠고, 의사를 언제 불러야 할지 친구와 친척을 언제 불러 도움을 청할지 결정할 수 있었다). 나는 살아남았고 내가 매우 중요한 일을 해낼 수 있는 사람이란 사실을 깨달았다. 나는 니체의 철학으로 삶을 조명하는 방식(나를 죽이지 않는 거라면 뭐든지 나를 강하게 만들어 준다는 사고방식)을 선호하는 사람은 아니지만, 험난한 육아의 길을 걷다보니 능력이 생긴다는 생각이 들었다. 육아의 어려움이 가치 있는 사실이라는 걸 깨닫고, 결국 우리는 모두 도움이 필요한 존재라는 사실을 알게 되었다는 점이 핵심이다. 가정이나 사회나 아이를 무시하거나 학대하기 전에 도움을 받을 수 있게 해야 한다. 육아는 본질적인 면에서 우리에게 개인을 통제한다는 것의 한계를 가르쳐주고, 인내와 수용의 가치를 일깨워주며 이상적이지 않은 상황도 즐겁게 바라볼 수 있게 해주는 중요한 가르침을 준다.

여기서 내 말을 오해하지는 말기 바란다. 어머니가 된다는 것이 통제가 안 되는 상황에 '포기' 하는 걸 배웠다는 뜻은 아니다. 나는 여전히 어느 정도의 통제권을 유지하기 위해 노력하고 있고, 더 많은 통제권을 갖고자 하는 바람이 있다. 나는 어머니들이 함께 뭉쳐서 사회 변화의 동력을 만들어내기를 바란다. 어머니의 삶을 변화시키고 우리와 다른 모든 사람들에게 어머니 역할을 한다는 것이 전적인 자기희생이 아니라는 사실을 분명하게 알 수 있도록 사회를 변화시키고자 한다. 하지만 나는 부모가 되면서 내가 통제할 수 있다고 생각한 것들 상당수가 사실 내 능력 밖이란 사실과 그렇게 통제하려 할 필요가 없다는 것을 깨닫게 되었다. 내가 통제하려고 길길이 날뛰어도 상황은 전혀 나아지지 않고, 오히려 그 과정에서 배울 수 있는 소중한 것들을 놓치기 쉽다. 서두르고 재촉하면서 불안해해도 아이들은 나에게 게임은 하기 싫다고 외친다. 아이들이 아프거나 울거나 기운이 없는 바람에 내가 원고 마감을 지키지 못하거나 중요한 회의에 참석하지 못해도, 세상은 계속 돌아간다는 사실을 아이들은 우리에게 보여준다.

너무 뻔한 소리나 감성적인 멘트처럼 들리겠지만, 어머니들이 생존경쟁에 빠져 정신이 없어지면 아이들은 세상을 달리 보는 방법을 가르쳐 준다. 걸음마를 막 시작한 아이들은 빨리 걷지 못한다. 그래서 우리에게 천천히 걷는 법을 알려준다. 그렇게 꾸물거리며 걸어가는 동안 나무막대기와 돌멩이의 아름다움을 보게 해주고 꽃가루를 옮겨주는 벌의 신비로움을 알게 해준다. 아이들은 우리가 한 말을 계속해서 반복해 들려주면서, 우리가 무슨 말을 하고 있는지 새삼스럽게 깨닫게 해준다(또한 그 말을 어떤 식으로 했는지도). 그것도 꼭 부적절한 시기에 한 말을 되짚게 해준다.

물론 꺼짐 버튼으로도 이런 배움은 얻을 수 있다고 반론을 제기할 수 있다. 부아가 치밀거나 짜증스럽지 않은 상태에서 아이를 '켜' 놓고 얼마든지 할 수 있다고 말할 수 있다. 하지만 통찰력이 가장 빛나는 순간은 우리가 절대 겪고 싶어 하지 않는 상황에서 찾을 수 있다(즉 꺼짐 버튼을 누르고 싶은 바로 그 순간이다). 그럴 때면 놀라운 깨달음이 우리 눈에도 들어오게 된다. 한번은 딸아이에게 예의범절의 중요성을 강조하면서, 딸이 심술궂게 굴었던 일을 호되게 꾸짖고 있었다. 당시 나는 아이가 했던 일에 무척 화를 냈다. 나는 딸아이에게 세상이 다 싫어하는 심술궂고 무례한 사람이 되고 싶냐고 물었다(수사적 의미에서 물었다고 볼 수 있다. 사실은 다그친 것이라고 보는 게 맞겠지만). 딸아이는 고개를 들어 나를 쳐다보더니 조용히 말했다. "엄마, 난 그냥 행복하게 살고 싶어." 물론 이건 예의범절의 가치에 대해 다시 평가하게 만들어주는 말이었다. 또 예의범절의 중요성을 강조하면서 고함을 치는 나의 행동이 과연 효과가 있는지, 생각해 보도록 만들어 주었다.

이런 공상을 하는 우리에 대해

이런저런 생각을 해보니 꺼짐 버튼같이 처음에는 매력적으로 보였던 상상들이 사실은 그리 좋은 생각이 아닐 수 있다는 걸 알게 되었다. 사실 진짜 문제는 꺼짐 버튼에 관한 사고실험이 이렇게 쉽게 머릿속에 떠올랐던 이유가 아닐까 한다. 왜 어머니들은 자신이나 배우자에게 탄력적인 근무시간을 허용하는 직장과 합리적인 가격의 우수한 보육시설에 대한 상상은 하지 않았던 걸까? 여기서 문제는 이상주의와 현재 우리 모습을 형성하게 해준 과거의 도구들에 문제가 있다는 사실을 직면해야 한다는 데 있다. 아이를 키우는 책임을 개별 가정의 어머니 어깨 위에만 올려놓은 사회문화적 배경을 생각하면, 어머니들이 각각의 환경에서 채택한 해답을 해결책으로 볼 수 있다. 하지만 그 대신 생각의 틀을 깨고 이상주의를 포기하는 해법에 대해 생각해 볼 필요가 있다. 버튼 같은 통제 기술이 아니더라도 어머니의 부담을 완화시켜줄 수 있는 '사회적 해법' 이 필요하다.

이와 마찬가지로 철학적 사고실험은 표준적 사고방식에 의존하고 있다. 존 롤스John Rawls라는 미국의 철학자는 『정의론A Theory of Justice』에서 '무지의 베일'을 포함한 철학적 사고실험을 제안했다. 우리가 생각하는 정의의 기본 원칙을 생각할 때, 롤스는 스스로 성별, 인종, 계급 등의 삶의 세부적인 사항을 가려주는 베일을 쓰고 있는 사람들을 상상해보라고 권했다. 우리의 특정한 생활환경이 종종 공정함과 정의로움에 대한 우리의 생각에 영향을 미친다는 사실을 인식하라는 주장이다(우리의 생활환경은 당연한 것이 아니라 사실 외부로부터 주어진 것이다). 이와 같은 롤스의 사고실험은 우리의 편견을 인식하게 하는 데 유용하다. 하지만 많은 페미니스트들이 경고하듯이 무지의 베일이 미치는 영향도 주의해야 한다.

자신의 입장에 따라 갖게 되는 편견을 완전히 버릴 수 있는 방법이 과연 있을까? 무지의 베일을 쓰고 개별 사람들이 뭐라 말하는지 알아보는 건 흥미로운 일 같지만, 그런 직관의 한계를 분명히 인지하는 편이 보다 현명하다(우리 자신의 지엽적인 문제에서 물러날 수 있는 능력은 제한적이라는 점을 생각하자). 수잔 몰러 오킨Susan Moller Okin과 세일라 벤하비브Seyla Benhabib 같은 페미니스트 이론가들이 요청했듯이, 처해진 입장에 따라 불리한 점이 다르다는 점을 인식하면서 정의의 원리를 생각하고 싶다면, 그냥 보다 다양한 그룹의 사람들을 모아놓고 그들의 관점과 경험에 대해 이야기하도록 하는 편이 낫지 않을까?[2] 성차별이

만연한 사회에서 여성으로 살아간다는 어려움을 상상하고 설명할 수 있는 사람은 누굴까? 어떤 정의의 원리가 그들에게 적용되고 있는지 가장 잘 말할 수 있는 이는 누구일까? 자신의 성별을 모른다고 상상하는 남자겠는가, 아니면 자신의 경험을 알고 있는 여자겠는가? 무지의 베일로 하는 사고실험은 우리의 특정한 처지가 정의에 대한 사고에 편견을 갖게 한다는 사실을 지적했다는 면에서는 매우 유용하지만, 그걸로 결론을 내리는 건 조심해야 한다. 사고실험에서 발견한 직관의 결과를 현실 세계로 옮겨가면, 이러이러하리라고 예상했던 것만큼 공정한 정의의 원리를 찾아주지 못할 수 있다.

이와 비슷하게 페미니스트 철학자 수잔 브라이슨Susan Brison은 개인적 정체성을 가지고 하는 사고실험을 다음과 같이 비판했다.

> 철학자들은 사람이 이성, 두뇌, 의식, 기억, 성격 그리고 육체를 다 바꾸거나 잃어버리고 나서도 살아남을 수 있느냐와 같은 질문을 곤혹스럽게 여겨왔다. 최근 몇 년 사이에 소름끼치는 최신 기술을 응용한 사고실험이 늘어나고 있는데, 개인을 합동체로 만들거나 얼려버리거나 분해하거나 재구성하고 순간이동시키는 등의 일을 고안해서 그런 변환에도 살아남는 사람이 있다면 그가 누구인가에 대한 우리의 직관을 실험하고 있다.[3]

그런 기괴한 상황에 대해 직관적 통찰을 갖는다는 건 어려울 수 있다. 하지만 브라이슨이 주목한 것처럼 철학자들은 (홀로코스트나 강간 등에서 목숨을 건진 사람들의 경험처럼)정신적 외상을 겪은 생존자들의 경험을 과소평가해왔다. 그런 경험의 당사자들 대다수는 사건이 일어나기 이전과는 완전히 다른 사람이 되었거나, 심지어 그런 사건을 겪으면서 이전의 자신은 죽었다고 말하기도 한다. 어쩌면 당연한 일인지도 모른다. "철학자들은 뒤범벅되어 혼란스러운 현실 세계가 아닌 더 깔끔하고 통제되어 있고, 더 이해하기 쉬운 순수한 사고의 영역으로 눈길을 돌리도록 훈련받은 사람들이기 때문이다."4)

사실 사고실험을 하는 이유 중에는 그렇게 하지 않고는 통제할 수 없는 것을 통제하려 하려는 의도도 있다. 물론 사고실험은 우리의 상상력을 확장시키고 까다로운 문제에 대해 생각하는 걸 도와준다. 사고실험의 일반적인 가치는 의심의 여지가 없다. 우리가 의문을 제기해야 하는 부분은 그 사고실험으로 도출한 결론이다. 그리고 다른 방법으로 문제를 해결하려 하지 않고 사고실험에 의존하게 되었는지 그 원인을 따져봐야 한다는 데 있다. 그럼 어머니 역할과 자녀에 대한 통제 문제를 다시 생각해 보자. 어머니인 우리가 사고실험을 통해 더 큰 통제권을 행사하고자 했다는 게 조금은 역설적인 것 같다. 어머니로서 우리는 통제할 수 없는 것이 있다는 사실을 깨닫고, 심지어 그것의 진가를 인정하기도 했으면서 말이다. 꺼짐 버튼에 대한 사고실험은 통제권과 자유시간에 대한 우리의 갈망이 어느 정도인지 알게 해준다는 의미에서는 유용했다. 하지만 가설에 근거한 이러한 사고는 분명 한계가 있다. 힘을 합쳐 실질적인 해법을 만들어내기보다는 불가능한 해법에 대한 공상을 하는 편을 택한 이유는 뭘까? 사고실험은 개별적 차원에서 손쉽게 할 수 있다. 그리고 일에 지친 어머니들에게 정신적 위안을 준다. 하지만 어머니들을 규합해 사회적 변화를 쟁취하기 위해 싸우려면 상당한 수고를 해야 하고 조직을 만들어야 한다.

즉 사고실험은 가능성의 영역을 가늠해 보는 정도에서는 유용하지만, 힘을 합쳐 문제가 되는 것이 무엇인지 파악하고 세상이 그 문제를 인식하도록 만드는 방법을 모색하는 어려운 일을 대신할 수는 없다는 사실이다. 공상 속의 시나리오를 통해 얻는 통찰은 실제 사람들과 단호히 맞설 수 없다. 그런데 우리의 목표는 이 세상을 좀더 분명하게 파악해보려는 것이 아니었던가!

그럼 누군가 나에게 이런 반론을 제기할 수 있을 것이다. 우리의 문제를 이해하고 현실 가능한 해법에 대해 생각하기 위해 그런 사고실험이 한계가 있다는 걸 알고 있었으면서도 아이를 통제하고자 하는 우리의 충동을 잘 이해하기 위한 방법으로 사고실험을 해보라고 제안한 이유는 무엇이냐고. 나도 상당히 모순된 일을 했다는 걸 인정한다. 하지만 나는 좀더 폭넓은 관점을 제시하고 싶다. 어머니와 철학자들은(그리고 두 가지 역할을 모두 하고 있는 사람들도) 통제를 위한 시도를 아무리 해도 한계가 있다는 사실을 깨달을 필요가 있다. 그 이면에는 우리가 완전히 명료하게 사태를 파악하지 못하거나 통제권을 많이 행사하지 못하는 상태에서도 그럭저럭 해내고 있는 것 자체로도 가치가 있다는 것을 이해할 필요가 있다는 생각도 있었던 것 같다. 끊임없는 자녀의 요구에 고심을 하게 되거나 이 세상과 세상의 문제를 보다 잘 이해하는 방법을 모색하느라 애를 쓰고 있다면, 어느 정도의 혼란스러움과 무질서는 바람직한 일이다. 이런 조언을 했다고 해서 어머니들에게 보다 큰 도움이 필요하다는 사실과 이 사회에 변화가 필요하다는 주장의 중요성을 부인하는 건 아니다.

잘 생각해 보면 꺼짐 버튼은 아이들에게만 필요한 건 절대 아니다(가령 배우자 꺼짐 버튼, 시어머니 꺼짐 버튼, 주정뱅이 친구 꺼짐 버튼 같은 것도 필요하다). 하지만 어쩌면 이런 사고실험이 우리에게 말해주는 건 다양한 꺼짐 버튼에 대한 공상이 아니라 그런 공상을 하도록 만들었던 문제를 해결할 수 있는 현실적인 해법에 대해 생각해야 한다는 점이다. 물론 친척들을 꺼버릴 필요는 없다. 그냥 자리를 벗어나서 쉬는 시간을 가지면 된다. 경제적 여유가 있고 좋은 베이비시터를 찾을 수 있는 어머니에게는 베이비시터가 꺼짐 버튼의 효과를 누리게 해줄 것이다. 보육시설 종사자라면 잠시의 휴식 시간을 가지면 된다. 그들의 노고를 인정해주는 기관이라면 그 정도 배려는 해줄 수 있을 것이다. 하지만 부유한 특권층이나 도움을 줄 다른 가족들이 가까이 사는 행운아들이 아니어도 이렇게 쉴 수 있는 기회를 보다 손쉽게 얻을 수 있게 하고 경제적 부담도 줄여줄 기반이 필요하다. 이런 일들은 너무나 바쁘고 할 일 많은 어머니들의 책임으로 돌릴 것이 아니라 우리가 사는 사회적 구조 안에 녹아들게 해야 한다. 철학자 에바 페더 키테이Eva Feder Kittay는 '분산형 어머니 역할'[5]이라는 표현을 사용해서, 다수의 육아담당자가 어머니 역할을 나누어 부담하고 정부의 지원을 받아야 한다고 했다. 좋은 육아담당자는 아이와 감정적으로 교류하는 정서적인 관계를 맺어야 한다는 인식이 함께 해야 한다고 말했다. 이런 육아가 가능해지면 죄책감이나 꺼짐 버튼이 주는 위안에 대한 갈망 없이도 편안하게 육아 부담을 나눌 수 있다.

철학자들이 사고실험을 중단해야 한다거나 어머니들이 아이를 통제하고 싶다는 마음에 헛된 공상을 해서는 안 된다는 말을 하는 게 아니다. 이러한 사고실험에서 얻을 수 있는 교훈에 대해 더 신중하게 생각해볼 필요가 있다는 게 핵심이다. 두뇌 훈련을 통해서 난장판인 현실 세계에 우리가 찾아낸 것의 효용성을 찾아볼 필요가 있기 때문이다. 엄격하게 통제된 사고실험의 맥락에서 직관적으로 옳다고 생각한 것은 그것을 실제 세상에 옮겨놓았을 때의 부정적인 결과를 생각하면 중요하지 않을 수 있다. 마찬가지로 어머니들은 자기 열망의 정당성과 그 원인에 대해 신중하게 생각해 봐야 한다. 꺼짐 버튼이 있었으면 좋겠다고 바랄 수 있지만 실제로 그런 것이 기술적으로 가능하다고 해도 현실화하는 것은 좋은 생각이 아닐 수 있다는 점을 인식해야 한다. 아이들은 우리의 인내심을 시험하고 때로는 우리를 미치게 만들지만, 그렇게 하면서 아이들은 우리에게 세상에 통제할 수 있는 것에는 한계가 있고, 그 한계에는 나름의 아름다움이 있다는 사실을 알려준다.

주석

1 주디스 워너, 『Perfect Madness: Motherhood in the Age of Anxiety』(New York: Riverhead Books, 2005). 한국어판 『엄마는 미친 짓이다』 임경현 옮김, 프리즘하우스, 2005.

2 수잔 몰러 오킨*Susan Moller Okin*, 『Justice, Gender and the Family』(New York: Basic Books, 1989); 세일라 벤하비브*Seyla Benhabib*, 『Situating the Self』(New York: Routledge, 1992).

3 수잔 브라이슨*Susan Brison*, 『Aftermath: Violence and the Remaking of a Self』(Princeton: Princeton University Press, 2002), p. 38.

4 같은 책, p. 39.

5 에바 페더 키테이*Eva Feder Kittay*, 『Love's Labor: Essays on Women, Equality and Dependency』(NewYork: Routledge, 1998).

닌 커컴 NIN KIRKHAM

2

엄마가 갖춰야 할 주요 덕목

인내, 관대, 도덕적 본보기

어머니의 역할은 아주 특별하다. 여성이 감당해야 할 다른 역할과는 사뭇 다르게 독특한 면이 있다. 특정한 기술 훈련을 받아야 하는 것도 아니고 정식 자격증도 없지만 막중한 책임을 져야 하고 다양한 기술도 요구받는다. 어머니가 되기 전에 대다수 여성들은 어떤 부모가 되고 싶다는 생각을 갖고, 또 그렇게 할 수 있으리라 믿는다. 하지만 내가 지금껏 만나본 어머니들 상당수는 자기가 했던 말을 철회했다. 어머니가 되기 이전에는 모두들 완벽한 엄마가 되겠다고 다짐을 한다. 절대로 아이가 슈퍼마켓에서 짜증을 부리지 않게 하고, 저녁 9시 이전에 잠자리에 들게 한다. 패스트푸드는 절대 입에도 대지 않게 하고 간식은 오로지 유기농 야채 과자와 집에서 직접 만든 것만 먹게 하고 차 안에서 허겁지겁 끼니를 때우는 일도 없게 하겠다. 엄마 자신도 절대로 냉정을 잃지 않을 것이며, 험한 말을 하지 않을 것이고, 아이가 먹다 남긴 음식을 먹지 않을 것이며 늦게까지 일하지도 않고 장난감 가게에서 성질을 내지도 않을 거라고 결심하고 또 결심한다. 하지만 어머니가 된다는 건 예상치 못했던 난제에 늘 부딪치고 곤란한 상황을 피할 수 없다는 뜻이다. 늘 빽빽 울어대지도 않고, 잘 먹고, 잘 자는 아기를 둔 행운의 어머니들이라도 상황은 비슷하다. 어머니가 되고 나면, 이전에 생각했던 올바른 행동 방식은 그저 이상주의로, 현실성이 떨어지는 거라 생각하게 된다. 그렇다면 좋은 엄마가 된다는 건 과연 어떤 걸까? 어머니 역할의 덕목, 그 핵심적 자질은 과연 무엇일까?

이 글에서는 신아리스토텔레스주의 덕 윤리를 통해 어머니의 역할에 대해 살펴보려 한다. 나는 어머니 역할이 갖춰야 할 덕목에 대해 곰곰이 생각해 보았다. 어떤 덕목이 있을까, 그런 덕목은 어디서 배울 수 있을까? 그리고 그러한 덕목을 함양시킬 수 있는 방법은 무엇이 있을까? 먼저 신아리스토텔레스주의 덕 윤리가 주요하게 생각하는 이론에 대해 간략하게 설명하고 나서 '좋은 엄마'의 자질에 대한 일반적인 이야기를 하도록 하겠다. 내가 생각하는 어머니의 덕목을 말하고 나서 그중 세 가지를 보다 상세하게 설명할 생각이다. 마지막으로 그런 덕목을 어떻게 알 수 있는지와 그 덕목을 함양시킬 수 있는 방법을 생각해 보겠다.

복합적 단일체

덕 윤리는 '무엇을 해야만 하는가' 보다는 '어떻게 살아야만 하는가' 를 질문한다. 행위의 옳고 그름을 가르는 문제보다는 자질을 함양시키는 문제에 초점을 맞춘다. 행위보다 존재 자체에 대해 생각하고 윤리적 기본 요소를 덕성aretaic[1]으로 보고 있다. 덕성은 우수하고 고결하고 에우다이모니아Eudaimonia(좋은 삶) 즉 만족하고 행복한 상태를 나타내는 개념이다. 이것은 의무, 권리, 도리와 같은 개념을 나타내는 규범deontic[2]과 비교된다.[3] 이런 설명은 간단하지만 꽤 정확하게 현대 덕 윤리주의자들의 이론적 접근을 대략적으로 설명한다. 덕 윤리 이론은 플라톤의 철학 관련 저서와 아리스토텔레스의 작품에 그 뿌리를 두고 있다. 사실 모든 고대 철학 학파들은 덕이나 행복에 관한 다양한 윤리론을 제의했다. 아리스토텔레스와 소요학파Peripatetics(고대 그리스 철학의 한 학파, 아리스토텔레스가 학원 안 나무 사이를 산책하며 제자들을 가르쳤다는 데서 붙은 이름이다)뿐만 아니라 스토아학파와 에피쿠로스학파도 나름의 윤리론을 피력했다. 고대 윤리론의 이론적 배경은 모두 공통적인 면이 있는데, 그것은 현대 덕 윤리의 근거가 된다. 특히 신아리스토텔레스주의 덕 윤리라고 알려진 사조가 그렇다. 아마 무엇보다 모든 덕 윤리론에서 가장 중요하게 여기는 문제는 행위자가 에우다이모니아 즉 행복한 삶을 살게 해주는 것이 무엇이냐는 것이다.[4] 덕 이론은 또한 개인은 이미 도덕적 의무감을 소유하고 있기 때문에 성인으로서 순리적인 윤리적 사고를 한다고 가정한다. 그래서 사람들에게 자신의 삶을 전체적으로 평가하게 해주고 행복, 즉 에우다이모니아가 있는 삶을 얻기 위해 최우선으로 생각하는 것에 대한 검토를 할 수 있게 해주는 방법을 제공해주는 것이 덕 이론의 목표다.[5]

그 외에 덕 이론이 초점을 두는 것은 특정한 행위의 옳고 그름을 결정내리기보다는 행위자가 전체적으로 덕이 높고 좋은 삶을 향유한다는 것이 무엇인가에 대한 질문이다.

이런 질문을 해결하기 위해서 덕 이론에서는 개별 행위자가 자신의 목표를 당장 달성하려고 노력하면서 궁극적인 선의를 갖고 있다고 가정한다. 이런 선의는 목적을 이루는 데 동력을 제공하고 평가받아야만 한다는 생각을 하게 한다. 따라서 특정 행위의 옳고 그름을 가리는 문제는 절대로 인간의 궁극적 선의를 고려하지 않은 채 별도로 소개해서는 안 된다. 사실 옳은 행위를 고려하는 것은 모두 이런 궁극적인 선의를 판단의 기준으로 삼고 있다. 이 궁극적 선의가 에우다이모니아라고 동의하고 있다.[6] 에우다이모니아를 정확히 설명할 방법에 대한 의견은 어긋나는 부분이 있지만, 덕 윤리주의자들은 인간에게 궁극적 선은 에우다이모니아라는 용어로 그 특질을 설명할 수 있다는 데 동의한다. 삶의 주체가 가치 있다고 생각하는 행복과 풍요로운 삶이 바로 인간의 궁극적 선이라고 한다. 덕 윤리론에 의하면 우리가 행복한 삶 즉 에우다이모니아를 성취하려면 덕을 함양하고 동시에 다양한 맥락에서의 올바른 행동에 대해 감정과 이성으로 이해하는 능력을 배양해야 한다. 즉 이성과 실질적인 지성을 기반으로 행동하고 결정을 내리면서 올바른 방법으로 감정을 훈련하고 개발해야 한다. 그러므로 덕이 높은 사람이란 적절한 행동이 무엇인지 알고 있으면서 실제로 그런 행동을 하는 사람이다. 덕이란 행복하게 지내고 잘 살고 풍족한 삶을 누리는 등 에우다이모니아가 있는 삶을 성취하기 위해서 필요한 기질이나 특성을 말한다. 이런 주장의 이면에는 상호 밀접한 관계를 맺고 있는 두 가지 주장이 포함되어 있다. 일단 덕이 있는 사람은 덕으로 인해 이익을 얻게 된다는 것과 덕이 있는 사람은 인간으로서 훌륭한 사람이라 볼 수 있다는 것이다. 즉 인간으로서 훌륭한 삶을 살려면 덕을 갖추어야 한다는 뜻이다.[7] 그러므로 '어머니의 미덕'은 그 덕을 지닌 개인에게도 이익이 될 뿐만 아니라 그 덕목을 갖춘 이를 '훌륭한 어머니'로 만들어 준다고 할 수 있다. 또 어머니로서 훌륭한 삶을 성취하기 위해서는 그런 덕목을 갖추어야만 한다고 볼 수 있다. 이번 글에서는 이런 주장을 근거로 이야기를 전개해보겠다.

덕을 의미하는 용어나 개념은 모두 어떤 목적을 갖고 수행되는 행동과 감정에 부여된 자질과 특정한 방식으로 반응하거나 생각하는 습성의 '복합적 단일체The Complex Unity'라고 명기한다.[8] 이런 것들은 인간 본성과 기존의 인간 심리에 대한 우리의 이해와 분명히 일치한 면이 있다. 자질과 습성의 복합적 단일체는 우리 아이들에게서 찾아내 도덕 교육을 통해 키워주고 향상시키고 교정해줘야 하는 것[9]의 사전 단계임이 분명하다. 어머니로서 갖춰야 할 덕목을 상술하기 위해서는 일단 이 복합적 단일체가 무엇인지 결정하고 찾아내려는 시도를 먼저 해야 한다. 어머니 역할의 독특함과 무수하게 부딪치는 시련 속에서 우리의 행동 방향을 정해주고 어떤 반응을 보일지 알려주는 이 복합적 단일체의 정체를 파헤쳐 보자.

인내심이 도움이 된다

그렇다면 좋은 엄마가 되게 해주는 습성과 자질은 무엇일까? 어머니 역할을 잘 해내는 사람은 그 행위와 품행을 통해 어떤 덕을 보여줄까? 대체적으로 훌륭한 어머니들은 훌륭한 사람들의 미덕을 똑같이 갖추고 있는 것 같다. 친절, 충실, 정직, 배려, 관용, 심사숙고, 절제, 겸손, 통찰력 등이 그것이다. 어머니 역할을 하는 데 장애가 되는 다양하고 복잡한 어려운 상황에서 이런 덕목으로 인해 어머니들은 긍정적으로 반응할 수 있으리라 쉽게 짐작할 수 있다. 어머니는 자녀에게 친절해야 하고, 사려 깊고 성실한 태도를 보여야 한다. 자녀를 배려해야 하고 정직해야 하며 아이들에게 시간을 빼앗기는 문제에 있어 인내심과 관용을 가져야 한다. 하지만 상황을 냉정하게 인식할 수 있는 통찰력도 동시에 필요하다. 단호함으로 친절함을 중화시켜야 할 때가 언제인지, 정직이 최선의 방법이 아닌 경우인지, 더 큰 선을 위해 아이에게 충실할 의무를 미루어야 할지 결정할 수 있어야 한다. 그리고 겸손하게 실수를 인정하고, 또 실수에서 배울 수 있어야 한다. 하지만 어머니 역할에만 해당되는 다른 덕목도 있다(보다 일반적으로 부모의 역할을 말할 때 필요한 덕목이라 볼 수 있다). 이타심, 인내심, 헌신, 유머, 넓은 마음(관용, 아량), 도덕적 모범(보이기), 선견지명, 지혜 등을 꼽아볼 수 있다. 지금부터 이중에 인내심, 넓은 마음, 도덕적 모범 세 가지를 골라 어머니로서 갖춰야 할 대표적 덕목으로서 자세히 살펴볼 것이다. 또한 이 세 가지를 좋은 어머니가 갖춰야 할 자질의 복합적 단일체로 생각한 근거 또한 알아보겠다.

이중 가장 중요한 덕목은 인내심이다. 내가 생각하는 인내심은 선견지명이라 부를 수 있는 이타심과 헌신 같은 개념을 합친 것이다. 나는 첫아이를 임신한 바로 그 순간부터 헌신과 이타심이 필요하다는 사실을 실감했다. 임신 후기로 접어들어 지쳤던 나는 더위나 불편함과 씨름하면서 내 능력의 한계에 도달했다고 굳게 믿었다. 당시 내가 사는 곳의 여름 기온은 섭씨 38도를 넘었다. 산통을 겪으면서 드디어 통증과 피로를 참아내고 견뎌내는 내 능력이 한계에 도달한 거라고 확신했다. 첫아이를 낳기 직전 나는 두 다리를 벌리고 산파에게 말했다. "너무 지쳤어요. 도저히 못하겠어요. 집에 갔다가 내일 올게요." 물론 그럴 수는 없었고, 결국 나는 아이를 낳았다. 출산의 쾌감과 아드레날린의 분비를 느끼며 몽롱한 가운데 나는 드디어 해냈다는 느낌을 받았다. 이제 이 힘든 일의 보상으로 편히 쉬고 잠을 자면서 회복할 때가 왔다는 생각을 했다.

하지만 그건 오산이었다. 곧 딸아이에게 모유수유를 하라는 말을 듣고 완전히 충격에 빠졌다. 그리고 모유를 먹인 지 얼마 지나지 않은 것 같은데 또 모유를 먹이라고 했다. 이렇게 모유수유의 의무는 계속 이어졌다. 내가 얼마나 무지막지한 책임을 맡게 되었는지 서서히 이해되기 시작했다. 그리고 문득 깨달았다. 곧 나는 졸려도 잠을 잘 수도 없으며, 나보다 먼저 다른 이(아기)의 생명 유지에 필요한 욕구를 우선시하게 될 게 분명했다. 내 몸의 피로를 풀고 몸 상태를 회복시키는 일도 중요했지만, 더 이상 나를 최우선으로 둘 수는 없는 노릇이었다. 그제야 어머니로서의 역할을 다하려면 지금껏 겪은 그 어떤 이타심보다 더 대단한 수준의 이타심이 필요하게 된다는 사실을 깨닫게 되었다.

좋은 어머니가 되려면 어머니 자신의 욕구를 버려야 한다거나 아이의 욕구가 반드시 어머니의 욕구를 밀어내야만 한다는 말을 하려는 건 아니다. 하지만 갓 어머니가 된 몇 달 동안, 아이가 생명을 유지하기 위해 필요한 것들을 최우선시하고 아이의 생존을 책임져야 한다는 사실을 깨달았다. 많은 사람들에게 이런 사실은 충격이다. 우리의 사소한 생각과 바람이 더 이상 중요하지 않게 되고 심지어 가장 기본적인 욕구, 특히 수면, 휴식, 자기만의 시간을 포기하거나 뒤로 미루어야 하는 삶을 살게 되었다는 각성의 순간이다.

육아를 시작한 초기에 모성은 우리에게 이타심과 책임감을 가르쳐 주지만 그보다 더 중요한 가르침은 바로 인내다. 달리기에 비유해서 인내라는 미덕이 필요함을 설명해보자. 달리기에는 단거리 경주도 있고 마라톤 같은 장거리도 있다. 어머니 역할에는 단거리 달리기 같은 과정이 있다. 아이가 학예회 때 입을 나비 의상을 당장 수요일 아침까지 직접 만들어 내야 하는 경주도 있고, 한 시간 안에 아이가 양치하는 걸 감독하고, 이야기책을 읽어주고 잠자리에 들게 하고, 먹이고 씻기고 옷 입히는 경주 등 다양한 종류가 있다. 물론 마라톤처럼 장기간 책임져야 할 일도 있는데, 임신, 출산 등이 대표적이다. 그리고 아기를 낳고 처음 몇 주 동안은 밤이고 낮이고 세 시간 간격으로 아이를 먹여야 하는 불면의 마라톤도 있다. 또 기저귀와 배변 훈련의 마라톤, 글을 가르치는 마라톤, 10대 시기(반항기 가득한)를 견뎌야 하는 마라톤도 있다.

하지만 무엇보다 어머니로서 지내는 긴 기간은 모두 하나의 인내심 경주다. 계속 변화하는 다양한 지형을 수백 미터씩 달려 나가야 하는 달리기 경주 같다. 어머니 역할은 육체적으로도 무척 힘들다. 내딛는 걸음 하나하나가 힘들고 지치고, 끊임없이 낯설고 새로운 환경을 만나야 한다. 어머니 역할에는 불굴의 정신이 필요하고, 성공하기 위해서는 비전도 있어야 한다. 인내심 있는 달리기 주자는 최종 목적지에만 집중하지 않는다. 종착점을 알지 못하거나 아예 정해진 최종 목적지가 없는 경우도 많기 때문이다. 인생이란 달리기에서는 최종 목적지만 중요한 게 아니다. 내딛는 걸음 하나하나를 즐기고, 그만두고 싶은 순간에도 계속해서 달리는 것에만 집중해야 한다. 하지만 여기에는 달리기 과정 전체에 대한 비전이 확실해야 한다. 장기적인 관점에서 바라볼 수 있어야 한다. 발걸음 하나하나가 정확하고 곧아야만 전체 달리기가 올바르게 된다. 마찬가지로 좋은 어머니는 육아의 최종 목적만 생각하지 않는다. 즉 어머니로서의 책임과 의무를 벗어던지는 그때(아이가 다 자란 때)만 생각하지 않는다. 어머니로서 보내는 여정의 매 순간을 즐기고, 심지어 도망가고 싶은 순간에도 계속 우직한 걸음을 내딛는 것이 바로 어머니로서 지니는 인내심의 미덕이다. 하지만 인내심에는 장기적인 시각도 필요하다. 아이가 발달해가는 전체적인 과정을 생각하면서 결정을 내리고 모든 순간의 중요성을 생각할 줄 알아야 한다. 오랫동안 좋은 어머니로 지내기 위해서는 책임감과 불굴의 정신이 필요하다. 그리고 전체적인 경주를 생각하면서도 한걸음 한걸음에 집중할 수 있는 능력도 필요하다.

어머니 역할을 해내는 데 인내심이 필요한 까닭은 워낙 힘든 일인데다 지속적으로 수행해야 하기 때문이다. 일단 엄마가 되면 해야 할 일이 끝이 없다. 심지어 불행하게 아이를 잃어도 어머니 역할은 멈출 수 없다. 인내라는 덕목을 갖추고 있어야만 어머니라는 이름으로 자신을 짓누르는 스트레스와 과중한 중압감, 과로를 견뎌낼 힘을 낼 수 있다. 그렇다고 어머니 역할에 과로와 스트레스만 있다는 건 아니다. 세상 모든 어머니들이 알고 있듯이 육체적인 중압감과 격무, 감정적 스트레스가 적은 것은 아니지만 그럼에도 어머니로서 살면서 인내할 수 있게 해주는 건, 어머니로서 느끼는 기쁨과 세상에서 가장 아름다운 아이의 어머니가 되는 축복을 받았다는 느낌이다.

자녀가 없는 친구 한 명은 젊은 엄마들하고 이야기를 나누다보니, 엄마들이 잠이 부족하다는 투정과 기저귀를 갈면서 겪었던 끔찍한 일 그리고 어린 아기를 키우면서 고생한 이야기를 주로 털어놓는다고 말한 적이 있다. 곰곰이 생각해 보니 힘든 면만 부각하고 또 그런 이야기를 주로 나누게 되는 이유는 아마 힘든 것들은 정량화가 가능하기 때문인 것 같다. 며칠 동안 잠을 자지 못했는지, 기저귀 빨래는 얼마나 했으며 그리고 아이는 몇 시간 동안 울었는지 계산하는 건 쉽다. 반면 좋은 일을 말하지 않는 이유는 정량화가 어려운데다 너무 개인적인 경험이고 말로 형언할 수 없는 면이 있기 때문이다. 우리가 아이들에게 품은 사랑과 아이들이 우리 삶에 가져다 준 기쁨, 아이가 처음으로 우리의 목을 껴안아 줄 때의 행복, 아이의 발달을 알리는 획기적 사건들, 아이가 보여 준 첫 미소와 수천 번의 미소, "엄마, '새상' 의 모든 별보다 더 '마니' 엄마를 사랑해요"라는 글이 적힌 카드를 받아들었던 순간 등, 이러한 행복감으로 어머니는 기꺼이 자신을 버리고 헌신하며 비전을 갖고 인내할 수 있게 된다.

아리스토텔레스 덕 윤리의 핵심은 덕을 과잉과 결핍 사이의 중도라고 설명하는 데 있다. 가령 용기라는 미덕은 비겁함(결핍)과 바보 같은 배짱(과잉) 사이의 중도라고 설명할 수 있다. 인내를 미덕으로 본다면 넘치는 과잉, 부족한 결핍은 무엇일까? 인내에서 과잉은 목적에 지나치게 집중하고 수단은 지나치게 소홀히 생각하는 것이다. 그러니까 목적에 지나치게 집중하다가 순간을 즐기지 못하는 상태다. 반면 결핍은 우리가 책임있게 만들어 나가고 이끌어 나가야 하는 인생사의 큰 그림을 보지 못하는 것이 된다. 모든 행동을 현재 상황에만 집중해서 생각하고 아이의 인생 전체에 대한 비전도 없고, 장기적인 관점에서 아이가 훌륭한 사람이 되도록 도울 생각을 하지 못하면, 우리는 좋은 어머니라고 할 수 없을 것이다.

피곤에 지쳐서 지나치게 긴장한 상태에 있게 되면 어머니들은 단기적인 관점에서 아이의 삶을 보다 쾌적하게 해주는 데 필요한 것들을 주는 데 급급하기 쉽다. 하지만 이건 커다란 실수다. 아이와 엄마 모두에게 선례가 되고 진짜 중요한 기준을 급격하게 침식해버릴 수 있기 때문이다. 아이가 좋지 않은 것을 요구할 때마다 단기적인 충돌을 피할 요량으로 원하는 대로 해주면 장기적으로 점점 문제가 생긴다. 하지만 중도를 선택하면 된다. 결핍은 단기적으로 아이의 기분에 맞춰 모든 것을 처리하는 것이어서 아이들을 까다롭고 버릇없게 만든다. 반면 과잉은 일종의 권위주의다. 모든 일을 원리 원칙대로 하거나 엄격한 기준을 고집할 수는 없다. 누구나 한 번쯤은 식언한 일이 있을 것이다.

실제 어머니 입장이 아닌 다른 사람에 보기에 매우 중요한 기준이 정작 현장에서는 적절하지 않을 수 있다. 아이들이 두세 살이 되면 자주성을 주장하고 자신의 욕망을 강하게 드러낸다. 그리고 원하는 것이 충족되지 않으면 떼를 쓰기 시작한다. 어머니는 아이들이 원하는 모든 것을 다 들어줄 수는 없다. 하지만 아이들이 원하는 것을 모두 안 된다고 해서도 안 된다. 장기적으로 영향을 줄 것이 무엇인지 결정해야 하고, 장래에 대한 비전을 갖고 어떤 것을 얻기 위해 싸울지 정해야 한다. 하지만 이상적인 기준이라고 생각한 상당수가 별로 실리가 없는 경우가 있듯이 중요하다는 것을 끝까지 고집하지 않고 일시적이거나 꼭 필요하지 않은 아이의 바람을 들어주는 게 좋을 때도 있다. 이를테면 파자마를 입겠다는 아들에게 굳이 청바지를 입히지 않아도 되는 경우가 있지 않는가?

내려놓을 때를 알자

이번에는 어머니 역할을 하면서 두 번째로 중요한 덕목에 대해 생각해 보자. 그건 관대함의 미덕, 즉 언제 내려놓아야 할지 아는 미덕이다. 좋은 엄마는 관대해서 아이가 실수를 하거나 멋대로 살 자유를 어린 나이부터 허용한다. 물론 통찰력과 지혜를 갖추어서 아이들의 성숙도와 필요에 따라 관대함을 보이는 정도를 조정할 줄 알아야 한다. 어린아이들에게 관대해야 한다는 사실은 그리 중요해 보이지 않으므로 흔히 가볍게 여기는 문제다. 하지만 아이들에게는 스스로 결정을 내리고 자신의 의지대로 하는 건 아주 중요하다. 그렇다면 관대함의 결핍과 과잉 상태는 무엇이고, 중도는 어떤 것일까?

과잉은 쉽게 생각할 수 있다. 아이에게 한계선을 그어주지 않고 원하는 것은 무엇이나 결과에 상관없이 마음대로 하게 내버려 두는 것이다. 아무런 제약도 받지 않고 절제할 필요도 없이 모든 일을 허락받는 것만큼 어린아이에게 환상적인 일은 없을 것이다. 무제한적 관대함은 정서적으로나 사회적으로 해로울 뿐만 아니라 위험하기까지 하다. 관대함의 결핍 상태 역시 위험하다. 지나치게 통제하고 위압적이고 권위적인 경우 역시 아이들에게 좋지 않다. 아이들은 스스로 결정할 기회를 가져야 하고, 부모는 결정한 것에 책임지는 법을 배우도록 지도해야 한다. 아이들을 솜에 꽁꽁 싸서 과잉보호해서는 안 된다.

직접 세상을 경험해보지 않고 어떻게 배울 수 있단 말인가? 물론 어머니로서 자녀를 보호하고자 하는 마음이 드는 건 당연하다. 하지만 이런 마음은 관대함으로 완화시켜야 한다. 아이가 세상에서 이런저런 일을 해보도록 할 때가 언제인지 알아야 한다. 또 아이를 얼마만큼 보호하고 얼마만큼 스스로 시도해보도록 허락할지 알아야 한다. 어머니이자 양육자로서 우리는 아이들이 많은 것을 배우고 스스로 균형 잡힌 선택을 할 수 있도록 안내하고 가르칠 의무가 있다. 그래야 아이들이 풍요로운 삶을 누릴 수 있다.

모범을 보여라

아이에게 도덕적 모범을 보이는 것도 어머니의 역할에 포함된다. 하지만 좋은 어머니가 아이의 성장과 행복에 지대한 관심을 갖고 살아가는 건 분명하지만, 자신의 삶도 있게 마련이다. 아이가 어머니의 삶은 자신을 중심으로 돌아간다고 여기게 하기보다는 모든 사람들에게는 자신의 삶이 있고, 또한 이루고자 하는 에우다이모니아가 있다는 걸 가르쳐야 한다. 모범을 보이는 것을 덕목으로 친다면, 결핍은 자녀에게 충분한 시간을 할애하지 않는 것이다. 자신의 삶을 최우선 순위로 두고 자녀에게 일방적으로 부모에게 맞추어 살라고 하는 것은 올바른 접근 방법이 아니다. 아이들은 독립적으로 살 수 없기 때문에 자신의 욕구를 충분히 충족시킬 수 없다.

그래서 어머니들은 어느 정도는 자녀의 욕구와 행복을 우선으로 하는 이타적인 모습을 보여줘야 한다. 여기서 과잉은 어머니가 오로지 자녀만을 위해 사는 것이다. 우리는 이런 과잉을 현실에서 쉽게 찾아볼 수 있다. 자기 삶의 목적을 이루지 못한 핑계로 아이를 사용하는 경우다. 자신의 모든 시간을 아이의 활동을 돕는 데 사용하면서 정작 자신을 위해서는 아무것도 하지 않는 엄마는 좋은 엄마라고 할 수 없다. 많은 사람들이 아이를 위해 자신의 삶을 포기하는 걸 좋은 어머니라고 하지만 나는 그렇게 생각하지 않는다. 만약 아이들이 어머니의 의무와 역할이 자신의 삶을 희생하는 것이라고 생각한다면, 여자아이들은 커서 어머니가 되고 싶어 하지 않을 것이고 남자아이들은 여자들은 반드시 그렇게 살아야 한다고 여길 것이다. 부모가 된다는 것은 자녀를 훌륭한 사람으로 키워내는 일이다. 부모는 아이들이 잘 살게 해주어야 한다. 그런데 정작 자신은 만족스러운 삶을 살지 못하고 행복을 추구하지 않으면서 아이들에게 그렇게 하라고 가르치는 건 불가능하다. 아이들이 이루어 놓은 일을 공유하고 부모로서 자녀를 자랑스러워하는 것과 아이들의 행복을 자신의 유일한 행복으로 삼는 것은 엄연히 다르다.

모방은 최고의…

그렇다면 아이들은 이런 덕목을 어떻게 익힐 수 있을까? 대개 본을 보고 배울 수 있다. 어린이들은 부모의 행동을 본보기로 삼는다. 우리는 자녀들에게 잘 사는 모습을 보여야 한다. 그런데 여기서는 타협점을 찾아야 한다. 어머니들은 자녀를 위해 희생해야 하지만, 그 희생은 기꺼이 감당할 수 있을 정도에서 그쳐야 한다. 자녀를 위해 모든 것을 희생하고 그로 인해 자신이 잃은 것을 아쉬워하고 자녀를 원망하는 어머니가 있다면 절대로 좋은 본이 될 수 없다.

반면 자녀를 위해 희생하기를 거부하고 어머니가 되기 이전의 삶을 고스란히 유지하는 경우도 좋은 본은 아니다. 자기 삶의 목적을 이루지 못해서 자녀가 자신의 결핍을 메워주기를 기대하는 어머니는 절대로 좋은 본보기가 될 수 없다. 나는 세 살 때부터 프랑스어와 바이올린, 수영, 체조를 배우고 고급 유아학교를 전일반으로 다녔지만, 프랑스어도 제대로 하지 못하고 악기 연주도 서툴고 수영 선수나 체조 선수도 되지 못한 아이를 알고 있다.

10대 때 우리는 어머니에 대해 비판적이 되고, 어머니는 어떠해야 한다는 생각을 자기 어머니와 반대되는 모습으로 그리곤 한다. 하지만 비정상적인 양육환경에서 자란 경우가 아니라면, 대부분 자라서 자녀를 두게 되면 우리 부모님이 무엇을 제대로 하셨고 또 무엇을 잘못하셨는지 직관적으로 알게 된다. 슈퍼마켓 계산대에 진열된 사탕을 먹고 싶다고 소리 지르는 두 살배기 아이를 데리고 씨름하는 어머니를 보면 우리 대부분은 혀를 찬다. 속으로 우리 아이는 절대로 저렇게 버릇없지 않을 거라고 우쭐댄다. 하지만 어머니가 되면 바로 그 슈퍼마켓 계산대에서 씨름하던 어머니와 같은 신세가 된다. 소리 지르는 두 살배기와 씨름을 할 뿐 아니라 주변에서 보내는, 넌더리를 내거나 은근히 비난하는 시선을 온몸으로 받으면서도 차분하게 행동해야만 한다.

어머니가 된다는 것은 이 세상에서 불공평한 비난을 감내하면서 다른 어머니들을 함부로 비판하거나 비난해서는 안 된다는 깨달음을 얻게 된다는 뜻이다. 특히 '우리 엄마'를 비난하지 말아야 한다고 생각하게 된다. 엄마가 되면, 일을 잘 해내는 방식은 여러 가지이고, 적절한 육아를 위한 핵심사항도 알고 보면 별거 아닌 경우가 있다는 사실을 알게 된다. 물론 여기서도 합의점을 찾아야 한다. 절대 타협할 수 없는 어머니 역할은 존재한다. 가령 아이를 보호하고 안전하게 할 의무 같은 역할이다. 하지만 좋은 어머니란 무엇인가에 대해서 토론하고 어머니로서 갖춰야 할 덕목이 무엇인지 합의점을 찾고 그것을 구현하려 애쓸 수 있다. 하지만 훌륭한 어머니가 되는 것을 목표로 삼았다고 해서 다른 사람이 생각하는 좋은 어머니의 모습에 대해 함부로 판단하거나 재단할 자격이 생기는 건 아니다.

나는 이 글에서 어머니로서 갖춰야 할 세 가지 주요 덕목인 인내심, 관대함, 도덕적 본보기를 모든 어머니가 흔하게 겪는 어려운 상황에서 어떻게 갖추어야 하는지 간략하게 설명했다. 이 글을 쓰는 동안 세 살배기 아이는 내 머리카락을 계속 만져 주었다. 아이는 먹지도 않으려 하고 잠도 싫어한다. 솔직히 말하면 내가 바라는 모든 것을 순순히 받아들이지 않으려 한다. 또, 다른 친구들은 자기만큼 예쁘게 머리를 묶을 수 없다고 생각하는 6살 아이의 잘난 척도 견뎌야 했다. 그래도 난 불평할 수 없다. 적어도 두 살배기 아이를 데리고 슈퍼마켓에 가지는 않아도 되니까 말이다.

40년이 넘게 어머니 역할을 해오고 계신 우리 친정 엄마는 여전히 책임감도 강하시고, 내 글을 읽고 교정해주시는 수고를 아무 말 없이 해주셨다. 우리 엄마에게 인내심이 있어서 참 다행이란 생각이 든다. 이 글을 검토하는 동안 인내심이 꼭 필요하셨을 텐데 말이다.

주석

1 덕성*Aretaic*은 '덕을 갖추고 있다'는 의미이고, *arete*는 고대 그리스어로 '덕' 또는 '미덕'이라는 말이다.

2 규범*Deontic*은 의무감을 갖추었다는 의미다. 의무, 도리, 필수불가결의 의미를 지닌 그리스어 deon에서 나온 말이다.

3 로잘린드 허스트하우스*Rosalind Hursthouse*, 『On Virtue Ethics』(Oxford: Oxford University Press, 2001), p. 24.

4 에우다이모니아*Eudaimonia*는 흔히 '행복'으로 번역한다. 앞서 흔히 생각하는 행복과는 다르다고 설명했지만 에우다이모니아의 개념을 가장 잘 보여주는 말은 행복이다. 풍족함, 안녕, 성공의 의미로 번역하는 경우도 있지만 이번에는 '행복'이라는 표현이 가장 적당하다고 생각한다.

5 줄리아 안나스*Julia Annas*, 「Naturalism in Greek Ethics: Aristotle and After」, 〈Boston Area Colloquium in Ancient Philosophy Proceedings〉 4 (1987–8): 149–71.

6 같은 책, p. 152.

7 허스트하우스, 『On Virtue Ethics』, p. 20.

8 같은 책, p. 160.

9 같은 책.

클레멘스 듀 CLEMENCE DUE, 데미안 릭스 DAMIEN W. RIGGS

3 미디어가 자랑하는 엄마

유명 인사 엄마들에게서 배우는 교훈

유명 인사 엄마를 만나다

유명 인사 엄마에 대한 이야기는 여기저기서 많이 들어봤을 것이다. 임신한 유명 연예인 소식은 잡지에서 중점적으로 다뤄지고, 그들이 낳은 아기의 첫 사진은 상당한 액수에 팔린다. 유명 인사 엄마들은 대개 '좋은 엄마'와 '나쁜 엄마'로 구분되고, 사람들은 그 엄마들이 어느 시기에 어떻게 행동했는지 다 알고 있다. 2008년 팝가수 브리트니 스피어스는 미디어의 집중 감시를 받으며 망가진 사람처럼 보인 적이 있다. 이와 마찬가지로 할리우드 악동으로 알려진 니콜 리치가 임신했을 때도 언론에서는 파티걸이 엄마로서 적합하겠느냐며 우려했다. 반대로 안젤리나 졸리와 조디 포스터 같은 배우는 많은 사람들에게 어머니로서 칭송받았다. 하지만 유명한 아빠들이 이와 같은 여론의 관심을 받는 일은 거의 없다. 팬들은 대개 육아 활동에 아버지들의 참여를 기대하지 않으며, 참여한다 해도 엄격한 잣대로 판단하지 않는다.[1] 이런 전통적인 성 역할은 가사 노동과 육아를 구분하면서 견고히 지켜지고 있다.[2] 여전히 여성이 육아와 집안일을 주로 담당해야 한다고 생각한다.[3]

사회학자 샤론 헤이즈Sharon Hays는 일반적으로 '좋은 어머니'는 아이에게 아낌없이 사랑을 주고 양육하며 아이를 최우선으로 생각하는 어머니로 보고 있다고 주장했다.[4] 이 말은 서구 사회의 많은 여성들은 '열성' 엄마가 되어야 한다는 뜻이다. 열성적인 어머니 역할을 수행하기 위해서는 아이를 최우선으로 삼아야 한다. 이것은 무조건이다. 어머니가 임금을 받으며 일하는 고용 상태에 있다고 해도, 관련된 노력이나 책임감은 모두 아이 양육 다음에 오는 부차적인 것이다. 아버지들은 전통적으로 이렇게 열성적인 양육 방식을 따르지 않아도 된다. 대신 아버지에게는 한 집안의 생계를 책임지는 가장의 역할이 기대된다.[5]

미디어 속에는 열성적인 엄마 철학의 지지를 받는 '이상적인 어머니'들은 쉽게 찾아볼 수 있다.[6] 미디어는 능수능란하게 살림을 해내고 동시에 외모를 가꾸고 (시)부모님도 잘 모시고 아이도 기르는 이성애자 어머니의 이미지를 끊임없이 제공한다. 광고 속에는 우리 집을 부드러운 조명이 비추고 좋은 향기가 나며 꽃이 가득한 쾌적하고 편안한 모습으로 바꾸어줄 수 있는 상품이 계속 등장한다.[7] 시트콤에서 어머니는 아이를 책임지는 반면, 아버지는 가족 수입원이 된다. 다양한 여성 잡지에서는 태교음악부터 갓난아기가 미래에 다닐 대학 교육 계획에 이르기까지 모든 것에 관한 조언을 해주며 좋은 어머니의 표본을 제시한다.

이런 식의 좋은 엄마에 대한 집착은 최근 유명 인사 엄마의 이미지가 폭발적으로 증가한 데서도 찾아 볼 수 있다. 미디어를 통해 엄마가 된 유명 연예인의 삶을 들여다보면서, 우리는 그들을 평가하고 우상화할 수 있다. 잡지 기사는 우리가 원하는 것 이상을 보여준다. '할리우드 맘들의 속성 살 빼는 방법'[8] 같은 기사는 체중을 줄이는 요령과 처음 아이를 낳고 엄마가 된 여성의 모습이 어떨 수 있는지(또는 어떠해야 하는지) 보여준다. '유명 인사 맘은 마운틴버기 유모차를 사랑해.'[9] 같은 글은 많은 엄마들에게 가장 갖고 싶은 좋은 유모차가 어떤 것인지 알려준다. 이런 기사들은 일을 포기한 어머니나 일과 육아 두 마리 토끼를 다 잡았지만 항상 아이를 최우선으로 하는 워킹맘 이미지를 보여주면서 열성적인 엄마 역할에 대한 철학을 강화한다.[10] 반면 이런 이상적인 모습을 보여주지 못한 유명 인사 엄마들에게 미디어는 '나쁜' 엄마라는 딱지를 붙이고, 독자들에게 자신보다 못한 엄마에 대한 비판을 할 수 있는 기회를 준다.

미디어를 접하는 청중들은 유명 인사 엄마들에 대한 이런 메시지를 어느 정도나 이해하고 있는 걸까? 독자들은 이런 메시지를 무비판적으로 받아들이고 근사한 잡지 기사나 텔레비전 화면에서 반짝거리는 이미지에만 의지해서 특정한 유명 인사 엄마와 특정한 어머니 역할의 관행에 대한 생각을 갖게 되는 걸까? 아니면 독자들은 보다 비판적이어서 좋은 엄마와 나쁜 엄마라는 딱지를 붙이기에 정보가 충분한지 아닌지 스스로 판단하고 있을까?

미디어에서 선보이는 전형적인 어머니 역할에 관한 메시지가 어떻게 수용되고 있는지 알아보기 위해서, 내가 가르치고 있는 애들레이드대학 심리학 강의 3개를 수강하고 있는 학생들에게 유명 인사 엄마들에 대한 근사한 잡지의 기사 네 가지를 읽고, 그 속에서 보여지는 이미지에 대해 반응해 보도록 부탁했다. 네 개의 기사는 각각 다른 사실관계를 담고 있었고 제시하는 어머니 역할의 이미지도 달랐다. 토론을 통해서 우리는 연구에 참가한 사람들이 기사를 어떻게 읽었고, 기사 내용을 수동적으로 받아들였는지 아니면 비판적으로 생각해 보았는지 또는 이면을 추론했는지 평가했다. 참가자들은 소규모 그룹으로 나뉘어 각각의 기사를 자세히 읽고, 기사 속에 비춰진 어머니와 양육 관행에 관해 토론했다. 참가자 중에는 평균 나이보다 더 어린 학생도 있고, 이미 어머니나 아버지가 된 경우도 있었다.

첫 번째 기사는 브리티니 스피어스의 양육권 소송을 다룬 '독극물 엄마Toxic Mummy(브리트니 스피어스의 노래 《Toxic》을 패러디했다-옮긴이)' 라는 제목의 기사였다. 기사는 브리트니 스피어스가 파티에서 행실이 좋지 않고 술을 너무 많이 마시며 '(아이들에게) 뭘 어찌 해야 할지 모르는 사람' 처럼 행동해서 두 아들의 양육권을 잃을지도 모른다는 사연이 나와 있었다.[11] 두 번째 기사는 안젤리나 졸리에 관한 글로, 졸리가 에티오피아에서 입양한 딸의 생모 이야기가 담겨 있었다. 아이의 생모는 딸아이를 되돌려 받고 싶다고 밝혔다. 기사의 초점은 졸리가 할리우드 톱스타지만 자녀에 대한 사랑과 열정이 지극하다는 데 맞춰져 있었다.[12] 세 번째 기사는 '조디 포스터, 모성에 대해 이야기하다' 라는 제목으로, 조디 포스터가 어머니로서 하루하루 지낸 일들과 경험에 대해 자세히 소개했다.[13] 마지막 기사는 니콜 리치가 어머니라는 새로운 역할을 감당하게 된 것에 대한 것이었는데, 즉 아기를 낳으면 니콜이 자신의 삶이 어떻게 달라질 것인지 이야기하고, 그런 상황을 그녀가 감당할 수 있을지 없을지 왈가왈부하고 있었다.[14]

좋은 엄마가 되는 법

기사는 유명 인사 엄마들이 처한 상황이 좋은지 또는 나쁜지에 대해 냉정히 언급을 하고, 이러한 여성들이 어머니의 역할을 잘 해내고 있거나 못하고 있다는 증거를 제시했다. 기사는 이런 엄마들에게 높은(까다로운) 기준을 요구했다. 유명 인사 모성에 대한 가치 판단은 참가자들의 대화에도 반영되어서 유명 인사들이 자녀에게 엄마 노릇을 하기에 충분한 사람인지 아닌지 논쟁이 벌어졌다.

조디 포스터에 관한 기사를 읽고 대부분의 참가자들은 좋은 어머니에 대한 글이라고 생각했다. 이 기사에 대해 참가자들은 다음과 같이 말했다. "조디 포스터는 좋은 엄마예요. 물고기 밥을 주고, 고양이를 동물병원에 데려다 주고, 아이들 밥을 챙겨주고, 아들의 옷을 고치는 등 엄마라면 할 법한 평범한 일을 해야 한다고 말했잖아요." "조디 포스터는 주부죠. 옷을 수선하고 요리를 하는 등 일을 하니까요. 우리가 언제라도 만날 수 있는 진짜 엄마의 모습을 갖추었어요." 이처럼 조디 포스터는 유명 배우지만 동시에 좋은 엄마로 비춰졌다.

엄마들이 '해야' 하는 일을 상당 부분 해내고 있는 걸로 묘사되었기 때문이다. 기사는 배우라는 그녀의 지위에 대해서는 거의 언급하지 않고, 어머니로서의 역할에만 중점을 두면서 조디 포스터 자신도 그렇게 말하곤 한다며 그녀의 말을 인용했다.

> 저도 물고기 밥을 주고, 현관에 떨어진 10개가 넘는 똥 덩어리를 치우고, 고양이를 동물병원에 데려가고, 손가락에 피가 나도록 바느질해 아들이 아끼는 도복에 별 무늬를 만들어주죠. 하지만 이런 일은 보상을 받거나 인정을 받는 법이 전혀 없어요.[15)]

기사에서 포스터는 모든 것을 희생하고 아이를 위해 무슨 일이든 하는 사랑 많은 어머니로 그려졌다. 이 메시지는 참가자들에게도 전달되어 포스터는 어머니다운 일을 하는 걸로 묘사되었기 때문에 좋은 어머니로 불렸다. 조디 포스터는 또한 많은 참가자들에게 평범한 어머니라는 평도 들었다. 조디 포스터의 일(영화)이나 유명 인사로서의 면을 자주 언급하지 않았던 탓 같다. 한 학생이 포스터는 정말 좋은 엄마의 모습을 보여준다고 말하자 다른 학생이 "그래, 힘든 일을 다 한다잖아. 그런데도 자신은 충분하지 않다고 생각하고 있어"라고 대답했다. 또 다른 학생은 "조디 포스터는 좋은 엄마 그러니까 평범한 엄마로 그려지고 있어"라고 한마디로 간단하게 정리했다. 그러니까 좋은엄마는 모든 시간을 아이에게 할애하면서도 '그런데도 충분하지 않다'고 생각해야만 하는 걸까? 헤이즈의 글에 의하면 좋은 엄마는 자녀에게 아무리 많은 일을 해도 충분하지 않다고 한다.[16] 이것은 또한 자신의 경력을 중시하거나 스스로에 초점을 두기보다는 자녀를 중심으로 살아가는 평범한 엄마의 특징이기도 하다.

재미있는 것은 레즈비언 엄마로서 조디 포스터의 위상은 기사나 참가자들 사이에서 전혀 언급되지 않았다는 점이다. 레즈비언 어머니에 대한 부정적인 태도를 이전 연구에서는 많이 찾아볼 수 있었다.[17] 하지만 이번 연구에 참가한 집단에서는 그런 부정적인 시선을 찾아볼 수 없었다.

그건 아마도 참가자들이 기사 속에서 소개된 여성들을 어머니로서의 능력 여부로만 판단하고, 여성의 배우자나 배우자의 부재에 관해서는 거의 언급을 하지 않았기 때문인 것 같다.

하지만 안젤리나 졸리는 적게나마 좋은 어머니라는 평을 들었지만 '평범한' 어머니 딱지를 받지는 못했다. 대신 졸리는 '구세주'라는 평이 더 많았는데, 아마 많은 아이들을 입양했기 때문인 것 같다. 이런 사실은 다음과 같은 참가자의 발언에서 유추할 수 있다. "기사에서 보니까 이미 입양한 세 아이가 있는데 더 많은 아이를 입양할 계획이래요. 정말 구세주 같네요." "안젤리나는 다른 사람을 돕는 일에 관심이 많아요. 자기 돈으로 죽을 지경인 아기들을 구해내죠. 아무도 원치 않는 에이즈 걸린 고아들도 구해주고요." 이 말에서 졸리의 이미지는 좋은 어머니라기보다는 구세주에 가깝다는 걸 알 수 있다. 기사에서 전통적인 가사일이나 아이를 공원에 데리고 가는 등의 일상적인 어머니 역할에 대한 언급을 하지 않았다는 점은 주목할 만하다. 기사는 졸리가 아프리카에서 아이를 입양한 것에만 초점을 맞추고 있었다. 그래서 졸리의 모성에 초점을 둔 기사임에도 전통적인 여성의 활동에 참여하는 이미지로 그리지 않아서 포스터와 같이 좋은 어머니라는 면은 배제된 것이다.

니콜 리치에 대한 기사는 리치를 '노는 여자, 좋은 엄마가 되다' 라는 식으로 설정하고, 어머니로 변신한 여자라고 본다는 걸 알 수 있었다. 한 참가자는 기사에서 '니콜이 어머니 역할을 좋아하고 있고 모든 것을 다 가졌다' 고 하면서 '그녀는 아기와 일 등 모든 것을 갖춘 사람이고, 패리스와 함께 다니며 쓰레기처럼 파티에 빠져 술만 마시며 다녔던 초반에 비하면 크게 발전했다' 고 말했다. 보다시피 이 참가자는 니콜 리치에게 자신의 가치를 대입하면서 어머니가 되기 이전에 리치는 쓰레기 같았지만 나아졌다고 말했다. 리치가 이제 '좋은 엄마' 가 될 수 있는 것은 그런 일을 더 이상 하지 않고, 며칠 동안 집을 떠나지 않는 가정적인 사람이 되었기 때문이다.[18] 이는 여성은 모성을 통해 변화를 경험하게 된다는 사람들의 기대에 부응하는 것이다. 물론 여기서 말하는 변화는 당연히 더 나은 쪽으로의 변화다.

일하는 엄마

리치의 기사에서 또 다른 주제는 모든 것을 다 가졌다는 점이다. 기사는 리치가 자신이 소유한 패션 브랜드 일을 계속 하고 있기 때문에 직업적 일과 엄마 일을 성공적으로 병행하고 있다고 했다. 하지만 설문 참가자는 지금은 일을 부차적으로 두고 아이에게 집중하고 있으므로, 기사에서 리치가 좋은 엄마라고 말하고 있다고 확신했다. 이것은 다음과 같은 말에서 알 수 있었다. "좋은 엄마이기도 하고 자기 일과도 균형을 잘 잡아가고 있으면서 최소한의 일을 하고 있어요." 그래서 '모든 것을 다 가졌다는' 수식을 붙일 수 있었지만 여기에는 그녀가 아이를 최우선으로 하고 전일 근무가 아닌 최소한의 일을 하고 있어야 한다는 전제가 있다. 하지만 이러한 논리는 리치의 연인이자 아이의 아버지인 가수 조엘 메이든에게는 적용되지 않는다.

기사에는 조엘의 이야기도 상당히 많이 나온다. 그는 리치에게 아이를 맡겨놓고 공연을 위해 집을 오래 비웠지만 그럼에도 불구하고 좋은 양육자냐 나쁜 양육자를 가리는 논쟁에 휘말리지 않았다. 메이든은 최소한의 일을 하고 있지 않았지만 참가자들은 그 사실을 지적하거나 화제로 삼지 않았다.

비슷하게 참가자들이 안젤리나 졸리에게 좋은 엄마라는 딱지를 붙여주지 않았던 것도 기사에서 그녀를 유명 인사로서(즉 그녀의 일에 대해) 주로 다루었기 때문일 수 있다. 참가자들은 졸리가 좋은 엄마로서의 자질을 갖추고 있으면서도 상당한 시간을 일에 헌신하고 있다는 사실 사이에서 갈등 요소가 있는 것으로 느끼는 것 같았다. 한 참가자는 이렇게 말했다. "안젤리나는 어머니들에게는 최고의 유명인이죠. 엄마 역할을 하면서 그녀는 더욱 대단한 유명 인사가 된 거예요. 외국에 나가 아이를 입양한 걸로 유명하잖아요."

반면 다른 말을 하는 사람도 있었다. "안젤리나는 그냥 평범한 엄마가 아니에요. 여전히 스포트라이트를 받고 있잖아요." 여기서 '평범한' 이라는 표현은 유명 인사가 아니라는 뜻이지만 졸리가 아이를 입양하는 걸로 자신의 경력에 도움을 받고 있다는 걸 암시하면서 조디 포스터와 같은 좋은 엄마, 평범한 엄마는 될 수 없다는 의미를 내포하고 있기도 하다. 사실 두 명의 여성은 아이를 낳은 후에도 계속 일을 하고 있다. 이 연구에 참가한 사람들은 단지 자신이 읽었던 기사에서 이해한 메시지에만 반응한 것뿐이었다.

나쁜 엄마가 되는 법

모성으로 인해 파티걸의 인생이 달라져 며칠 동안 밖에 나가지 않고 지내게 되었다는 사실을 떠들고 싶어 안달이 난 미디어는 엄마가 되기 이전의 생활 방식을 계속 유지하는 엄마를 악마로 매도하고 싶어한다. 이것은 브리트니 스피어스를 다룬 '독극물 엄마' 기사에서도 분명히 찾아 볼 수 있다. 이 기사에서는 어머니로서의 스피어스를 감시하고, 그 내용을 폭로하고 있다. 그녀의 친구들이 스피어스가 약물을 과다 복용할 것 같다고 우려하는 것과 사람들 앞에서 선정적인 행동을 하는 것 등의 증거를 인용하기도 한다. 특히 스피어스는 자기 아이들과 잘 어울리지 못하는 것처럼 보인다며, 계속 아이들을 안았다가 내려놓았다는 관찰 내용까지 그 근거로 제시했다.[19]

전반적으로 참가자들은 그 기사에서 스피어스에 대해 부정적으로 묘사된 부분을 비판하기보다는 지지하는 편이었다. 참가자들은 자신의 견해를 밝히면서 스피어스를 나쁜 어머니 쪽으로 몰곤 했다. 한 참가자는 비록 기사에서 스피어스의 행동이 전통적인 의미에서의 학대가 아니고, 아이를 때린 것도 아니었지만 그럼에도 불구하고 스피어스는 아이와 일상생활을 같이 하지 않았기 때문에 여전히 좋은 엄마는 아니라고 말했다. 한 참가자가 기사에서 스피어스가 (아이들을) 안았다가 내려놓기를 계속하면서 어떻게 해야 할지 몰라 당황했다고 말하자, 다른 사람이 맞장구를 쳤다. "그래요, 아이들이 스피어스의 장신구 같았죠." 또 다른 사람은 한술 더 떴다. "그녀는 분명 파티에 가고 술을 마실 거예요. 항상 우울해 하고 있을 거고요." 스피어스의 성숙도에 대해 우려하기도 했다. "너무 어려요. 스무 살짜리 여자랑 똑같으니까."

인용문에서 참가자들이 브리트니 스피어스의 '나쁜 엄마' 이미지를 어떻게 이해하고 있는지 알 수 있다. 그리고 거기에 자신들의 견해를 덧붙였다. 아이들이 장신구처럼 보였고 기사에서는 전통적인 의미에서의 학대를 한 것이 아니라고 말을 했음에도 불구하고 여전히 좋은 엄마가 아니라고 했다. 스피어스가 한 행동을 다른 엄마들은 절대로 하지 않는 것이 아님에도 불구하고 말이다. 심지어 좋은 어머니라고 칭해지는 엄마들도 스피어스와 같은 행동을 하는 경우도 있다. 많은 엄마들이 아이를 어떻게 보살펴야 할지 당황하기도 하고 우울증을 겪기도 한다. 또 친구들과 와인 한두 잔을 즐기는 엄마들도 많다. 다행히도 다른 엄마들이 술 한 잔을 마시는 장면을 촬영하지 않아서 그렇지, 우리 모두 그럴 때가 있다. 하지만 이런 반론을 하는 참가자는 없었다. 그저 스피어스의 나쁜 엄마 행실을 지적한 기사를 거들기만 했다.

지루한 엄마 역할

미디어는 유명 인사 엄마의 이야기를 무척 좋아하지만, 우리 사회는 여전히 '엄마 역할'에 필수적인 매일매일의 노고와 무거운 책임감, 중요성을 훼손하고 저평가하고 있다. 조디 포스터와 관련된 기사에서 이 점을 분명히 알 수 있다. 평범하고 좋은 엄마라고 칭송을 많이 받은 포스터는 종종 지루한 사람이라고 폄훼되고 있다. 한 참가자는 나쁜 엄마에 대한 기사가 좋은 엄마에 대한 글보다 흥미롭고 재미있다고 말했다. "엄마 일이 너무 지루하기 때문에 엄마가 된 게 좋다고 말하는 기사를 쓸 수는 없잖아요." 또 다른 참가자는 포스터에 관한 기사는 지루하다고 말하면서 엄마의 일 역시 그렇다는 추측을 했다. "그 기사는 조디나 모성에 관해 나쁜 말은 전혀 하지 않았어요. 사실 지루한 기사였어요. 일반적인 삶이나 당연한 이야기만 하니까요."

이 연구에 참가한 사람들은 종종 일상적인 어머니의 일에 대한 글을 읽는 게 그다지 재미있을 것 같지 않다고 종종 말하면서도, 열성적인 어머니 역할을 하는 모델을 강조하며 평범하고 좋은 것이라고 했다. 이 말은 어머니들은 상당한 시간을 아이 키우는 데 쓰더라도 그 일로 칭찬을 받지 않고 그 노력은 무시당한다는 의미이며 엄마 일은 대체적으로 지루하다는 뜻이다. 만사를 제쳐두고 열성적으로 아이를 돌봐야 하는 어머니를 요구하는 것은 서구 사회에서 시장 경쟁과 개인주의를 가장 가치 있는 것으로 보면서 생긴 현상이다.

더글라스와 마이클이 조사한 바에 따르면 "유명 인사 엄마들은 언제나 조건 없는 사랑으로 아이를 돌보고, 늘 어머니가 되었다는 사실에 기뻐하고 있다. 유명 인사 엄마들은 모든 것을 마음대로 할 수 있고, 그 자녀들은 완벽하다. 그 이유는 어머니가 모든 것을 항상 완벽하게 해주기 때문이다."[20] 참가자들이 읽은 기사(스피어스의 기사)는 이런 경우에 해당되지는 않았지만 우리의 연구 역시 유명 인사 엄마들은 좋은 엄마가 되기 위해 완벽하고 사심 없는 방식으로 행동할 것을 요구받고 있다는 사실의 증거가 될 수 있다.

모든 기사에 내재되어 있던 좋은 엄마냐 나쁜 엄마냐 하는 주제는 참가자들에게 아무 비판 없이 받아들여졌다. 사실 참가자들은 한술 더 떠서 유명 인사 엄마들에 대한 자신의 의견을 드러내기도 했다. 나중에 기사가 논쟁을 이끌어 갔는지 그랬다면 어떤 식으로 유도했는지 물어보았더니, 대부분의 참가자들은 기사에는 그 어떤 찬반 의견도 없었다고 말했다. 그저 사실을 알려주는 기사였다고 했다. 한 참가자는 브리트니 스피어스가 나쁜 엄마가 되는 일을 해왔다고 말하고, 그것이 기사 내용이었다고 말했다. 그 참가자는 이번 연구에서 제시한 기사의 메시지를 종종 비판 없이 받아들였다. 니콜 리치의 기사에 대해 한 참가자가 했던 말에서도 이런 경향을 찾아볼 수 있다. 그 기사를 보고 '논쟁을 하는 글이 아니었다. 니콜 리치가 예전에는 이러저러한 사람이었다고 글을 시작하고 있지만, 지금은 엄마가 되면서 달라졌고 점점 좋아지고 있으며 아이를 장난감 가게에 데리고도 간다고 썼다.'

대부분의 기사에서 좋은 엄마와 나쁜 엄마에 대한 메시지를 독자들에게 전달하고 있었고, 그렇게 하는 과정에서 자녀가 어머니의 최우선 순위가 되어야 한다는 열성적인 어머니 역할에 대한 철학을 끌어들였다. 이런 것은 조디 포스터에 관한 기사에서 찾아볼 수 있다. 조디 포스터가 좋은 엄마인 까닭은 모든 시간을 아이를 위해 쓰고 있으며, 요리나 청소 같은 전형적인 엄마의 일을 한다고 설명했기 때문이다. 하지만 아이러니하게도 바로 이런 이유로 조디 포스터와 관련된 기사는 '지루하다' 는 느낌을 받았다. 잡지에서 이런 지루한 글을 실은 건, 아마도 흥미로운 기삿거리가 떨어져 절박하게 기삿거리가 필요했다는 반증이다.

사람들은 자녀를 일순위로 놓고 다른 모든 것은 부차적으로 생각해야 한다는 '열성적인 어머니 역할' 철학에 동의하면서도, 좋은 어머니가 열중해야만 하는 일은 지루한 일이라고 여겼다.

하지만 안젤리나 졸리의 기사는 지루하지 않다고 여겼는데, 조사자들은 주로 졸리를 구세주로 이야기하면서도 '좋은 어머니' 라고 하는 데는 주저하는 것 같았다. 아마도 기사가 어머니로서의 졸리보다 유명 배우로서의 면모를 더 부각했기 때문이다. 재미있는 것은 모든 기사가 일을 하고 있는 여성을 대상으로 했지만, 어머니로서의 역할에 집중하는 정도와 엄마 역할을 위해 자신의 경력이 희생되는 걸 기꺼이 감수한다는 점이 부각된 정도에 따라 기사의 주인공이 좋은 엄마인지 나쁜 엄마인지 결정되었다는 점이다.

졸리와 포스터와는 반대로 브리트니 스피어스는 나쁜 엄마로 분류되었는데, 엄마가 되기 이전의 생활을 아직 포기하지 않았고 좋은 엄마라면 아무런 연습 없이도 당연히 갖추어야 할 어머니 역할에 대한 개념이 없기 때문인 것 같다. 참가자들은 나쁜 엄마에 대한 이야기를 할 때 더 열을 올려 말하는 경향이 있었다. 이야기는 기사에서 시작되어 어머니로서의 스피어스의 능력에 대한 각자의 개인적 소견까지 더해졌다.

니콜 리치의 기사에서는 리치가 어머니가 되면서 전에 파티를 즐기던 생활 방식을 포기했다고 했다. 그래서 아이와 함께 장난감 가게에 가고, 며칠 동안 집에서 지냈다는 이유로, 그녀는 좋은 엄마로 여겨졌다. 하지만 니콜이 스트레스를 받고, 잘 해내지 못하고 있다는 기사 내용으로 좋은 엄마로서 그녀의 이미지는 약해졌다. 결국 참가자들은 니콜 리치가 다시 비행을 시작하기 직전 상태라고 예상했다. 이른바 '노는 여자'에서 '좋은 엄마'로의 변신은 아직 완성된 것이 아니란 뜻이었다.

좋은 어머니란 자녀를 위해 자신의 삶을 포기하고 전형적으로 어머니가 감당해야 한다고 믿어지는 집안일을 수행해야만 받을 수 있는 칭호다. 연구에 참가한 사람들은 어머니 역할을 한다는 것이 지루하고 따분하기 때문에 어머니가 아닌 사람은 그런 일을 감내하려 하지 않을 거라고 믿는 것 같았다. 그런데 이건 아버지에게는 해당되지 않는 이야기다. 아버지는 이번 연구에 참가한 사람들의 대화에 거의 등장하지 않았다. 유명 인사 아빠들을 다룬 기사가 잡지 1면을 장식하는 일이 없는 것은, 사람들이 이런 주제에 관심을 갖지 않는다는 증거가 될 것이다. 그래서 아버지에 대해서는 부정적이든 긍정적이든 판단하는 경우가 없다. 좋은 엄마들은 아무런 사심 없이 자녀에게 헌신해야 한다고 요구받고 있는 것과 대조적이다. 게다가 어머니 역할을 하면서 겪게 되는 수많은 압박감을 제대로 다루지 못하겠다는 조그만 신호라도 보일라치면, 당장 나쁜 엄마가 될 것이라는 협박을 받게 된다.

유명 인사 엄마들에게 매력을 느끼고 그들이 좋은 엄마냐 나쁜 엄마냐 따져대는 일은 아이를 기르는 것에 대한 판에 박힌 고정관념을 강화시킨다. 더

글라스와 마이클이 기술했듯이 "유명 인사 엄마들에 대한 묘사는 30년 전에 이미 버렸다고 생각했던 너무나 '전형적인 여성상' 을 부활시킨다. 여성은 유전적 구조상 무언가를 잘 길러낼 수 있고 모성애가 넘치며 모든 아이들을 사랑하고, 특히 일보다 어머니로서의 역할을 좋아해서 아이를 기르는 일을 주로 담당해야만 한다는 그 생각 말이다."21) 사실 이번 연구에서도 보았듯이 이런 식으로 묘사되지 않은 유명 인사 엄마들은 아무도 좋은 엄마라고 여겨지지 않는다.

여성들은 여전히 좋은 엄마의 이상형이나 기준을 상당히 높게 잡고 있다. 많은 여성들이 사회에서 좋은 어머니가 되라며 기대하는 바에 맞출 수 있는 방식으로 행동해야 한다고 부담을 느끼는 것은 너무나 당연한 일이다. 이런 생각은 유명 인사 엄마들의 이미지와 만나 더욱 강화된다. 그리고 나를 포함한 많은 양육자들에게 압박감을 준다. 양육자로서 우리는 모성에 대한 이런 규범이 누군가를 배제하고, 사람들 간에 불화를 일으킨다는 걸 잘 알고 있다.

그럼에도 불구하고 우리는 사회에서 정한 규범에 충실해야 한다는 생각도 갖고 있다. 가령 데미안은 육아에 관한 거의 모든 잡지에서 이성애자 어머니만 언급하는 바람에 상심한 적이 많다고 말한다. 슈퍼마켓 진열대 사이에서 세 아이를 데리고 언쟁을 벌이고 있다가 다른 손님들이 불쾌해하고 당혹스러워하는 시선을 느끼면, '좋은 양육자' (엄마를 말하는 것이겠다)의 모습에 대한 일반적인 기준이 주는 부담감을 느끼기도 한다. 클레멘스도 아이를 돌보기 위해 계속 집에 머물러야 한다는 일반적인 주장에 낙담할 때도 있고, 가족은 물론 친구나 동료들까지 일에 대한 이야기 말고 아이에 관한 이야기만 물어봐서 의기소침해질 때도 있다. 사실 비슷한 압박감을 클레멘스의 동반자 브래든도 느끼고 있다. 집에서 아이들을 돌보는 일을 똑같이 분담하기 위해서 사무실에 있는 시간을 점차 줄이자 직장 동료로부터 비난을 받게 되었고, 원래 여성의 책임인 일(육아)을 아빠가 하고 있다는 점에 대해 질문을 받게 되었다.

여성이 어머니로서의 역할을 수행하는 걸 칭송하고 아이를 위해 양육하는 것을 칭찬하는 일은 정말 좋은 일임이 틀림없지만, 그 기간이 너무 길다고 강력하게 주장하고 싶다. 모든 양육자와 어머니에게 조금의 여유를 줘서 다양한 방식으로 좋은 양육자가 되게 해주고, 아이를 키우면서도 다른 책임을 맡거나 관심 있는 일을 할 수 있도록 여건을 만들어야 한다.

주석

1 안드레아 두세*Andrea Doucet*, 『Do Men Mother?』 (Toronto: University of Toronto Press, 2006).

2 사례는 다음을 참고하라. 오스트레일리아 통계청, "가사 노동의 트렌드" 〈Australian Social Trends〉 (2009).

3 이성애 커플을 전통적인 성 역할로 구분하는 것에 대한 논의는 다음을 참고하라. 수잔 모서, 『The Mask of Motherhood』 (Sydney: Random House, 1997) for a discussion of the ways in which mothering splits heterosexual couples down traditional gender lines.

4 샤론 헤이즈, 『The Cultural Contradictions of Motherhoood』 (London: Yale University Press, 1996); Deidre Johnston and Debra Swanston,〈Undermining Mothers: A Content Analysis of the Representation of Mothers in Magazines〉, 〈Mass Communications and Society〉 6 (2003): 243–65.

5 수잔 모서, 『The Mask of Motherhood』, p. 236–7.

6 수잔 J. 더글러스, Meredith W. Michaels, 『The Mommy Myth』 (New York: Free Press, 2004).

7 같은 책, p. 13.

8 〈How Hollywood Moms Get Thin So Fast〉 US Magazine.com, July 31, 2008.

9 "유명 인사 맘은 마운틴 버기 유모차를 사랑해," 〈People〉, May 7, 2007.

10 이와 관련한 논의는 다음을 참고하라. Douglas and Michaels, 『The Mommy Myth』 p. 113.

11 〈Toxic Mummy〉, New Idea, November 13, 2007.

12 〈Ange' s Tears – Don' t Take Zahara〉, 〈New Idea〉, 2007.11.28.

13 〈Jodie Foster Opens Up About Motherhood〉, 〈Now〉, 2007.8.16.

14 〈Nicole Hits Back: 'I Love Being a Mum' 〉, 〈Ok!〉 2008.8.25.

15 〈Jodie Foster Opens Up About Motherhood〉.

16 샤론 헤이즈, 『The Cultural Contradictions of matherhood』.

17 Victoria Clarke, "What about the Children? Arguments Against Lesbian and Gay Parenting," 〈Women' s Studies International Fourm〉 24 (2001): 555–70.

18 〈Nicole Hits Back〉.

19 〈Toxic Mummy〉.

20 『The Mommy Myth』 p. 116.

21 같은 책, p. 138.

조지 던 GEORGE A. DUNN

4

하느님 어머니!

젖가슴에서 흐르는 복과 태에서 잉태되는 복

악의 문제Problem of Evil를 다루는 강의를 맡아 학생들을 가르치는 동안, 나는 친구이자 강좌의 전임자인 게리 얀센Gerry Janzen을 초대한 적이 있다. 히브리어 성경 연구의 대가인 그는 「욥기」에 관한 초청 강연을 해주었다. 「욥기」는 의인의 고난이라는 문제를 심도 깊게 묵상하게 하여 여러 가지 문학에 영향을 준 것으로 널리 알려져 있다. 「욥기」에서 욥은 신앙심이 깊은 경건한 사람으로 자녀의 죽음을 포함한 엄청난 비극과 상실을 겪으며 고통받았다.

고통과 고난은 욥기의 중심 주제다. 하지만 나는 게리의 강연을 듣고서 「욥기」가 모성에 관한 이야기라는 사실을 깨닫게 되었다.

하느님은 여성이다

「욥기」를 잘 모르는 사람을 위해 간략하게 소개하면, 「욥기」는 욥이라는 사람의 이야기다. 의로운 사람이었던 욥은 하느님과 사탄이 벌인 내기의 희생양이 되어 곤경을 겪게 되었다. 하느님은 사탄이 온갖 종류의 비극적 사건과 고난을 욥에게 주는 걸 허락했다. 욥이 복을 받아 잘살았기 때문에 경건하고 신실했던 것인지 알아보기 위한 시험이었다. 욥은 사탄의 예상과 달리 하느님을 저주하지 않았다. 그러나 스토아학파의 금욕주의 현인들처럼 평온하고 침착하게 자신의 불운을 받아들인 것은 아니었다. 욥은 자신이 당한 일을 딱하게 여겨 위로하러 찾아온 친구들에게 큰 소리로 울부짖으며 하느님에게 해명을 요구한다. 친구들은 욥이 하느님을 의심하는 걸 보고 놀라, 그 모든 환란과 고난을 욥 자신의 죄로 인한 일이라 생각해야 한다고 주장했다. 욥은 자신의 무죄를 단언한다. 그로 인해 친구와 욥은 오랫동안 입씨름을 벌인다. 그러다가 마침내 하느님이 폭풍이 몰아치는 가운데 모습을 드러내어, 하느님의 창조 능력과 자연의 아름다움과 공포에 관한 격조 높은 연설을 한다. 이때 하느님이 한 연설은 성경 주석자들 사이에서 욥의 불평에 대한 만족스러운 답변이라기보다는 하나의 회피책이라고 말해지지만, 여하튼 그 연설의 결론은 욥과 친구들의 논쟁에서 욥의 편을 드는 것이었고(이 부분이 중요하다), 이후 욥이 재난 중에 잃었던 대부분의 것은 회복된다.

이런 내용이 모성이라는 주제와 도대체 어떻게 연결된다는 건지 독자들은 의아할 것이다. 당연한 문제의식이다. 하지만 일단 내 이야기를 더 들어보길 바란다. 다시 내 강의실로 돌아가서 게리가 했던 말을 생각해 보자. 게리가 「욥기」에 대한 독창적인 해석을 간략하게 설명하는 것을 나는 기쁜 마음으로 경청했다. 게리는 「욥기」에서 특별히 하느님의 이름을 '샤다이Shadday' 라고 부르고 있다는 점이 상징하는 바를 중점적으로 다뤘다. 샤다이는 흔히 '전능하신 하느님' 이라고 번역되는 히브리어다. 게리는 샤다이라는 말은 우주와 인간 모두의 번식과 다산을 보증하는 자로서 하느님을 강조하는 패러다임에서 시작된 것이라고 한다. 샤다이는 자궁과 땅의 번식력을 높여 풍요롭게 해주는 자로, 조상들을 풍요롭고 푸르른 들판으로 인도해준 존재다. 샤다이의 가장 독특한 특징은 확고 불변한 사랑과 측은히 여기는 마음이다.

이 모든 것들은 창세기 49장 25절에 있는 야곱의 축도에 응축되어 있다. 그 구절에서 샤다이는 "젖가슴에서 흐르는 복과 태(자궁)에서 잉태되는 복을"(『새번역 성경』 사용—옮긴이) 베푸는 존재라고 환기시키고 있다. 자궁의 의미를 지닌 히브리어 낱말(레헴rehem)의 어근은 측은히 여기는 마음, 즉 연민(라함raham)이다. 이것은 전능하신 하느님, 샤다이의 연민이 말 그대로 잉태하는 자의 사랑임을 암시한다. 자신의 몸 안에서 자라고 있는 아이를 소중히 여기는 어머니가 느끼는 깊은 감정이 바로 그것이다. 젖가슴이라는 말은 샤다이라는 표현과 그대로 공명한다(샤다이는 본래 가슴이 있는Breasted을 뜻하는데, 히브리어 샤드Shad에서 파생되어 나온 말이다. 샤드는 바로 가슴the breat 혹은 더 정확히 표현하면 여인의 젖가슴woman's breast을 뜻하는 말이다—옮긴이).

이런 연관성을 고려하여 「욥기」의 마지막에 창조와 거친 자연에 대한 하느님의 연설의 의미를 다시 생각해 보면, 전능하신 하느님을 젖가슴과 태의 축복 즉 어머니로서의 축복을 베푸는 자로 생각해 봐야 한다는 것이 게리의 주장이었다. 그렇게 보면 폭풍이 몰아치는 가운데서 하느님이 등장했다는 것도 전통적으로 생각하듯 하느님의 능력과 진노를 표상하는 것으로 볼 게 아니라 다산과 양육을 연상시키는 것으로 볼 수 있다.1)

게리의 강연을 들은 나는 「욥기」에 대한 생각을 완전히 달리하게 되었다. 하지만 게리의 해석은 놀라울 정도의 철학적 학식과 정보에 의한 것이어서 우리 학생들이 제대로 이해했는지 의문스러웠다. 게리의 강연 다음 시간에 나는 학생들에게 게리의 강연에서 무엇을 배웠느냐고 물었다. 한 젊은 여학생이 주저 없이 대답했다. "하느님은 여성이다."

어머니 여신에서 고전 유신론까지

그럼 「욥기」 이야기는 여기서 그만두고, '하느님은 여성이다' 아니 보다 정확하게 말하면 '하느님은 어머니다' 라는 이 흥미롭고 또 불미스럽기까지 한 견해에 대해 좀더 살펴보자. 얼핏 보면 이런 말은 성경을 기본으로 한 서구의 유신론 전통과 완전히 동떨어진 소리 같다. 하지만 이것은 우리의 종교적 전통의 테두리 안에 존재하고 인류 역사에도 분명히 존재하는 생각이다. 사실 이런 생각에 대한 구석기 후기와 신석기의 고고학적 증거물은 넘칠 정도로 많아서, 초기 신의 이미지는 여성과 모성의 성격을 지니고 있었음이 분명하다. 석기 시대의 작은 조각상은 대개 다산을 상징하는 여신의 모습이라는 것이 정설이다. 커다란 가슴과 부풀어 오른 배, 둥글고 통통한 엉덩이가 도드라져 보이는 조각상들은 '젖가슴에서 흐르는 복과 태에서 잉태되는 복' 과 함께 생식과 양육이 주된 관심사였음을 말해준다. 청동기와 철기 시대로 접어들면서 도시 문명이 발생했고 신성의 여성적 표현은 계속되었다. 이때부터는 종종 남신과 짝을 이루게 되었다. 어머니 여신 숭배는 오늘날까지 이어져 인도에서 계속 행해지고 있다. 인도에서는 '어머니 여신' 을 최고의 신으로 여기고 있다. 하지만 서구에서는 성경을 기반으로 한 유신론이 부상해 주도권을 잡으면서 하느님을 오로지 남성으로만 표현하게 되었다. 그 후 하느님에 대해 말하거나 생각하는 방식이 우리에게 깊이 주입되어 그 고유한 모습을 완전히 보지 못하게 되었다.

하느님에 대해 말할 때 우리가 사용하는 언어는 오랫동안 신학자들과 종교철학자들 사이에서 초미의 관심사가 되어 왔다. 이들은 우리가 하느님에 관한 이야기를 할 때 얼마나 독특한 표현을 사용하는지 무게를 두고 살펴봤다. 왜 그런 것이 중요한지 이해하기 위해서는 먼저 '고전 유신론' 이 무엇인지 알아둘 필요가 있다. 하느님의 특질과 성향을 설명하고자 하는 일은 유대교와 기독교, 이슬람교에서 수세기에 걸쳐 진행된 일이다. 베네딕트회(529년 이탈리아의 수도사 베네딕트가 창설한 수도 단체로 청빈, 동정, 복종을 맹세하고 수행과 노동에 종사한다)의 수도사인 캔터베리 대성당의 안셀무스(1033-1109)가 하느님을 '그보다 더 위대한 것은 생각해낼 수 없는 존재' 라고 정의한 데서 고전 유신론의 기본 전제를 볼 수 있다. 하느님은 권능과 앎, 신성 등 우리가 존경하는 모든 특질에서 절대적인 최고치를 상징한다. 하느님에게는 약함이나 열등함을 나타내는 특질이 없다. 고통이나 의심을 쉽게 느낀다거나 본능적인 격정이나 잦은 기분 변화를 겪는 법이 없다. 하느님은 자신의 의지를 천명하지 않은 것에 영향을 받지 않는다. 이런 식의 불사신 같은 특징을 무감동성無感動性, Impassibility이라고 한다. 하느님은 세상에 영향을 주지만 그 자신은 부지불식간에 영향을 받는 일이 절대 없다는 의미다.

하지만 하느님이 완벽하다면 결코 변치 않고 항상 일정한 모습이어야 한다. 완벽한 존재에서 변화가 생긴다면 그건 나쁜 쪽으로 변화되기 때문이다. 또 하느님은 시간과 공간의 제약을 받지 않기 때문에 실체가 없다. 하느님에게 실체가 있다면 일정한 시간과 공간에 한정되어 하느님의 능력을 하나의 실체가 발휘할 수 있는 범위 안에 가두게 되기 때문이다. 전지전능한 존재가 그런 제한이나 규제를 받을 수는 없다. 게다가 실체를 가지게 되면 그 실체를 다시 부분으로 나눌 수 있어서 부패되고 분해되는 과정을 겪게 된다. 하지만 그것은 소멸하거나 변화할 수 없는 하느님에게 어울리지 않는 일이다. 결국 하느님은 평범한 의미를 지닌 단어로 표현할 수 있는 인격을 갖춘 이가 아니다. 하지만 앞서 지적한 모든 점에 해당되지 않음에도 불구하고, 하느님은 인간과 개인적인 관계를 맺고 인간의 행복과 안녕을 염려한다.

고전 유신론을 간단하게 정리하면 이렇다. 하느님은 가장 강력한 권능자이고 완벽한 존재다. 이 완벽함은 절대로 변화하거나 고통받는 일이 없다는 의미로 해석할 수 있다. 수세기 동안 하느님의 '완전한 위대함'이 실제로 이런 저런 특질을 함의하느냐 아니냐를 두고 이의를 제기하는 경우도 있었고, 궤변을 늘어놓는 일도 많았다. 하지만 대체적으로 사람들은 모든 한계를 초월하는 하느님은 고통을 느끼지 않고 절대로 바뀌지 않으며 실체가 없는 존재라고 생각한다. 물론 철학자들과 몇몇 신학자들이 이런 식으로 하느님을 생각하면 문제의 소지가 상당하다며 의문을 제기한 적이 있다. 가령 완전히 위대한 존재라는 개념이 가능한지, 즉 앞뒤가 맞는 이야기인지 의문을 가진 이가 있었다. 가장 적절한 의문을 제기한 이는 만화 〈심슨 가족〉의 주인공 심슨이다. 그는 하느님이 전자레인지로 부리토(토르티야에 콩과 고기 등을 넣어 만든 멕시코 요리)를 너무 뜨겁게 만들 수 없게 할 수 있는지 고민했다. 또 월등한 능력을 지니고 모든 것을 알고 있는 신이 존재한다면, '인간의 자유 의지를 어떻게 제약하지 않을 수 있는가' 라는 의문을 품은 이들도 있었다.

하느님이 우리가 무엇을 어떻게 할지 미리 알고 있다면 우리가 무언가를 결정해서 실행에 옮기는 게 진정 자유를 행사한 거라고 할 수 있을까? 성경에서 하느님을 묘사한 부분에 '놀랐다' 라거나(하느님은 모든 걸 다 아시는 데도?) '안타까워했다' (하느님이 모든 것을 통제하고 있는 게 아니었나?)라는 말이 있고, 산책을 했다는 표현(하느님은 실체가 없다고 하지 않았나?)도 있다는 점을 지적하는 경우도 있다. 하지만 고전 유신론에서는 이 모든 이견에 늘 단순하고 간단한 대답으로 그럴듯하게 얼버무린다. 바로 성서의 언어는 '의인화' 되어 있어서 인간의 특질이 하느님에게도 있다는 식으로 표현되고 있다는 답이다. 이런 용어들을 하느님에게 적용한 것은 문자 그대로의 의미가 있기 때문이 아니라, 모든 것을 초월하는 실체를 설명할 때 우리의 경험을 근거로 하는 편이 가장 좋은 방법이기 때문이다.

하느님 아버지와 하느님 어머니

그럼 이제 유신론에서 하느님을 어머니로 말할 수 있는지 여부와 연관되어 있는 종교적 언어의 문제를 살펴보자. 철학자들은 종교적 언어의 문제를 이런 식으로 제기하고 있다. 하느님이 우리의 생각과 상상력의 범위를 뛰어넘는 곳에 위치하고 있다면, 인간과 같은 유한한 존재가 유한한 것에 대해 말하도록 만든 언어를 사용하여 하느님에 대해 의미 있는 이야기를 할 수 있는 방법은 무엇인가? 위대한 중세 철학자이자 고전 유신론의 제안자 토마스 아퀴나스 Thomas Aquinas(1225-74)는 이 문제에 대한 가장 유력하고 오래 지속된 해법 하나를 제안했다. 그는 하느님에 대한 언어는 절대로 문자 그대로가 아니라고 주장했다. 그 이유를 문자 그대로 보는 낱말의 의미는 항상 우리가 경험한 통상적인 대상을 지칭하는데, 하느님은 통상적이지도 않고 우리가 경험할 수 있는 대상도 아니기 때문이라고 말했다. '하느님이 살아 계시다'는 표현을 쓴다고 해서 하느님이 우리처럼 생물학적인 신진대사 과정을 통해 유지되는 유기체라는 의미는 아니다. 또 '하느님의 정신'이라는 표현을 한다고 해도 상대적으로 연약한 인간의 정신을 하느님의 정신에 비유한다거나 우리의 정신생활로 하느님이 사물을 이해하는 방식을 조금이라도 유추해 볼 수 있다는 뜻을 암시한 것은 아니다.

하지만 다른 한편으로 아퀴나스는 우리가 하느님에 대해 이야기하는 것이 완전히 무의미한 것이라 여기지는 않았다. 그보다는 종교적 언어를 '유추적'이라고 보았다. 우리가 알고 있는 것을 기본으로 하여 유추한 내용을 기본으로 하느님에 대해 이야기한다고 본 것이다. 우리와 전혀 다르지만 그래도 우리의 경험과 비슷한 하느님의 특질을 강조하는 방식으로 유추적 언어는 유한한 존재와 무한한 존재 사이의 간극을 이어준다. 아퀴나스는 하느님을 우리의 아버지라고 말하는 것은 완벽하게 정당화할 수 있다는 결론을 내렸다. 비록 하느님이 생물학적 아버지는 아니지만 우리를 아끼고 사랑하며 좋은 아버지가 자식에게 하듯이 필요할 때는 따끔하게 우리를 꾸짖어 주신다는 점에서 하느님은 우리의 아버지다. 물론 죽을 수밖에 없는 인간의 아버지 중에 가장 위대하다는 이도 하느님과는 견줄 수 없는 것이 사실이다. 평범한 부성을 능가하는 하느님의 부성은 우리가 이해할 수 있는 범위를 초월한다. 바로 그래서 '유추'가 필요하다. 하느님은 아버지와 비슷하다. 정신적인 면에서나 실체적인 면에서 그렇다. 하지만 측량이 불가능할 정도로 '더 나은 아버지'다. 하느님은 우리가 통상적으로 사용하는 표현으로 나타낼 수 있는 사람들과는 전혀 다른 존재이기 때문이다.

하지만 어머니처럼 우리를 보살펴 주는 존재로 하느님을 보는 것은 어떨까? 언젠가는 죽을 수밖에 없는 인간의 어머니 중에 보살피고 이해하며 참아주는 지혜를 갖고 있는 가장 훌륭한 어머니도 견줄 수 없는 초월적인 모성으로 볼 수 있을까? 아퀴나스는 하느님을 우리의 어머니라고 지칭하는 것도 마찬가지로 정당하다고 동의할까? 고전 유신론에서 하느님은 실체가 없는 순수한 영靈이어서 필연적으로 성별의 개념을 넘어서는 존재다. 실체도 없고 X염색체나 Y염색체를 갖고 있지도 않으니 해부학적으로 여성, 남성을 나눌 수가 없다. 그러니 하느님을 여성이나 남성이라는 표현으로 설명할 수가 없다. 영어에서 남성 대명사인 '그he'로 하느님을 지칭하는 관습은 성서가 작성되던 때로 되돌아가서 따져봐야 할 일이지만 지나치게 집착할 문제는 아니다. 은유에 지나지 않은 표현을 지나치게 문자 그대로 해석해서 제약만 받을 수 있기 때문이다. 반면 우리는 대개 하느님을 '그것it'으로는 지칭하지 않는다. 마치 하느님을 인격이 없는 듯 취급하는 것 같고 무례한 것 같아서다. 그래서 여성주의적 이해관계에 민감한 많은 사람들이 찾은 해법은 하느님을 이야기할 때 대명사를 사용하지 않는 것이다. 일전에 참가했던 한 세미나에서도 그렇게 하는 것이 관례였고, 눈치챘는지 모르겠지만 이 글을 쓰는 나 역시도 그런 관례를 따르고 있다. 하지만 이런 식의 해법은 이상하고 보기 흉한 표현을 낳는다는 약점이 있다. 예를 들면 "하느님은 하느님의 사람들에게 하느님의 모습을 드러내셨다"라는 식의 문장을 사용하기 때문이다. 혹시 이런 표현이 귀에 거슬린다고 하면 2년 동안 매일같이 이런 표현을 들어 보도록 하자.

그렇다면 아버지로서 하느님을 지칭하는 보다 전통적인 개념에 어머니로서 하느님을 지칭하는 것을 혼합해서 사용하는 건 어떨까? 게리의 해석이 맞는다면, 고대 히브리인들은 '태(자궁)'나 '젖가슴'이라는 표현으로 하느님의 축복을 이야기하는 것을 아무 문제없이 받아들였다. 고전 유신론의 하느님은 우리 존재의 근원으로 묘사되어 모든 피조물에 생명을 불어넣고, 그 생존을 유지시켜주며 번성하게 되기를 추구한다고 설명된다. 그렇다면 모성은 하느님의 창조를 나타내는 은유로서 적절하고 또 훌륭하다. 게다가 개신교에서 신실한 자들에게 하느님이 주시는 탁월한 선물로서 신자들이 경험했다고 주장하는 영적 중생重生, regeneration은 일상적으로 거듭남rebirth으로 묘사되고 있다. '낳는다'는 행위를 할 수 있는 존재는 어머니가 유일하므로, 영적 중생과 거듭남 사이의 이런 유추는 하느님을 다시 태어나게 해주는 행위자로 보고, 우리 어머니라고 지칭하는 것이 타당하지 않을까?

태생에 불운한 결함이 있는 여성

그러나 아퀴나스가 보기에 모성과 연관되어 있는 용어는 모든 점에서 하느님에게 사용하기에 부적당했다. 아퀴나스가 그렇게 생각하는 이유는 남성적인 하느님만을 고집하는 것이 교회에서 성직을 남성에게만 허용하는 행태를 합법화하기 때문인 것도 있고, 성경의 전례가 아니라는 생각(잘못 생각한 것일 수도 있지만)에도 있었다. 하지만 아퀴나스의 모성 모독의 근거는 고대 철학자 아리스토텔레스의 남성우월주의 생물학적 이론이었다. 평소에는 신중한 아퀴나스는 애석하게도 이 이론을 있는 그대로 받아들였다.

아리스토텔레스는 수태 과정에서 어머니가 기여하는 바는 불활성 '물질'을 공급하는 수동적인 역할에 그치고 있다고 주장했다. 능동적인 남성의 '씨앗'은 그 '생명'에 '형태'를 불어넣고 이성적 '영혼'을 품도록 만든다는 것이다. 아리스토텔레스에게 인간의 번식에서 능동적이고 창조적인 힘을 지닌 존재는 아버지인 반면, 어머니는 수동적이고 수용적이었다. 하느님의 고난 불가성 즉 고통을 당하지 않는 특질에 대해 말했던 것을 기억해 보면, 고전 유신론에서 완전하고 위대한 하느님을 표현하면서 사용한 용어는 언제나 이 세상에 대한 행위의 창시자이지, 수동적으로 행동하는 자는 절대 아니다. 아리스토텔레스가 본 인간의 번식에서 아버지의 능동적인 역할은 하느님의 역할과 근접하게 닮아 있는 반면 수동적이고 수용적인 어머니의 역할은 하느님의 완벽성과는 상당히 거리가 있다. 이런 설명을 받아들인 아퀴나스는 모성을 하느님의 창조 능력에 대한 정당한 은유로 절대 인정할 수 없었다. 설상가상 아퀴나스는 수태에서 어머니 역할을 모독한 아리스토텔레스의 주장을 지지했을 뿐만 아니라 다음과 같은 아리스토텔레스의 생각에 동조하기까지 했다.

"여성은 태생에 불운한 결함이 있는 존재다. 남성의 씨앗에 담긴 능동적인 힘은 자신과 완벽하게 닮은 것을 생산하려는 경향이 있다. 반면 여성의 생산은 씨앗의 능동적인 힘에 결함이 생기거나 물질적 질병이나 외부의 영향에 의해 생긴 결함의 결과다."[2] 즉 여자아이들은 남성 '씨앗'의 창조적 힘에 문제가 생겨서 태어난 것이라는 말이다. 남성의 씨앗은 자연의 이치에 따라 자신의 모습대로 생긴 것을 만들고자 추구한다는 뜻이기도 하다. 아퀴나스는 이 결함은 하느님의 영륜(경륜)의 일부분이라고 서둘러 덧붙이기는 했다. 하지만 하느님이 생물의 한 종이 영속하는 문제를 기능 불량에 좌우되도록 했다는 말은 여러모로 믿을 수 없는 일이다. 번식 체계에 돌발적 결함이 발생해서 남성의 씨앗이 남자아이로 변화하고자 하는 원래 목표에서 빗나가 결함이 있고 모자란 여성이 되었다는 이야기는 정말 괴상하다. 이것만으로도 결함은 이 괴상한 이론에 있지, 인류의 절반을 차지하는 여성들에게 있지 않다고 추측해볼 수 있다. 물론 모두 잘 알다시피 현대 유전학과 발생학은 이러한 추측의 정당성을 확실히 입증해주고 있다. 이로써 하느님을 우리 어머니라고 말하는 것을 반대하는 이유 하나는 배제할 수 있게 되었다.

하지만 아퀴나스가 어머니와 관련된 표현으로 하느님에 대해 이야기하는 것을 거부했던 문제의 본질에는 그의 어수룩하고 잘못된 성지식 이상의 것이 있다. 나는 그것을 하느님의 고난 불가성에 대한 생각 때문이라고 본다. 하느님은 고통을 당하는 법이 없고, 수동적이거나 감성적이지 않으며, 그 어떤 관계에서 취약한 입장이 되지 않는다는 생각 때문이다. 아퀴나스가 임신 과정에서 여성이 전적으로 수동적인 역할을 맡고 있다고 설명한 것도 완전히 틀린 이야기였지만, 그 못지않은 잘못은 수동성이나 수용성이 미덕이 될 수 있고 심지어 하느님의 미덕이라 생각할 수 있다는 걸 알지 못한 점이다. 이와 관련해서 철학자 넬 나딩스Nel Noddings가 묘사한, 괴로움을 당하고 있는 자녀에게 어머니가 대응하는 법을 생각해 보자.

> 자녀가 야경증Night Terror을 겪으며 밤에 자다가 놀란다면 어머니의 포옹이 그 두려움을 막아주고 세상 사람들의 조롱에서 보호해준다. 어머니는 사람들의 당혹감이나 두려움, 고통, 기쁨을 감지하고 그에 따라 행동한다. 어머니는 양육의 대상과 함께 있다. 어머니의 이런 태도야말로 '수용'이라 볼 수 있다.[3]

좋은 어머니라면 자녀와 관련된 일에서 고통을 느끼고 감동하지 않을 수 없다. 좋은 어머니는 행동에서 그치지 않고 마음속에서 우러나오는 수용에 근거해 아이의 경험에 반응한다. 나딩스가 공감하기를 잘 하는 어머니만의 특유한 위로의 말 외에도 '함께함'이라고 부른 행동이 바로 민감한 반응성을 나타낸다. 이것은 또한 겁에 질린 어린아이가 애타게 찾는 것이기도 하다. 하느님은 늘 남성적이고 능동적이어야만 한다는 편견 외에도(이것은 고전 유신론에서 정식으로 기술한 편견 중에 하나다) 괴로움을 당하는 자녀에게 어머니가 보이는 반응을 하느님과 인간의 관계를 나타내는 주요한 모형으로 생각하지 못하게 하는 것은 무엇이 있을까?

세상 만물과 모든 생명의 진정한 어머니

서구의 모든 철학자들이 모성에 관한 표현이 하느님의 존엄함을 손상시킨다는 아퀴나스의 확신을 공유하고 있는 건 아니다. 고대 로마에서 기독교가 출현하던 시절, 하느님을 아버지와 어머니로 묘사하는 글을 쓰곤 했던 나스틱파Gnostics, 영지주의파라라고 알려져 있는 기독교 교리의 분파 집단이 상당수 있었다. 하지만 종교학자인 일레인 페이젤스Elaine Pagels에 의하면 이런 분파들이 성직자의 권위에 의해 이단으로 억압받은 이유는 모성에 관한 표현과 상징주의가 여성에게 권한을 부여하고, 교회에서 남성의 배타적 성직 지배권을 위협하게 될까 봐 남자들이 불안해했던 것과 상당 부분 연관이 있을 것이라고 한다.[4)]

하지만 하느님의 이미지를 어머니로 생각하는 것은 어딘지 모르는 호소력이 있어서, 기독교의 경건한 신앙생활에서 완전히 자취를 감춘 적이 없었다. 중세학자인 캐롤린 워커 바이넘Carolyn Walker Bynum의 연구를 통해 12세기와 13세기에 명상을 하는 신비주의자 수도사와 수녀들의 저작물에서 이런 표현이 얼마나 흔하게 사용되었는지 알 수 있다. 모든 피조물에 대한 하느님의 한량없는 사랑을 깨닫고 그 이야기를 전달하기 위해 하느님의 아늑한 태(자궁)와 풍족한 젖가슴이라는 표현으로 양육과 임신의 이미지를 일상적으로 차용했다. 아퀴나스가 여성은 결함이 있는 남성이라는 불쾌한 이론을 지지한 중세 전성기(1000-1300)는 또한 하느님의 모성적 측면을 강조하는 경건한 표현이 한창 사용된 때이기도 했다. 당시 사람들은 하느님이 생식과 헌신, 애정, 자애, 양육의 최고 단계를 예증한다고 보았다. 바이넘에 의하면 당시 영성 작가들은 이런 특질을 모성과 연관지었다고 한다. 이런 어머니의 자질은 오늘날의 어머니에게도 여전히 필수적인 사항이다.[5]

이렇게 하느님의 특질을 어머니와 연관 지어 바라보는 새로운 시각은 당시 교회가 일전을 벌이던 또 다른 이단과 관련이 있을 수 있다. 카타리파Cathars(순결파 신자, 이단이라고 지목되는 그리스도교의 일파)는 물질과 영이 양립할 수 없는 대립관계라고 가르쳐서 이단분파로 낙인찍혔다. 카타리파 사람들에게 영적 삶의 목표는 이 타락한 물질세계에 감금되어 있는 영혼을 해방시켜서 진정한 집인 영적 영역으로 되돌려 보내는 일을 서둘러 하는 것이었다. 하지만 이들이 생각하는 영성이 육체를 업신여기거나 육체적 존재가 주는 선물을 경멸할 것을 요구하지 않았기에 하느님의 모성을 표현하는 것은 이들에게 적절한 행동이 될 수 있었다. 바이넘이 주장했듯이 하느님에 대한 모성적 표현은 육욕과 물질, 육체 중심주의를 찬양하는 것과 관계가 있다.

카타리파의 이원론과 대조되게 모든 물리적 창조의 미덕을 장담하는 신학에서는 아버지이자 행위자이면서 어머니이자 자궁인 하느님이 아버지이기만 한 하느님보다 더 설득력 있고 확실하며 온전한 창조자의 이미지가 될 수 있다.[6]

생물학적 어머니의 사랑에는 뿌리 깊은 육체 중심주의가 있다. 어머니가 이 세상에 낳은 미성숙한 생명을 먹이고 보호하는 행동을 바로 자신의 육체로 하기 때문이다. 하느님의 사랑을 모성적 측면으로 설명하자면 물질적 존재를 하느님의 선물이라고 확실히 시인해야 한다. 우리와 신 사이를 가로막은 타락한 것으로 봐선 안 된다.

모성적 이미지에 매혹된 사람들은 하느님이 주신 생명의 은사에 초점을 맞춘다. 하느님의 분노와 심판보다는 창조와 양육에 집중한다. 물론 훌륭한 어머니는 필요한 경우 자녀를 훈육한다. 하지만 어디까지나 자녀의 행복을 염두에 두고서다. 훈육과 교정은 언제나 사랑의 표현이지 분노를 터트리는 것이 아니다. 그러므로 하느님을 어머니로 생각하는 건 감사하는 마음을 키워주고 다른 사람을 돕고자 하는 마음을 불러일으킨다. 어린 시절에 어머니에게 충분한 사랑을 받은 사람이 다른 사람 또한 더욱 사랑하고, 그 사랑에서 성취감을 얻는 것과 마찬가지다. 반면 아버지 하느님의 개념은 종종 두려움과 징벌의 공포와 연결되고 심한 경우 다른 사람의 죄를 심판하는 하느님의 도구가 되겠다는 그릇된 열정으로 이어지기도 한다. 부성은 완고하고 까다로운 심판자의 역할을 연상시키는 경우가 많은 반면, 모성은 사랑과 양육에 더 밀접하게 연계된다.

어머니 하느님을 체험한 극소수의 중세 신비주의자 중에서 이를 가장 감동적으로 기술한 베네딕트회 수도사 노리치의 줄리안Julian of Norwich(1342–1416)은 저서 『계시Showings』를 펴냈고, 다음과 같이 기술했다.

'어머니' 라는 사랑스럽고 아름다운 이 단어는 너무나 달콤하고 본질적으로 다정해서 세상 만물과 모든 생명의 진정한 어머니가 아닌 다른 그 누구에 대해서도 말할 수가 없다. 오직 그him에게만 할 수 있는 말이다. 모성의 속성은 자연, 사랑, 지혜, 지식이니 이것이 바로 하느님이다.7)

줄리안 수사가 아퀴나스의 유추론 교리를 받아들이고 있다는 점에 주목하자. 하느님은 만물의 어머니고 가장 완벽한 모성을 규정짓는 속성인 자연, 사랑, 지혜, 지식을 완벽하게 갖추고 있는 만큼 하느님은 인간의 어머니와 같지만 동시에 가장 훌륭한 인간의 어머니조차 능가하는 존재다. 줄리안 수사가 어머니 하느님을 지칭하면서 영어의 남성 대명사인 '그' 를 사용했던 것은 부조화지만, 그것으로 어머니라는 표현의 은유적 본질을 강조하는 데 도움이 되었다. 하느님은 문자 그대로의 어머니가 아니다. 하느님은 '그he' 라는 문자 그대로의 존재도 아니다. 하지만 줄리안 수사는 우리의 경험 중에 생명의 궁극적 창조자이자 양육자인 하느님을 유추할 수 있는 것을 찾아본다면 가장 강력하고 적절한 이미지는 어머니라고 생각했다.

어머니는 하느님이다

서구 문화권은 2천 년에 가까운 세월 동안 유일신(일신론)의 전통 안에서 발전해왔다. 노리치의 줄리안 수사가 환영을 기술해놓은 것과 같은 몇 가지 예외가 있지만 일신론에서 하느님의 주요한 이미지는 남성이었다. 하지만 게리가 「욥기」와 다른 히브리어 성서 구절을 해석한 것이 맞는다면(나는 개인적으로 그의 의견이 적절하다고 생각한다) 어머니로서 하느님을 생각하는 것이 우리의 전통을 형성해온 저작물의 수많은 저자들의 생각에서 지워진 적은 없었다고 봐야 할 것이다. 이 글의 짧은 지면에서는 현대에 그 생각을 되살려 우리 삶이 달라지게 할 수 있는 방법을 간단히 언급해 보자.

하느님의 모성성에 대한 생각에 공명하는 생명에 대한 긍정과 물질성, 번식력에 대해서는 앞서 언급한 바 있다. 하지만 우리는 능동적인 능력이 갑작스레 우리를 만들어 내고, 이후 압박감을 주면서 유쾌하지 않은 갑작스러운 일격을 받아 우리가 어긋나기만 기다리는 하느님을 상상하지 않고, 우리를 어머니처럼 잉태하고 다른 여타 능력과 더불어 창조적인 능동성으로 우리와 같은 하느님의 자녀들이 번성할 수 있는 공간을 제공해주는 모습으로 그려볼 수 있게 되었다는 점이 어머니 하느님의 중요성이 아닐까 한다. 주권자의 권한으로 자비를 베풀 것인지 말지를 두고 이런저런 이유를 따져보는 엄격한 심판자 하느님보다는, 언제나 우리를 사랑하고 염려하는 어머니로서 더 많이 생각하게 되는 것이다. 하느님은 우리가 최악의 경우 심지어 절대로 고통을 당하지 않는 그 마음을 아프게 하는 때도 '사랑하는 어머니' 가 된다. 어머니가 자녀를 사랑하듯 조건 없는 절대적인 사랑을 받고 있고, 분에 넘치는 그런 사랑의 은사로 실질적인 위로와 격려를 받게 되면 우리는 다른 사람에 대해 보복적인 원한을 품을 수 없다. 우리가 의지하는 어머니의 사랑과 완전히 반대되는 감정이기 때문이다.

정말 중요한 문제는 '하느님의 형상에 따라 지어졌다는 것' 이 무슨 의미인가 하는 점이다. 우리 인간의 형태는 유한하고 안타깝게도 타락한 형태를 지녔음에도 불구하고 우리의 도덕적, 지적, 영적 성품은 하느님의 속성과 아주 흡사하다는 것은 기독교 전통의 중심 교리다. 우리가 하느님을 아버지와 입법자, 통치자, 심판자로 생각한다면, 하느님의 그런 품성에서 뿜어져 나오는 광채는 현실에서 그 역할을 하고 있는 인간에게 옮겨질 것이다. 하느님을 아버지로 생각하게 될 뿐만 아니라 아버지 역시 신에 준하는 존재가 된다는 말이다. 하지만 하느님을 징계와 법의 집행자보다는 젖가슴과 태의 축복을 주는 존재로 생각하면, 그 축복을 우리 삶에서 주고 있는 우리의 사랑하는 어머니를 공경할 또 다른 이유를 찾을 수 있다.

주석

1 게리는 우리 수업에 강연을 한 이후 욥에 관한 책을 출판했다. 이 책을 통해 자신의 독특한 해석의 정당함을 입증하고 있다. 다음을 참고하라. 게리 얀센*J. Gerald Janzen*, 『At the Scent of Water : The Ground of Hope in the Book of Job』 (Grand Rapids: Erdmans, 2009).

2 『The Summa Theologica of St. Thomas Aquinas』 Vol. 1 (New York: Christian Classics, 1981), Q 92, Reply to Objection 1, p. 466.

3 넬 나딩스*Nel Noddings*, 『Caring: A Feminine Approach to Ethics and Moral Education』 (Los Angeles: University of California Press, 1986), p. 59.

4 일레인 페이젤스*Elaine Pagels*, 『The Gnostic Gospels』 (New York: Vintage, 1989), p. 59–61.

5 캐롤린 워커 바이넘*Carolyn Walker Bynum*, 『Jesus as Mother: Studies in the Spirituality of the High Middle Ages』 (Berkeley: University of California Press, 1984), p. 131–2.

6 같은 책, p. 134.

7 노리치의 줄리안, 『Showings』, Edmund Colledge, James Walsh 편(Mahwah: Paulist Press, 1977), p. 299.

짧은 후기 **에이미 멀린 AMY MULLIN**

저자들의 자녀가 모성과 철학에 대해 이야기한 것들

너희 엄마는 뭐 하는 분이니?

"엄마가 일을 해요? 누가 월급을 주는데요?" (제이든, 3세, 전업주부 엄마를 둠)

"(한참 생각하다가)엄마는 뭔가를 써요." (벤, 4세)

"우리 엄마는 박사예요. 철학 박사. 엄마는 사람들을 도와줘요. 철학 아이들이요. 그러니까 철학에 대해 모르는 아이들을 도와주는 거예요." (소냐, 4세)

"그건 간단해요. 우리 엄마는 규칙을 정하고, 기저귀를 갈아요. 빨래를 하고 우리랑 놀아주고 우리를 사랑해줘요." (스테판, 5세)

"엄마는 선생님이예요." (몰리, 4세)

"엄마는 어떤 생각을 해내서 5달러를 벌어요. 그런 다음에 6달러짜리 뭔가를 사요." (툴라, 3세)

"대학생들에게 글을 읽고 쓰는 걸 가르쳐요." (와이커스, 6세)

"우리를 보살펴 줘요. 아기한테 우유도 먹여요. 그리고 철학도 가르쳐요." (엘라, 4세)

철학자는 뭐하는 사람일까?

"난 몰라요. 난 엄마가 일하는 데는 가보지 못했어요! (그러다가 다시 생각하고) 엄마 책을 옮길 때는 빼고요. 그때 칠판에 우리 가족 그림을 그렸어요." (엘라, 4세)

철학에 대해 어떻게 생각하니?

"철학은 근사한 것 같아요. 철학이 없으면 뭐가 진짜인지 뭐가 가짜인지 모르니까요. 철학은 유령이 진짜 있는지 우리가 죽으면 어디로 가는지 과학에서 진실은 무엇인지 같은 질문을 하는 거예요. 하지만 철학이 거지 같다고도 생각해요. 엄마가 항상 글을 써야 해서 자기 아이들이랑 좋은 시간을 더 많이 갖지 못하게 하니까요." (캐빈, 11세)

"철학자들은 자판으로 논문을 입력하고, 사람들을 가르치고, 다른 나라로 회의하러 갔다가 아이들을 위한 특별 깜짝 선물을 가지고 와요." (제이든, 6세)

어른이 되면 어떤 사람이 되고 싶니?

"철학자요. 아니면, 이웃사람이나 될까요?" (소냐, 4세)

"난 아빠가 되고 싶어요." (제이든, 6세)

기타 심오한 생각들

"아빠, 아빠는 왜 인생의 반을 컴퓨터 자판 치는 데 쓰고 있어요?" (제이든, 6세)

"우리는 모두 같은 규칙을 가진 거죠?" (잭, 8세)

어디서 태어났느냐는 질문을 받고 "과테마마!" (캐빈, 2세, 과테말라 출생)

아리아드네 : "우리 집에 와서 놀아도 돼."

남자아이 : "이건 너의 집이 아니야. 우리 집이야."

아리아드네 : "우리 집을 너희 집인 척해도 좋아." (아리아드네, 4세. 공원에 있는 놀이터에서 남자아이와 나눈 대화)

"엄마, 사랑해요. 엄마가 책을 읽고 있어도 사랑해요." (소냐, 4세)

임신과 어머니 역할에 관한 여성주의 참고 도서

Adams, Sarah LaChance. "Becoming with Child: Pregnancy as Provocation to Authenticity." In New Perspectives on Sartre. Eds Adrian Mirvish and Adrian van den Hoven, Cambridge Scholars Press, forthcoming.

Adams, Sarah Lachance. "Maternal Thinking (Ruddick)." In Encyclopedia of Motherhood. Ed Andrea O' Reilly, Sage,forthcoming.

Adams, Sarah LaChance. "Philosophy and Motherhood." In Encyclopedia of Motherhood. Ed Andrea O' Reilly, Sage,forthcoming.

Adams, Sarah LaChance 2009. "The Pregnable Subject: Maternity and Levinas' Relevance to Feminism." In Phenomenology 2008, Vol. 5: Selected Essays from North America. Ed. Michael Barber, Lester Embree, and Thomas J. Nenon, Post scriptum OPO Series, Bucharet: Zeta Books.

Annas, J. 1986. "Pregnant Women as Fetal Containers." Hastings Center Report 16 (6):13-14.

Bailey,Alison 1997. "Mothers, Birthgivers and Peacemakers:A Critical Reflection on Maternal Peace Politics." In Perspectives on Power and Domination. Ed. Lawrence Bove and Laura Duhan Kaplan, New York: Rodopi.

Bailey,Alison 1996. "Mothering, Diversity and Peace: Comments on Sara Ruddick's Feminist Maternal Peace Politics." In Bringing Peace Home:Feminism, Violence and Nature. Ed. Karen J.Warren and Duane L.Cady. Bloomington:Indiana University Press. and the Regulation of the Gendered Body." Hypatia Special Issue, ed.Alison Bailey and Jacqueline N.Zita, 22 (2):vii-xv.

Betterton, Rosemary 2002. "Prima Gravida: Reconfiguring the Maternal Body in Visual Representation." Feminist Theory 3 (3):255-70.

Bigwood, Carol 1991. "Renaturalizing the Body (With the Help of MerleauPonty)." Hypatia 6 (3):54-73.

Blum, Linda 1999. At the Breast: Ideologies of Breastfeeding and Motherhood in the Contemporary United States. Boston: Beacon Press.

Brody, Donna 2001. "Levinas's Maternal Method from 'Time and the Other' Through Otherwise Than Being: No Woman's Land?" In Feminist Interpretations of Emmanuel Levinas. Ed. Tina Chanter. University Park: Pennsylvania State University Press, 53-77.

Cahill, Heather 1999. "An Orwellian Scenario: Court Ordered Caesarean Section and Women's Autonomy." Nursing Ethics 6 (6): 494–505.

Card, Claudia 1996. "Against Marriage and Motherhood." Hypatia 11 (3): 1–23.

Chodorow, Nancy 1999. The Reproduction of Mothering, 2nd edn. Berkeley: University of California Press.

Collins, Patricia Hill 1994. "Shifting the Center: Race, Class, and Feminist Theorizing about Motherhood." In Representations of Motherhood. Ed. Donna Bassin, Margaret Honey, and Meryle Mahrer Kaplan. New Haven: Yale University Press.

Corea, Gina 1988. The Mother-Machine: Reproductive Technologies from Artificial Insemination to Artificial Wombs. Boston: Beacon Press.

Cudd, Ann E. 1990. "Enforced Pregnancy, Rape, and the Image of Women." Philosophical Studies 60 (1): 47–59.

Davis-Floyd, Robbie 1992. Birth as an American Rite of Passage. Berkeley: University of California Press.

De Beauvoir, Simone 1953. The Second Sex, trans. H. Parshely. New York: Bantam.

DiQuinzio, Patricia 1999. The Impossibility of Motherhood: Feminism, Individualism and the Problem of Mothering. New York: Routledge.

Downe, Pamela 2001. "Stepping on Maternal Ground: Reflections of Becoming an 'Other-Mother'." Journal of Association for Research on Mothering 3 (1): 27–40.

Fentiman, Linda 2009. "New Markets in Mothers' Milk: How Breastfeeding and Human Milk Have Become Commodities," Nevada Law Journal 10 (1).

Glenn, Evelyn Nakano, Grace Chang, and Linda Rennie Forcey (eds.) 1994. Mothering: Ideology, Experience, Agency. New York: Routledge.

Guenther, L. 2008. "Being-from-Others: Reading Heidegger after Cavarero." Hypatia 23 (4): 99–118.

Guenther, L. 2006. The Gift of the Other: Levinas and the Politics of Reproduction. Albany: State University of New York Press.

Guenther, L. 2006. "'Like a Maternal Body': Levinas and the Motherhood of Moses." Hypatia 21 (1): 119–36.

Guenther, L. 2005. "Lucky Burden: Beauvoir and the Ethical Temporality of Birth." Symposium: Canadian Journal of Continental Philosophy 9 (2): 177–94.

Guenther, L. 2005. "Unborn Mothers: The Old Rhetoric of New Reproductive Technologies." Radical Philosophy 130: 2–6.

Haslanger, Sally and Charlotte Witt (eds.) 2005. Adoption Matters: Philosophical and Feminist Essays. Ithaca: Cornell University Press.

Held, Virginia 1993. Feminist Morality: Transforming Culture, Society and Politics. Chicago: University of Chicago Press.

Hillyer, Barbara 1993. Feminism and Disability. Oklahoma City: University of Oklahoma Press.

Huntley,Rebecca 200. "Sexing the Belly:An Exploration of Sex and the Pregnant Body." Sexualities 3 (3): 347–62.

Katz, Claire Elise 2002. "The Significance of Childhood." International Studies in Philosophy 34 (4):

77–101.

Keller, Jean. "Rethinking Ruddick on 'Adoptive' Mothering." In Sara Ruddick's Maternal Thinking: Philosophy, Practice, Politics. Ed. Andrea O'Reilly. Toronto: Demeter Press, forthcoming.

Kittay, Eva Feder 1999. Love's labor: Essays on Women, Equality, and Dependency. New York: Routledge.

Kittay, Eva Feder 1999. " 'Not My Way Sesha, Your Way, Slowly' : 'Maternal Thinking' in the Raising of a Child with Profound Intellectual Disabilities." In Mother Troubles. Ed. Julia Hanigsberg and Sara Ruddick. Boston: Beacon Press, 3–27.

Klassen, Pamela 2001. Blessed Events: Religion and Home Birth in America. Princeton: Princeton University Press.

Kristeva, Julia 2002. "Stabat Mater." In The Portable Kristeva. Ed. Kelly Oliver. New York: Columbia University Press.

Kukla, Rebecca 2008. "Measuring Mothering." International Journal of Feminist Approaches to Bioethics 1 (1): 67–90.

Kukla, Rebecca 2006. "Ethics and Ideology in Breastfeeding Advocacy Canpaigns." Hypatia 21 (1): 157–80.

Kukla, Rebecca 2005. Mass Hysteria: Medicine, Culture and Mothers' Bodies. Lanham: Rowman and Littlefield.

Lauritzen, Paul 1989. "A Feminist Ethic and the New Romanticism – Mothering as a Model of Moral Relations." Hypatia 4 (3): 29–44.

Layne, Linda 2003. Motherhood Lost: A Feminist Account of Pregnancy Loss in America. New York: Routledge.

Leonard, Victoria Wynn 1996. "Mothering as Practice." In Caregiving: Readings in Knowledge, Practice, Ethics, and Politics. Ed. Suzanne Gordon, Patricia Benner, and Nel Noddings. Philadelphia: University of Pennsylvania Press, 124–40.

Lewin, Ellen 1994. "Negotiating Lesbian Motherhood: The Dialectics of Resistance and Accommodation." In Mothering: Ideology, Experience, Agency. Ed. Evelyn Nakano Glenn, Grace Chang, and Linda Rennie Forcey. New York: Routledge.

Lim, Hilary 1999. "Caesareans and Cyborgs." Feminist Legal Studies 7: 133–73.

Longhurst, Robyn 1998. "(Re)presenting Shopping Centres and Bodies: Qustions of Pregnancy." In New Frontiers of Space, Bodies, Gender. Ed. Rosa Ainley. London: Routledge.

Lundquist, Caroline 2008. "Being Torn: Toward a Phenomenology of Unwanted Pregnancy." Hypatia 23 (3): 136–55.

McLeod C. 2002. Self–Trust and Reproductive Autonomy. Cambridge, MA:MIT Press.

Martin, Emily 1987. The Woman in the Body. Boston: Beacon Press.

Meyers, Diana 2001. "The Rush to Motherhood: Pronatalist Discourse and Women's Autonomy." Signs 26 (3): 735–73.

Meyers, Diana Tietjens, Kenneth Kipnis, and Cornelius F. Murphy, Jr. (eds) 1999. Kindred Matters:

Rethinking the Philosophy of Family. Ithaca: Cornell University Press.
Minaker, Joanne C. "Law Mothering." In Encyclopedia of Motherhood. Ed. Andrea O' Reilly, Sage, forthcoming.
Minaker, Joanne C. "Public Policy and Mothers."In Encyclopedia of Motherhood. Ed. Andrea O' Reilly, Sage, forthcoming.
Moloney, Sharon. "Birth as a Spiritual Initiation:Australian Women' s Experiences of Trans-formation." Australian Religion Studies Review, Special Supplement, 22 (2). Forthcoming.
Moloney, Sharon 2008. "Mothers and Daughters at Menarche: An Indigenous Inspired Quiet Revolution." Journal of the Association for Research on Mothering 10 (2).
Moloney, Sharon 2007. "Dancing with the Wind: A Methodological Approach to Researching Women' s Spirituality around Menstruation and Birth." International Journal of Qualitative Methods 6 (1).
Moloney, Sharon 2006. "Dismantling the Fear of Birth." Natural Parenting 16.
Moloney, Sharon 2006. "The Spirituality of Childbirth." Birth Issues 15 (2): 41–6.
Moloney, Sharon 1998. "Breastfeeding as Fertility Suppressant: How Reliable Is It?" MIDIRS Midwifery Digest 8 (3).
Morgan, Lynn R. and Meredith W.Michaels (eds.) 1999. Fetal Subjects, Feminist Positions. Philadelphia; University of Pennsylvania Press.
Mullin, Amy. "Filial Responsibilities of Dependent Children." Hypatia 25 (1) forthcoming.
Mullin, Amy. "Paid Childcare, Responsibility and Trust." In Sara Ruddick' s Maternal Thinking: Philosophy, Practice, Politics. Ed. Andrea O' Reilly. Toronto: Demeter Press, forthcoming.
Mullin, Amy 2007. "Children, Autonomy and Care." Journal of Social Philosophy 38 (4): 536–53.
Mullin, Amy 2007. "Children, Caregivers, and Friends: Models of Care." In Taking Responsibility for Children. Ed.Samantha Brennan and Robert Noggl.e. Waterloo:Wilfrid Laurier University Press, 47–71.
Mullin, Amy 2007. "Giving as well as Receiving: Love, Children and Parents." Symposium: Canadian Journal of Continental Philosophy 12 (2).
Mullin, Amy 2006. "Parents and Children: An Alternative to Unconditional and Selfless Love." Hypatia 21 (1): 181–200.
Mullin, Amy 2005. "Like a Mother: Paid Mother–work Performed in Private Spaces." In Motherhood and Space. Ed. Caroline Wiedemer and Sarah Hardy. New York: Palgrave Macmillan, 203–20.
Mullin, Amy 2005. Reconceiving Pregnancy and Childcare: Ethics, Experience and Reproductive Labor. Cambridge: Cambridge University Press.
Mullin, Amy 2005. "Trust, Social Norms and Motherhood." Journal of Social Philosophy 36 (3): 316–30.
Mullin, Amy 2004. "Pregnancy." In Sexuality: The Essential Glossary. Ed. Jo Eadie. London:Arnold, 170.
Mullin, Amy 2002. "Pregnant Bodies, Pregnant Minds." Feminist Theory 3 (1): 27–46.
Narayan, Uma and Julia J.Bartowiak (eds.) 1999. Having and Raising Children: Unconventional Families, Hard Choices, and the Social Good. University Park: Pennsylvania State University Press.
Nelson, Hilde Lindemann (ed.) 1997. Feminism and Families. New York: Routledge.

Nelson, Hilde Lindemann and James Lindemann Nelson 1989. "Cutting Motherhood in Two: Some suspicions Concerning Surrogacy." Hypatia 4 (3): 85–94.

Noddings, Nel 1984. Caring: A Feminine Approach to Ethics and Moral Education, 2nd edn. Berkeley: University of California Press.

Oakley, Ann 1980. Woman Confined: Towards a Sociology of Childbirth. Oxford: Martin Robinson.

Oksala, Johanna 2006. "What is Feminist Phenomenology? Thinking Birth Philosophically." Radical Philosophy 26 (July/August): 16–22.

O' Leary, J. 2009. "Never a Simple Journey: Pregnancy Following Loss." Bereavement Care 28 (2): 12–17.

O' Leary, J. 2005. "The Baby Who Follows the Loss of a Sibling: Special Considerations in the Postpartum Period." International Journal of Childbirth Education 20 (4): 28–30.

O' Leary, J. 2005. "The Trauma of Ultrasound during a Pregnancy Following Perinatal Loss." Journal of Loss and Trauma 10: 183–204.

O' Leary, J. 2004. "Grief and Its Impact on Prenatal Attachment in the Subsequent Pregnancy." Archives of Women' s Mental Health 7 (1): 1–15.

O' Leary, J. 1992. "The Parenting Process in the Prenatal Period: A Developmental Theory." Pre and Perinatal Psychology Journal 7 (2): 7–9.

O' Leary, J. and C. Gaziano 1999. "The Role of Childhood Memory Scores in Parenting in Pregnancy and Early Postpartum." Journal of Prenatal and Perinatal Psychology and Health 13: 3–4.

O' Leary, J. and Thorwick, C. 2008. "Maternal–Paternal Representation of Pregnancy and Atta-chment to the Unborn Child during Pregnancy Following Loss." Attachment 2 (3): 292–320.

O' Leary, J. and C. Thorwick 2006. "Fathering Perspective during Pregnancy Post Perinatal Loss." Journal of Obstetric, Gynecologic, and Neonatal Nursing 35 (1): 78–86.

O' Leary, J., C.Gazanio, and C. Thorwick 2006. "Born after Loss: The Invisible Child in Adulthood." Journal of Pre and Perinatal Psychology and Health 21 (1): 3–23.

Oliver, Kelly 1997. Family Values: Subjects Between Nature and Culture. New York: Routledge.

Olkowski, Dorothea 2006. "Only Nature is Mother to the Child." In Feminist Interpretations of Maurice Merleau–Ponty. Ed. Dorothea Olkowski and Gail Weiss. University Park: Pennsylvania State University Press, 49–70.

O' Neill, Onora and William Ruddick (eds.) 1979. Having Children: Philosophical and Legal Relfections on Parenthood. New York: Oxford University Press.

O' Reilly, Andrea (ed.) 2008. Feminist Mothering. Albany: State University of New York Press.

O' Reilly, Andrea (ed.) 2007. Maternal Theory: Essential Readings. Toronto: Demeter Press.

O' Reilly, Andrea 2006. Rocking the Cradle: Thoughts on Feminism, Motherhood and the Possibility of Empowered Mothering. Toronto: Demeter Press.

Overall, Christine 1993. Human Reproduction: Principles, Practices, Policies. Toronto: Oxford University Press.

Petchesky, R.1987. "Fetal Images: The Power of Visual Culture in the Politics of Reproduction."

Feminist Studies 12 (2): 263–92.

Reinelt, Claire and Mindy Fried 1992. "'I am this child' s mother' : A Feminist Perspective on Mothering with a Disability." In Perspectives on Disability, 2nd edn. Palo Alto: Health Market Research.

Reynolds, Tracy 2001. "Black Mothering, Paid Work and Identity." Ethnic and Racial Studies 24 (6): 1046–64.

Rich, Adrienne 1986. Of Woman Born. New York: Norton.

Rodemeyer, Lanei 1998. "Dasein Gets Pregnant." Philosophy Today 42 (Supplement): 76–84.

Rowland, R. 1992. Living Laboratories: Women and Reproductive Technologies. Bloomington: Indiana University Press.

Ruddick, Sara 1995. Maternal Thinking: Toward a Politics of Peace. Boston: Beacon Press.

Sandford, Stella 2001. "Masculine Mothers? Maternity in Levinas and Plato." In Feminist Interpretations of Emmanuel Levinas. Ed. Tina Chanter. University Park: Pennsylvania State University Press, 180–202.

Seavilleklein, V.2009. "Challenging the Rhetoric of Choice in Prenatal Screening." Bioethics 23 (1): 68–77.

Sherwin, S.1991. "Abortion Through A Feminist Ethics Lens." Dialogue 30: 327–42.

Simms, Eva-Maria 2001. "Milk and Flesh: A Phenomenological Reflection on Infancy and Coexistence." Journal of Phenomenological Psychology 32 (1): 22–40.

Soliday, E. 2009. "Medical Patients??Rights Reflected in Women' s Reported Childbirth Experiences." Paper presented at the Philosophy of Pregnancy, Childbirth, and Motherhood Conference, Eugene, Oregon.

Thomas, Carol 1997. "The Baby and the Bath Water: Disabled Women and Moterhood in Social Context." Sociology of Health and Illness 19 (5): 622–43.

Thompson, Judith Jarvis 1971. "A Defense of Abortion." Philosophy and Public Affairs 1 (1): 47–66.

Trebilcot, Joyce (ed.) 1983. Mothering: Essays in Feminist Theory. Totowa: Rowman and Allanheld.

Tronto, Joan C. 2002. "The 'Nanny' Question in Feminism." Hypatia 17 (7): 34–51.

Villarmea, Stella 2009. "Rethinking the Origin: Birth and Human Value." In Creating a Global Dialo-gue on Value Inquiry. Ed. Jinfen Yan and David Schrader. Lewiston: Edwin Mellen Press.

Villarmea, Stella 2005. "Good, Freedom, and Happiness: A Kantian Approach to Autonomy and Cooperation." In New Women of Spain: Social Political Studies of Feminist Thought. Ed. Elisabeth de Sotelo. M?nster: Lit, 244–56.

Villarmea, Stella 1999. "The Provocation of E.Levinas for Feminism." European Journal of Women' s Studies 6 (3): 291–304.

Welsh, Talia 2008. "The Developing Body: A Reading of Merleau-Ponty' s Conception of Women in the Sorbonne Lectures." In Intertwinings: Interdisciplinary Encounters with Merleau-Ponty. Ed. Gail Weiss. Albany: State University of New York Press, 45–59.

Whitbeck, Caroline 1975. "The Maternal Instinct." Philosophical Forum 6 (2–3): 321–32.

Willett, Cynthia 1995. Maternal Ethics and Other Slave Moralities. New York: Routledge.

Wynn, Francine 2002. "The Early Relationship of Mother and Pre-Infant: Merleau-Ponty and Pregnancy." Nursing Philosophy 3: 4–14.

주디스 워너 – 2005년 2월에 발간한 책 『엄마는 미친 짓이다』로 단숨에 인기 작가 반열에 올랐다. 현재 《뉴욕타임스》에 '가정 폭력' 이라는 칼럼을 기고하고 있다. 또한 다양한 논픽션을 쓰기도 했는데, 하워드 딘과 함께 쓴 『권력은 내 손에 있다*You Have the Power*』, 베스트셀러를 기록한 전기 『힐러리 클린턴: 인사이드 스토리』가 있다. 《뉴스위크》 파리 특파원이었던 주디스는 현재 여러 책 논평은 물론 다양한 잡지에 정치와 여성 문제에 관한 글을 기고하고 있다. 현재 남편, 자녀와 함께 워싱턴 DC에서 살고 있다.

셰일라 린토트 – 버크넬 대학 철학과 조교수로 연구 분야는 미학이다. 미학과 여성주의 이론, 미학과 환경철학의 상관관계에 관심이 많다. 앨런 칼슨과 함께 『자연, 미학 그리고 환경*Nature, Aesthetics, and Environmentalis-m: From Beauty to Duty*(2008)』을 편집했고, 수많은 학술저널에 여성주의와 미학에 관한 글을 썼다. 현재 남편 에릭, 두 자녀와 함께 펜실베이니아에서 살고 있다. 그녀는 엄마 역할을 함으로써 자신은 더 나은 철학자가 되었고, 철학 덕분에 더 나은 엄마가 되었다고 확신한다.

수 엘렌 헨리 – 버크넬 대학에서 부교수로 일하면서 교육사회학, 다문화주의, 교육학, 민주주의와 교육을 가르치고 있다. 특히 강의를 듣는 학생들의 사회 계층 문제와 교수학습에서 감정의 역할에 관심이 많다. 남편과 함께 세 명의 자녀를 돌보고, 그녀 자신을 사랑하며 대인관계를 잘 꾸려나가는 삶을 지향하고 있다. 지금까지는 그럭저럭 잘 해오고 있다고 생각한다.

에이미 카인드 – 클레어몬트 매케나 대학에서 철학과 부교수로 일하고 있다. 주로 심리철학을 연구하며 상상력, 자기성찰, 자의식과 같은 주제로 글을 기고하기도 한다. 아들 둘을 키우면서 슈퍼 영웅과 트럭, 트랜스포머에 대해서 데카르트와 심신문제에 대해서만큼 잘 알게 되었다.

버사 알바레즈 매니넌 – 2006년 퍼듀 대학에서 박사 학위를 받았다. 학위 논문이기도 한 주요 연구 대상은 낙태윤리를 포함한 의학 윤리다. 또한, 안락사와 줄기세포 연구의 윤리에 관한 글을 썼고, 형이상학과 생명윤리의 교차점에 관한 글도 썼다. 최근에는 애리조나 주립대학 웨스트 캠퍼스에서 철학과 조교수로 일하고 있다. 한가한 시간은 대개 9개월 된 딸아이 미셸을 먹이고 그다음에 때 탄 아기 옷과 우주복을 갈아입히며 보낸다. 기분 좋은 날에는 책을 읽어주고, 자장가를 불러주고, 이어 잠들기 전 포옹 행사를 한바탕 한다.

킴 아노 – 인문학 석사, 샌프란시스코 캘리포니아 예술 대학에서 회화를 가르친다. 또한, 샌프란시스코 현대미술관, 호놀룰루 예술 아카데미, 브루클린 박물관, 컬럼비아 대학, 게티 연구소에서 열리는 대규모 전시회에 참여하는 화가이자 예술에 관한 철학적 사고를 글로 쓰는 작가이다. 현재 기성 현대 작품 목록에서 제외된 추상화에 대한 연구 프로젝트를 진행 중이다. 최근 아들이 다니는 공립학교 운영위원에 출마했다.

엘리자베스 버터필드 – 철학 박사, 남부 조지아 대학에서 철학과 조교수로 일하면서 실존주의 강좌를 맡아 진행하고 있다. 주요 과제에는 사르트르 후기 철학과 페미니즘, 윤리학이 포함되어 있다. 요즘은 동요 〈버스 바퀴가 돌아요*wheels on the bus*〉를 부르면서 사소한 일에도 잘 웃는 2살 난 아이와 다람쥐 쳇바퀴 도는 생활을 하고 있다.

셰릴 터틀 로스 – 철학 박사, 위스콘신 대학교 라크로스 캠퍼스에서 부교수로 재직 중이다. 9년간 위파사나 명상을 해왔고, 12년 동안 엄마로 살아왔다. 조이에와 에이든은 늘 셰릴을 겸손하게 만들어 주고, 바쁘게 움직이게 해준다. 주요 연구 분야는 미학으로 선전

선동 예술, 정치 유머, 죄의식을 동반한 쾌락 등을 아우르고 있다.

글렌 파슨스 – 토론토 레이어슨 대학에서 철학을 가르치고 있다. 연구 분야는 미의 개념에 관한 것이다. 지은 책으로는 『미학과 자연*Aesthetics and Nature*』(2007), 공저 『기능적 미*Functional Beauty*』(2008)가 있다. 글렌과 그의 아내 린드세이는 앨리스와 윌리엄, 두 자녀를 두고 있다.

로라 뉴하트 – 이스턴 켄터키 대학 철학과 부교수다. 로라의 연구 분야는 여성주의 이론과 생명 의료 윤리다. 현재 켄터키 리치먼드에서 2살 난 아들 캐빈과 함께 살고 있다.

크리스 멀포드 – 1968년 첫 출산을 하고, 별생각 없이 인문학 공부를 시작했다. 그렇게 아이를 안고 흔들의자에서 시작한 공부는 모유수유에 관한 평생 연구로 이어졌다. 1974년 간호사 교육을 받고 40대 중반의 나이에 간호학 학사를 마쳤다. 1985년 최초로 국제 모유수유 전문가(International Board Certified Lactation Consultant)가 되었다. 병원과 가정에서 임상 경험을 했고, 의사, 간호사, 영양사, 부모들을 가르치고 국제모유전문가협회에서 활동했다. 모유수유와 관련해 국제노동기구(ILO), 세계 모유수유 연맹(WABA)과 함께 일했다. 현재 미국 모유수유위원회 회원이며 모유수유 연합을 위해 일하고 있다. 조(41세), 토비(31세) 두 명의 자녀가 있다.

모린 샌더-슈타우트 – 애리조나 주립대학 조교수로 재직하면서 배우자와 세 아이, 반려 동물과 함께 살고 있다. 여성주의 돌봄 윤리학을 연구하고 있으며 돌봄과 덕 윤리, 인공 자궁 기술, 낙태 시 태아와 체외 수정 시 태아의 상대적 도덕적 지위, 임신 여성을 상대로 하는 범죄에 관한 글을 써왔다. 최근에는 재생 기술 분야와 정치, 가족 윤리에 관심이 있으며, 현재 기업 덕목으로서 돌봄을 연구하고 미국에서 진행되고 있는 일부다처제에 대한 돌봄 윤리적 평가 작업을 하고 있다.

케빈 엘리어트 – 노트르담 대학에서 박사 학위를 받았으며 현재 사우스 캐롤라이나 대학에서 철학과 조교수로 일하고 있다. 자넷과 케빈 부부는 여섯 살 난 자녀 퀘이덴과 세 살

난 레아가 밤에 잠을 잘 자도록 하는 최고의 전략을 알아내는 데 몰두하고 있다.

자넷 엘리어트 – 초등 교육학과 영문학을 전공하고 인디애나 주와 미시간 주의 중학교에서 6년 동안 사회와 언어를 가르쳤다. 현재는 전업주부가 되기로 하고 집에서 두 아이를 돌보고 있다.

젠 베이커 – 애리조나 대학에서 철학 박사 학위를 받고 찰스턴 대학에서 조교수로 일하고 있다. 자녀가 셋 있는데, 그 중 한 명은 자연이 고안한 가장 고통스러운 방법(자연분만)을 통해 낳았고, 다른 두 명은 근사한 제왕절개 방법으로 낳았다. 주로 덕에 관한 글을 쓰고 있다.

사라 괴링 – 시애틀의 워싱턴 대학에서 조교수로 일하고 있다. 주로 페미니스트 생명윤리를 연구하며 장애인의 인권과 사회 소외계층의 정의에 관심이 많다. 두 자녀는 꺼짐 버튼에 대한 공상을 하게 해준 영감의 원천일 뿐만 아니라 이 세상에 대한 즐거운 철학적 사고를 함께 공유하는 친구이기도 하다.

닌 커컴 – 웨스턴 오스트레일리아 대학에서 철학을 강의한다. 주요 관심 영역은 윤리학(덕 윤리, 생명윤리, 환경윤리)과 유럽 철학, 심리철학이다. 철학적 연구, 교수활동을 두 자녀의 양육과 결합하고 있다.

클레멘스 듀 – 애들레이드 대학에서 박사 논문을 준비하고 있다. 박사 논문의 주제는 인종과 소속에 대한 매체의 표현이다. 아이를 키우며 일하는 엄마로서 전통적인 성 역할과 부모 역할에 대한 표현에도 관심이 많다.

데미안 릭스 – 플린더즈 대학에서 사회학 강의를 하고 있다. 인종 문제와 순결에 관한 비판적 연구와 동성애자 심리학, 가족과 양육의 문제를 주로 연구하고 있다. 저서로 『부모되기*Becoming Parent: Lesbians Gay Men and Family*』(2007)와 『남성성*Masculinities*』, 『성과 가족*Sexualities and Family*』(2010)이 있다.

조지 던 – 인디애나폴리스 대학 종교철학과에서 강의하고 있으며, 중국 저장성 지방에 있는 닝보기술연구원에서 정기적으로 강의를 하고 있다. 무엇보다 그는 포드햄 대학교에서 희곡 작법을 공부하는 아리아드네 블레이드의 아버지이기도 하다. 술과 주색의 신 디오니소스 친모의 이름을 따서 딸의 이름을 지었지만, 아이러니하게도 딸 아리아드네는 매우 신중하고 학구적이며 또래보다 건전한 편이다.

에이미 멀린 – 토론토 대학 철학과 교수다. 어머니를 포함한 양육자와 자녀를 포함한 양육 대상자의 도덕적 책임 문제에 관심이 있다. 여성주의 이론과 철학사에 관한 주제 그리고 미학에 관한 글을 출간한 바 있다. 슬하에 세 명의 자녀를 두고 있다.

옮긴이의 말

'철학' 이라고 하면 얼핏 생각나는 건 뭔가 알 수 없는 현학적인 명제들로 무게 잡는 모습이다. 개인적으로는 철학이 뭔가를 설명해 준다고 하지만 오히려 그 설명을 들으면 더 알 수 없어지는 경우가 많았다. 전제나 개념, 명제 관계의 명료화 등 주제에 관해 논하는 언어 철학이 현대 철학의 바탕을 이루기 때문에 생긴 일이다. 그래서 철학은 실용적인 것과 거리가 멀어 보였다.

그런데 이 책에서는 감히 그 현학적이고 추상적인 철학의 실용성을 주장한다. 인간 자신과 주변 세상을 관조적으로 바라보며 성찰하는 것만 같았던 철학이 일상의 자질구레한 고민에 해답을 주거나 길을 안내한다는 말이다. 처음 이런 엄청난(!) 주장을 접했을 때 나는 과연 그 야심만만한 계획을 어느 정도 이뤄냈는지 궁금했다.

그리고 이 책의 가장 적극적이고 면밀한 독자가 되는 번역을 하면서 '아, 이럴 수도 있구나!' 하는 깨달음을 얻었다. 철학은 우리의 현재를 밝혀 주고 나아갈 바를 제시하는 실용적인 학문임을 알게 된 것이다.

사실 어머니가 된다는 것처럼 현실적이고 구체적인 일은 없다. 실용의 정점에 있는 일이 어머니의 역할이다. 나는 세 아이를 낳으면서 그 엄정한 치열함과 현실성을 몸서리치게 경험했다. 무게 잡고 '나는 누구인가?' 를 생각하기 이전에 이미 나는 누군가의 '어미' 가 되어 있었다. 온전히 내가 맡은 소중한 생명을 키워내는 일은 늘 긴박했고 무거웠다. 그야말로 닥치는 대로 해나가기 급했다. 그 과정에서 현재 내 모습을 돌아보고, 앞으로 나아갈 바를 찾는 일까지 기대하는 건 너무 과도한 요구였다. 하지만 그 긴박성이 조금 덜해진 지금 지난날을 돌이켜 보면(이제 세 아이는 각자 자기 앞가림을 할 나이가 되었다. 각자의 생명유지를 위한 최소한의 도구는 갖춘 상태다. 배고프면 찾아서 먹고, 추우면 난방 기구를 틀거나 옷을 찾아 입으며, 화장실에 혼자 들락거릴 나이가 되었으니 말이다) 그 정신없는 와중에도 나는 끊임없는 성찰과 철학을 했던 것 같다. 이 책에서 소개하는 내용 모두 나도 전에 생각했던 것들이기 때문이다.

첫아이를 낳고 생존본능에 매달려 초보엄마의 육아전쟁을 치르면서 내 정체성에 의문을 제기했었고(그리고 어미와 여자로서의 정체성을 획득했다), 내 아이의 외모에 대한 심각한 고민을 통해 나의 외모 콤플렉스를 극복했으며, 아이를 잘 키우기 위해 나는 어떤 사람으로 살아야 하는가에 관한 진지하게 성찰했다. 또 온갖 사고 실험을 하면서 아이와 나에게 이상적인 세상이 무엇인가 탐색했으며, 책에서 배운 이상적인 어머니상에 못 미치는 나의 현실에 괴로워하다가 적당히 타협하기도 했다. 또 일하는 엄마로서의 죄책감에서 벗어나기 위해 현대적 어머니 역할에 대해 고민하고 주변 어머니들과 상의했던 적도 있고, 아들과 딸아이를 키우면서 이 세상의 성차별에 관해 고민하고 어떻게 하면 아이들에게 남성성과 여성성을 골고루 키워줄 수 있는가를 생각하고 그 과정에서 어쩔 수 없는 기질이란 부분을 인정하기도 했다. 또 육아서에서 제시한 전문가의 의견과 같이 사는 시어머니의 삶의 지혜를 조화시키는 방법 역시 터득했고(이것은 존 듀이가 최고의 이상으로 본 통합적 지식의 완성이라 감히 자부한다!) 아이들을 훈육하면서 과연 도덕이란 무엇인가를 고민한 적도 있었다. 또 아이를 키우는 엄마가 되니 세상의 다른 아이들도 모두 내 아이처럼 사랑스럽고 아름답다는 사실을 깨닫는 순간도 경험했다. 이 책은 이 모든 일이 철학이라고 나에게 알려주었다.

근대철학의 아버지로 불리는 프랑스의 철학자, 데카르트는 '나는 생각한다. 고로 나는 존재한다' 라고 했다. 그런데 이 책은 마치 '나는 어머니다. 고로 나는 철학 한다' 라고 말하는 것 같다. 오늘도 온몸으로 철학 하는 이 땅의 모든 어머니가 이 책을 통해 위로와 지혜를 얻게 되기를 바란다.

엄마가 된다는 것의 철학

Motherhood

1판 1쇄 인쇄 2012년 3월 16일
1판 1쇄 발행 2012년 3월 23일

지은이 셰일라 린토트 외
옮긴이 김지현 · 배안용
펴낸이 김준영
펴낸곳 성균관대학교 출판부
출판부장 박광민
편 집 신철호 · 현상철 · 구남희
디자인 김숙희
마케팅 유인근 · 송지혜
관 리 조승현 · 김지현

등록 1975년 5월 21일 제1975-9호
주소 110-745 서울특별시 종로구 성균관로 25-2
전화 02) 760-1252~4
팩스 02) 762-7452
홈페이지 press.skku.edu

ISBN 978-89-7986-913-2 03100

잘못된 책은 구입한 곳에서 교환해 드립니다.
사람의무늬는 성균관대학교가 일반대중을 위해 새롭게 시도한 브랜드명입니다.